はじめての人も
イチからわかる

やさしい
中学公民

堀野 たかし 著

はじめに

学校を卒業してから，ほぼ塾講師，家庭教師一筋に生きてきました。その経験から言えるのですが，社会が苦手な生徒の特徴は「社会科は暗記科目，ひたすら覚えるしかない」と思い込んでいることです。テスト直前に，涙ぐましい反復暗記によって，知識を頭に叩きこみますが，すぐに忘れてしまいます。だから，出題範囲が狭い定期テストはある程度出来ますが，出題範囲の広い入学試験や模試ではよい成績がとれません。そして，その生徒はこうつぶやきます，「社会はやってもやってもできるようにならない」と。

なぜ努力しても忘れてしまうのでしょうか？ それは，その知識を「自分が生きていく上で重要ではない」と思っているからです。生きていく上で重要な知識は忘れないですよね。つまり社会科は「生きていく上で重要だ」と思えれば社会の成績が上がるはずですが，そのためには，どうすればよいでしょうか？

世界は，日本は，そしてあなたは実に様々な問題に直面しています。「環境問題はどうしたら解決できるか？」「諸外国との関係はどうあるべきか？」「貧困の問題にどう対処すべきか？」などなど。これらの問題についてあなたはどう考えますか？ 他人に解決を任せておけばよいのでしょうか？ 違いますね。あなたが動かなければなりません。「自分も世界を動かしている一員なのだ」と自覚してください。その自覚を「当事者意識」といいますが，その意識を持てた時，「社会科」こそが，それらの問題を解決することに役立つものであり，「生きていく上で重要だ」と分かるはずです。実は入試問題の多くも当事者意識を持っているのかを問うているのです。本書は現代社会の状況，つまり公民を皆さんにお伝えします。皆さんが直面している問題を解決するのにお役に立てれば望外の幸せです。

末尾となりますが，学研プラスの歴代の担当者，中原由紀子さん，延谷朋実さん，細川順子さん，髙栁惠行さんに感謝いたします。

堀野　たかし

本書の使いかた

本書は中学公民をやさしく，くわしく，しっかり理解できるように編集された参考書です。また，定期試験や入試などでよく出題される問題を収録しているので，良質な試験対策問題集としてもお使いいただけます。以下のような使いかたの例から，ご自身に合うような使いかたを選んで学習してください。

1 最初から通してぜんぶ読む

オーソドックスで，いちばん公民の力がつけられる使いかたです。特に，「公民を学び始めた人」や「公民に苦手意識のある人」にはこの使いかたをオススメします。キャラクターと先生の掛け合いを見ながら読み進め，CHECK 問題で確認しましょう。

2 知りたい単元を読む

復習したい単元や，先取り学習をしたい単元がある人は，そこを重点的に読んでみるのもよいでしょう。教科書よりもくわしく「なぜ？」の理由を説明しているので，より理解が深まるはずです。

3 別冊の問題集でつまずいたところを本冊で確認する

ひと通り中学公民を学んだことがあり，実戦力を養いたい人は，別冊の問題集を中心に学んでもよいかもしれません。解けなかったところ，間違えたところは本冊の内容を読み直して理解してください。ご自身の弱点を知ることもできます。

登場キャラクター紹介

ケンタ

サクラの双子の兄。元気がとりえの中学生。公民に興味はあるが，これまではあまり勉強してこなかった。

サクラ

ケンタの双子の妹。しっかり者で明るい女の子。公民が好き。ときどきするどい指摘をする。

先生（堀野　たかし）

社会を長年指導している，中学公民の救世主。ケンタとサクラの社会科教師として，奮闘。

もくじ

1章

現代の日本社会

まずは，日本社会の現状を考えてみよう。キーワードは三つ，「グローバル化」「AI」「少子高齢化」だよ。

「グローバル化とは何ですか？」

世界が一つになっていく動きだよ。いずれ，国境がなくなる日が来るかもしれないね。

「AIって『あい』？」

ははは，ちょっと違うかな。Artificial Intelligenceの頭文字で，人工知能のことさ。ついでに「少子高齢化」とは文字通り，子供が減り高齢者が多くなることさ。

1-1 グローバル化

グローバル化とは？

さて，二人は**グローバル化**という言葉を聞いたことがあるんじゃないかな。近年，交通機関やインターネットなどの情報通信技術の発達により，人，お金，物が国境にとらわれずに移動するようになっている。このように世界が一つになっていく動きをグローバル化というんだ。身近なところでそうした動きを実感することはあるかな？

「うちの近所には，外国から来た人がやっているお店が何軒(けん)かありますよ。インドカレーの店とか，韓国(かんこく)料理店とか。」

「そういえば，私の叔父(おじ)さんは出張で海外に行くことが多いみたいです。いろいろな国の人と一緒に仕事をするのがすごく楽しいって言ってました。」

なるほど。昔は海外旅行に行く人も結構珍しかったんだけど，今では仕事や旅行や留学などでの国境を越えた行き来はとても多くなっているね。日本から外国に行って，そこで長く暮らす人もどんどん増えているよ。2019年10月時点では，海外で長期滞在している日本人の数は約89万人，永住者は約52万人もいるんだ。

「外国で生活している人がそんなにいるんですか？　僕も将来どこかの国に住んでみたいなあ。」

それもいいかもね。ところで，国境を越えて行き来しているのは人だけじゃないよね。外国との間で物やお金の移動も活発になっているよ。

「いろんな商品が輸入されたり輸出されたりしていますよね。スーパーでも，アメリカ産やオーストラリア産のお肉を見かけます。」

うん。でも, 実は出来上がった商品をやり取りしているだけじゃないんだ。例えば，日本の自動車メーカーのトヨタ，日産，ホンダなどは工場を海外に移転して，多くの自動車を外国で生産するようになっているよ。

「日本の自動車メーカーなのに海外で生産しているんですか !?」

そうなんだよ。日本企業だけではない。世界の企業は利益を上げるために国境にとらわれない動きをしているんだ。人々の生活も産業も，ひとつの国の枠(わく)組みに収まらなくなってきているということだね。

「これからは，日本，アメリカ，中国などの『国』というものがなくなっていくんでしょうか？」

「世界連邦みたいなものができるんですかね？　国境なんかもなくなっていくのかな。」

どこまで「国」というものが残るのかわからないね。ただ，世界中がますます自由に貿易できるようになり（**自由貿易**），各国が得意な商品を輸出し，そうでないものを輸入するという**国際分業**の流れは，当分加速すると思うよ。

「世界中の人々が得意分野で力を発揮すれば，産業や科学技術もどんどん発展しそうですね。」

もちろん，そうした良い面もあるよ。ただ，グローバル化はいろいろな課題も生み出している。例えば人々の流れが盛んであることは，感染症などもあっという間に世界中に広がるということだ。

「2019年末から始まったコロナ禍(か)なんかはその代表ですね。」

そう。他にも環境(かんきょう)問題やテロリズム，難民問題など，各国が協力し合わないと解決できない国際的な課題が増えているんだ。これからはこうした課題に取り組むための**国際協力**がますます重要になってくるね。

Point　グローバル化とは？

- 交通機関・情報通信技術の発達→グローバル化→自由貿易・国際分業

1-2 情報社会とAI

情報社会とAIとは？

今や私たちはスマホなどを通じて，どこにいても友人と会話できるし，Instagram や Twitter などの SNS を通じて知らない人々とコミュニケーションを楽しめるようになっているよね。また，インターネットを通じて刻々と変化する世界情勢をチェックしたり，家の外からエアコンのスイッチを入れたりもできる。

「ほんとにスマホさえあれば何でもできるって感じで，うちは Amazon などのオンラインショップからスマホで様々な買い物をします。」

なるほど。一度，オンラインショップで買い物をすると性別，年齢などがそのショップに登録される仕組みになっているよ。同様にコンビニなどで物を買うと，ポイントカードにポイントがたまるのと同時に商品についての購入者のデータが蓄積され，広告・生産・販売に生かされることになる。このように情報の価値が高まる社会を**情報社会**というんだ。

「そういえば，ネットで一度商品を検索すると，しつこいくらいその商品の広告が出るようになりますよ。」

そうだね。その情報社会を支えるのが情報通信技術（ICT）だ。そして，最近ではその ICT の中心が AI（人工知能）になってきている。今ではチェスなどのゲームで AI にプロが負けることもあるんだよ。

「でも，なぜ AI はこんなにも賢くなったんですか？」

それは自ら学ぶ学習機能の技術が発達したことによるんだ。さっき言ったような買い物のデータが AI に大量に送られると，AI はそれらを学習し，いつ，どんなものが売れるか予測できる。たとえば，あるコンビニでは７月・８月の昼飯用の弁当が大量に用意された。なぜかわかる？

「分かりません。」

そのコンビニのそばには学習塾があるんだけど，夏期講習の期間である７月・８月は昼飯用の弁当がよく売れるというデータがあったんだよ。

「なるほど。ある意味，我々にとっては便利な社会であるというわけですね。」

「でも，私個人の趣味(しゅみ)や嗜好(しこう)なんかが企業に知られてしまうことにならないかなぁ。」

そう。便利であると同時に私たちの個人情報，プライバシーは危険にさらされている。コンピューターウィルスを使って，登録されている情報を盗む事件も頻繁(ひんぱん)に起きているよ。くれぐれもパスワードや ID は人にむやみに教えたりしないでね。

Point　情報社会と AI とは？

- ICT（AI など）の発達→**情報社会**→便利，しかし**個人情報**の扱いに注意

1-3 少子高齢社会

少子高齢社会とは？

日本では今，65 歳以上の高齢者の割合がどのくらいになっているか知っているかな？

「とても高くなっていると聞いたことはありますが，正確な割合は知りません。」

2015 年の段階で日本社会の 4 人に 1 人が高齢者。これは世界一なんだ。

「それだけ長生きできる社会ということで，良いことではないんですか？」

たしかにそういう面もあるね。とはいえ，このままいくと 2060 年には 10 人に 4 人が 65 歳以上になると予想されているんだ。また，その頃には赤ちゃんの数も今の半分になってしまう。このように子供の割合が低くなり，高齢者の割合が高くなることを**少子高齢化**というよ。

「どんな社会になるんだろう。とりあえず階段は全部エスカレーターにした方がよさそうですね。」

まぁね。ヨーロッパなどの先進国でも日本と同じように少子高齢化が進んでいる。また，日本では生活の不安から子どもを産まないともいわれる。もちろん高齢者介護の問題も深刻になるかもしれないけど，親と未婚の子ども，あるいは夫婦だけの**核家族**が増えているから，介護が可能かどうかということも心配だね。

「それどころか子どもの数が減るわけだから，高齢者を若者が支えていけるかが問題ですね。」

実は，すでに北海道の夕張市の高齢化率がおよそ53％だ（2021年）。ここで何が起きているかが日本の将来を示すのかもしれない。そこでは，行政サービスが低下している。たとえば，市営住宅の雨漏りもなかなか修理されないし，市営の図書館，病院，公園なども取り壊しが相次いでいるんだ。商店なども減っているよ。

「65歳以上，つまり定年を迎えた人ばかり＝働き手が少ない＝税金が入ってこない＝行政サービスができないということですよね。」

「年金や医療のお金も心配です。」

そうだね。このままいくと2040年には896の市町村が消滅するという予想もある。どうすればよいと思う？

「まず女性が子どもを産める環境整備ですよ。生活の支援とか保育園をつくるとか。」

そうだね。他には？

「定年退職されていても，それまで培った貴重な知識や技術を持っている方はたくさんいます。そういったベテランの方々の経験を，生かせる社会を構築していけるといいと思います。」

うん。いずれそういう時代が来るかもしれないね。

Point　少子高齢社会とは？

- 少子高齢化→税収が減る→行政サービスの低下などの問題

CHECK 1

つまずき度 !!!!!

➡ 解答は別冊 p.12

次の文の（　　）に当てはまる語句を答えなさい。

(1) 世界が一つになっていく動きを（　　　　　）化という。

(2) 情報の価値が高まる社会を（　　　　）社会という。

(3) 子どもの割合が低くなり，高齢者の割合が高くなることを（　　　　　　）という。

2章

現代社会をとらえる

私たち人間は，誰かと協力しなければ生きていけない。だから社会をつくっているんだ。

「はい。いつも協力して仲良くというのが理想ですけど，ケンカが起きることもしょっちゅうです。」

そうだね。人によって価値観や感じ方が違うのだから，人と人の対立は避けられないのかもしれない。しかし，対立ばかりでは生きていけないのもまた事実。

「対立ばかりだと人と人との対立が発展して，国と国との対立になり，やがては戦争が起きたりするかも…。」

そうだね，本章ではその対立を防ぐ方法を一緒に学んでいこう。

2-1 対立と合意

対立と合意とは？

例えば，赤字のバス路線を廃止すべきか，存続させるべきかという問題がよく起きているよ。

「利用者の立場からは存続してほしいはずです。」

「でも，バス会社としてはバスを動かすたびに損をしてしまうわけだから，廃止したいですよね。」

ほら，廃止か存続かの**対立**が生じてしまった。それでは，みんなが納得すること，つまり合意を得るために話し合ってみようか。その場合，みんなの合意を得るための考え方として**効率**と**公正**が大切だとされる。効率とは無駄を省くことだ。

「なるほど。赤字のバス路線を廃止するべきだという考えは効率重視というわけですね。」

そう。公正とは不平等がないことだ。具体的には次の３つの観点があるよ。①**手続きの公正さ**…利害が関係するみんなが参加して決めているか，②**機会の公正さ**…不当に不利益をこうむっている人はいないか，③**結果の公正さ**…みんなに妥当な結果になるか，という観点だね。

「とすると，廃止か存続か決めるためには，そもそも①手続きの公正さの観点から，バスの利用者，バス会社，役所などが参加した話し合いが必要ですよね。」

「確かに，利害が関係する人みんなが参加できなければいけないよね。そうじゃないと，そもそも合意なんかできないわけだし。」

「②機会の公正さの観点からは，廃止，存続に関して不当な不利益をこうむっている人がいないかを検討しないといけなくなります。」

そう。例えば，バスがなければスーパーなどに行けず，生活必需品（ひつじゅひん）が買えなくなる人がいるとすればどうなる？

「その場合には生きるか死ぬかという大問題だから，バスを存続させるべきだということになりますね。」

「役所が，バスが通らなくなる地域に生活必需品を売るお店をつくることができればバスは廃止してもいいかもしれませんね。」

うん。③についてはバス利用者，バス会社，役所にとって妥当な解決になるかを考えなければならない。

「バス会社の赤字がとても大きい場合には廃止にかたむきますね。」

「でも，バス会社の赤字の分は役所が援助（えんじょ）するということであれば存続できるかも。バスの利用者の損失があまりにも大きい場合も存続したほうがよいですよね。」

うん。やはり効率だけを考えて，廃止というわけにはいかないよね。このように，効率と公正を意識した話し合いで合意をつくることが大切ということだね。

Point 対立と合意

- 対立状態から合意を導き出すためには，**効率と公正**が大切。

2-2 きまりがある理由

きまりがある理由とは？

対立が起こった場合，合意にいたるには時間や手間がかかることが多い。そこで，前もってきまりをつくっておけば対立は未然に防げるし，たとえ対立がおきてもすぐ解決する。例えば，赤字のバス路線を存続か廃止かを決めるにはどんなきまりが必要になるかな？

「ええと，『バス会社が役所に議論したいと申し出て，バス利用者，役所，バス会社の話し合いにより，三者の合意で決定する』というのはどうですか？」

「『バス会社が勝手に廃止した場合にはバス会社は罰金を払わなければならない』というきまりも必要になるかもしれないですね。」

そうだね。きまりは**権利，義務，責任**の３つを明らかにしなければならない。権利とは，あるきまりにより保護された利益のこと，義務とはしなければならないこと，責任とはきまりを破った場合にしなければならないことだ。

「その場合，バス会社にはバス路線の廃止を求めることのできる権利があることになりますね。」

そういうこと。バス会社の義務はどうかな？

「役所に廃止したいと申し出なければならないことです。」

正解。じゃあ，責任は？

「罰金を払わなければならないことです。」

そのとおり。

Point　きまりがある理由

- きまり＝①**権利**②**義務**③**責任**を明確にすること
- きまりがあることにより，対立を未然に防ぐことができ，また解決につながる。

☑CHECK 2

つまずき度 !!!!!

➡ 解答は別冊 p.12

次の文の（　　）に当てはまる語句を答えなさい。

(1)　対立を合意に導くためには（　　）と（　　）（手続き，機会，結果という3つの観点がある）という視点が大切である。

(2)　きまりは（　　）を未然に防ぐために存在する。

3 章

世界の歴史と憲法

さあ，これから憲法の勉強をしよう。
憲法って比較的，日常的によく耳にする言葉だよね。でも，その背景にどんな歴史があるか知っているかい？

「うーん，授業でなんか聞いたことあるような…。でも，詳しくは覚えていません。」

大丈夫。憲法はね，私たちが長い歴史をかけてつくりあげてきたものなんだ。その裏にはたくさんのドラマがあった。歴史を正しく理解することで，もっと憲法が身近になるよ。この章では，憲法をつくりあげるきっかけになった，世界の歴史を詳しく見ていこう！

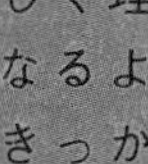

「憲法と世界史のつながりかあ。楽しみです！」

3-1 憲法とは

憲法とはどういうものか？

私たちは，みんな幸せになりたいと思って生きている。しかし，人や社会を傷つけて幸せになることは許されないよね。そこで，きまりが必要になる。例えば，どんなきまりが必要かな？

「『人の物を盗んではいけない』，『人を殺してはいけない』などです。」

そう。「盗むな」や「殺すな」は，世界各国共通のきまりといってよいだろうね。私たちは「法」というきまりをつくり各人の欲望を制限する代わりに，出来るだけ多くの人が最大限に幸せになれるような社会をつくろうとしているわけだ。

その「法」の中でも，最高法規といわれるものが憲法なんだ。

「最高法規って何ですか？」

憲法に反する法は，効力を持たないということだよ。

憲法とは，国を治める権力は誰が持つのか，国を治める権力者はどのようなルールに従って決められるのかなどを定める，国家の根本的なことを定める法のことだね。

「権力って何ですか？」

ここでは，「他人を支配する力」としておこう。

ところで，日本国憲法には次のような規定がある。

> 第97条　この憲法が日本国民に保障する基本的人権は，人類の多年にわたる自由獲得の努力の成果であつて，これらの権利は，過去幾多の試錬に堪へ，現在及び将来の国民に対し，侵すことのできない永久の権利として信託されたものである。

第97条で「人類の多年にわたる自由獲得の努力の成果」「過去幾多の試錬に堪へ」と述べている。日本国憲法は，人類の自由獲得の歴史にもとづくものなんだ。

「聖徳太子（厩戸皇子）がつくった十七条の憲法も憲法ですよね？」

十七条の憲法は，役人の心構えを書いたものだね。だから，「国家の根本的なことを定める法」という意味での憲法ではないよ。国家の根本的なことを定めたという意味の憲法については，特に王の権力，貧困，独裁とたたかったイギリス，フランス，アメリカなどの経験が大切で，これらの国の経験こそが憲法を生んだとさえいえる。

これらの国では，憲法によって権力者の権力を制限しようという考えが生まれていった。この考えを**立憲主義**というよ。日本国憲法もこの考えにもとづいているんだ。

では，「人類の多年にわたる自由獲得の努力」「過去幾多の試錬」とはどんなものだったかについて学習しよう。

Point　憲法とは？

- **憲法**…国家の根本的なことを定める最高法規。
- **立憲主義**…憲法によって権力者の権力を制限しようとする考え。

3-2　憲法の歴史

イギリスで立憲主義はどのように発達したのか？

まずイギリスにおける立憲主義の発達を見ていこう。13 世紀のイギリスでは，貴族らが団結して，横暴な国王に守ることを強要したのが**マグナ・カルタ（大憲章）**と呼ばれるものなんだ。

「どんな内容なんでしょう？」

国王は，勝手に税を課さないこと，法によらない逮捕はできないことなどが書かれているよ。

「なるほど，マグナ・カルタには法で権力者の権力を制限するという立憲主義的発想がありますね。」

そう。立憲主義的な憲法の元祖といえる。これが出来たのは 1215 年のことだよ。

- 必勝暗記法 1 -　**1215 年，マグナ・カルタを認めさせる。**

1　2　1　5
一つ以後は法に従って！

そして，その後チャールズ 1 世が，またもや圧政を始めた。そこで，議会は，チャールズ 1 世にマグナ・カルタなどのイギリスで確立されてきた法を守れと要求した（権利の請願）。

しかし，要求を無視したので，清教徒（ピューリタン）というキリスト教の一派が中心だった議会派と国王派の人々との間で，1642年から戦いとなったんだ。そして，議会派が国王派に勝ち，1649年チャールズ1世を処刑（しょけい）した。これを**清教徒革命（かくめい）（ピューリタン革命）**というよ。

「イギリスでは，国王と議会が争ったんですね。」

そうなんだ。さて，イギリスではしばらく王が不在の状態（じょうたい）が続いたけど，清教徒の一派のリーダー**クロムウェル**が死ぬと，政治は混乱（こんらん）し，再（ふたた）び王政に戻（もど）る。そして，国王ジェームズ2世が清教徒を弾圧（だんあつ）するなど勝手な政治を始めたので，1688年に議会を中心にジェームズ2世を追い出し，オランダから新しい王を迎（むか）え入れた。これを**名誉（めいよ）革命**と呼ぶんだ。

「先生，なぜこの革命を『名誉革命』と呼ぶんですか？」

王を処刑せずに新しい国王に「**権利章典（しょうてん）（権利の章典）**」を認（みと）めさせ（1689年），憲法が権力者を縛（しば）る立憲主義を確立したからだよ。

- 必勝暗記法 2 - **1689年，権利章典が発布される。**

1 6 89
ヒーロー，約束。権利章典。

マグナ・カルタや権利章典は，現在でもイギリス憲法の一部となっているよ。清教徒革命，名誉革命を合わせて**イギリス革命**と呼ぶこともある。イギリス革命を通じて，イギリスに立憲主義が確立したんだ。

Point　イギリスの立憲主義

- マグナ・カルタ（大憲章）（1215年）→権利の請願無視→**清教徒革命（ピューリタン革命）**（1642～1649年）→**名誉革命**（1688年）→**権利章典（権利の章典）**（1689年）

立憲主義を裏づけた思想家にはどんな人がいたのか？

この名誉革命から権利章典の確立を学問的に見て正しいとしたのは，**社会契約説**，**抵抗権**，**天賦人権思想**を主張したイギリスの思想家**ジョン＝ロック**（1632～1704年）だよ。

「社会契約説と抵抗権とはどんな考えなんでしょうか？」

ロックは，「人は自然状態では自由・平等・独立であるはずだ」としている。つまり，人は生まれながらにして自由・平等で独立しているんだ。このような考えを**天賦人権思想**と呼ぶよ。しかし，自然状態ではケンカの強い人が弱い人から財産を奪うなどのことが起こるだろうね。それを防ぐためにはどんなことが必要かな？

「はい。警察などに人の財産を奪うことを取り締まらせることが必要です。」

そうだよね。警察などは政府の一部だ。だから，安全で平和な生活を営むために，人々は社会と政府をつくる約束，すなわち契約を結ぶんだ。つまり，政府が権力を行使し，人々にいうことをきかせられるのは，国民が政府を信頼し権力を行使することを認めたからだとしている。これが**社会契約説**だよ。

「もし，王を中心とする政府が契約に違反して，人々を苦しめたらどうなるんですか？」

もし政府が国民の意向に反して権力を行使し，自由などを奪うことがあれば，**抵抗権**を使って，政府を変更することが出来ると考えたんだ。

「イギリス革命は，この抵抗権にもとづくものだから，正当なのだというわけですね。」

そう。そして，彼の理論で画期的なのは，天賦人権思想だね。人権が「生まれながらのもの」と考えると，誰かから与えられたものではないので，制限できないものだということになる。

「なるほど。ロック以外にも立憲主義を根拠づけた思想家はいるんですか？」

たくさんいるよ。ここでは，名著**『法の精神』**により**三権分立（権力分立）**を唱え，王の権力を制限しようとしたフランスの思想家**モンテスキュー**（1689～1755年）や，国家権力の行使は国民の総意に従うべきだ（人民主権）とし，そのためには愛国心を持つ必要があることを強調してフランスで活躍した**ルソー**などの名を挙げておこう。

「先生，三権分立って何ですか？」

権力，すなわち我々を支配する力を３つに分けようという考えだよ。その３つとは立法権と行政権（執行権）と司法権（裁判権）のこと。

そして，三権分立は３つの権力がそれぞれに抑制と均衡を保つことで，権力が特定のものに集中することを防ぎ，権力の行きすぎが国民の権利を侵害することを防ぐことを目的とする制度だね。均衡とはバランスを保つことだよ。詳しくは，後のページで説明するよ。これらの学問の進歩は，アメリカの独立宣言やフランス革命にも大きな影響をおよぼしたんだ。

Point　立憲主義を裏づけた思想家

- **ロック**…天賦人権思想を主張。
- **モンテスキュー**…「法の精神」で三権分立を主張。
- **ルソー**…国家権力の行使は国民の総意にもとづくべきだ（人民主権）と主張。

アメリカ独立宣言の意義とは？

さて，イギリスはアメリカの東海岸に13の植民地を持っていたんだ。イギリスはアメリカの植民地に重税を課すなど圧政を行ったため，アメリカの13植民地は，イギリスに反逆し独立戦争を挑んだ。スローガンは「代表なくして課税なし」だよ。

「政治への参加は認めないくせに，税金ばかり取るなということですね。」

うん。戦争は1775年から1783年まで続き，アメリカはイギリスからの独立を勝ち取ったんだ。アメリカ諸州の憲法は天賦人権思想を，法の歴史上，初めて宣言した。そして，1776年に出されたのが有名な**アメリカ独立宣言**だよ。

アメリカ独立宣言（抜粋）

我らは次のことが自明の真理であると見なす。全ての人間は平等につくられている。創造主（神）によって，生存，自由そして幸福の追求を含むある侵すべからざる権利を与えられていること。これらの権利を確保するために，人は政府という機関をつくり，その正当な権力は被支配者の同意にもとづいていなければならないこと。もし，どんな形であれ政府がこれらの目的を破壊するものとなったときには，それを改め，または廃止し，新たな政府を設立し，人民にとってその安全と幸福をもたらすのにもっともふさわしいと思える仕方で，新しい政府を設けることは人民の権利である。

- 必勝暗記法 3 - 1776年，アメリカ独立宣言が発表される。

1　7　7　6
いいな，なろうぜ独立国に。

ここでは，ロックのどのような説が取り入れられているかな？

「『全ての人間は平等につくられている。創造主（神）によって，生存，**自由**そして幸福の追求を含むある侵すべからざる**権利**を与えられていること』とあります。これは**天賦人権思想**ですよね？」

「『これらの権利を確保するために，人は政府という機関をつくり，その正当な権力は被支配者の同意にもとづいていなければならない』との部分は**社会契約説**です。」

そのとおり。さて，「その正当な権力は被支配者の同意にもとづいていなければならない」というのは，権力の根拠が国民にあることを述べているわけだね。権力の根拠が国民にあるしくみを**国民主権**というよ。

「国民主権という考えはなぜ必要なんでしょうか？」

権力の根拠が国民にあり，国民が国民を支配するとすれば，自分で自分を支配することになるね。とすると，自分で自分の首をしめるようなまねはしないはずだよね。

「王様が権力の根拠であるとすれば，王様が暴君だった場合，メチャクチャな政治が行われ，国民が悲惨な目にあうということは，歴史からも明らかです。」

そうだね。「もし，どんな形であれ政府がこれらの目的を破壊するものとなったときには，それを改め，または廃止し，新たな政府を設立し，人民にとってその安全と幸福をもたらすのにもっともふさわしいと思える仕方で，新しい政府を設けることは人民の権利である。」の部分はどうだろう？

「これは抵抗権の考えです。」

そう。イギリス革命の成果やロックなどの思想家の影響がわかるよね。

Point　アメリカ独立宣言の意義

- **アメリカ独立宣言**…天賦人権思想，抵抗権，国民主権を認める。

フランスで立憲主義はどのように発達したのか？

さて，イギリスと同様，フランスでも立憲主義は発達していくんだ。次の絵を見てみよう。当時の王による政治を表したものだよ。

◀フランスでの３つの身分

「左側の人物は身なりがよいので貴族なんでしょうか？ 貴族とキリスト教の聖職者が，一般市民（平民）の上に乗っかっていますね。」

「二人も乗っかって，平民はとても苦しそうです。」

この絵が示すように，平民は重い税金を課されていたよ。一方で聖職者や貴族は税を免除され，平民の犠牲のもとでぜいたくな暮らしをしていることを表しているんだ。聖職者や貴族の上にはさらに国王がいる。このような体制をアンシャン・レジーム（旧体制）というよ。

「これじゃあ，平民は怒りますよね。」

そうだね。1789 年，ひどい政治に対する民衆の怒りは頂点に達し，国王に反対した人々が収容されていたバスチーユ牢獄を襲った。フランス革命が始まったんだ。次の絵はそのときのようすをえがいたものだよ。

©Bridgeman Images／PPS通信社

◀バスチーユ牢獄の襲撃のようす

「フランス革命の結果，どうなったんですか？」

国王を中心とする政治，アンシャン・レジームは倒されたよ。

フランス国旗は「自由・平等・博愛」を表す。つまり，自由・平等・博愛を求めて国王と戦い勝ったのがフランス革命なんだ。

そして，フランス革命による成果を確認（かくにん）するため，フランス人権宣言が発表された。

- 必勝暗記法 4 - 1789年,「フランス人権宣言」が発表される。

1 7 8 9

いいな，約束！ 自由と平等。

次のフランス人権宣言の一部を読んで，気づいたことはないかな？

第1条　人は，生まれながらにして，自由で平等な権利を持っている。…

第2条　あらゆる政治的団結の目的は，人の消滅（しょうめつ）することのない自然権を保全することである。

第3条　全ての主権の根源は，国民の中にある。…

第6条　法は総意の表明である。…法は，保護を与える場合でも，処罰（しょばつ）を与える場合でも，全てのものに同一でなければならない。…

第16条　権利の保障が確立されず，権力の分立が定められていない社会は，憲法を持つものではない。

「第１条には，『人は，生まれながらにして，自由で平等な権利を持っている。』とあり，天賦人権思想について述べられています。」

「第２条の『自然権』って何ですか？」

人が生まれながらに持っている権利のことだよ。基本的人権とも呼ばれるね。

「なるほど。天賦人権思想ですね。また，第２条は人は権利を守るために政治的団結をした，つまり政府をつくったということで，社会契約説を述べているんでしょうか？」

そのとおり。第３条はどうかな？

「ここでいう主権とは何でしょうか？」

権力の根拠ということだよ。フランス人権宣言は君主主権，つまり国王が主権を持つことを否定(ひてい)し，国民が主権を持つとしたんだ。つまり，**国民主権**の考えを取り入れているわけだね。

第16条では何が宣言されているかな？

「権力の分立，つまり三権分立です。」

「憲法を持つ社会の条件(じょうけん)として『人権の保障』『三権分立』を挙げていますね。」

うん。フランス人権宣言は生まれながらの自由・平等，国民主権，三権分立などをうたい，さまざまな人権確立の基礎となったんだ。これらの思想はナポレオンに率いられたフランス軍がヨーロッパの大半を征服したことにより，ヨーロッパ中に広まった。そしてこれらは各国の憲法で広く保障されるようになった。日本国憲法も例外ではないよ。

Point　フランスの立憲主義

- **フランス人権宣言**…さまざまな人権が確立された。

個人の尊重とは？

このように，17，18 世紀のヨーロッパ，アメリカでは，人々が国王などの権力者の支配と戦った。これは人々がより幸福になるためだったんだ。こうして幸福になるためには何を守ればよいのか，それを守るにはどうすればよいのかが次第に確立してくる。まず，何を守るべきか？ それは**「個人の尊重」**ということなんだ。

「『個人の尊重』って何でしょう？」

一人一人がかけがえのない人として大切にされることだよ。つまり，「他の人の迷惑にならない限り，ありのままの自分で生きていける」ということだね。

「先生，なんか憲法がすごく身近になってきました。憲法が『ありのままの自分』でいるためのものだったなんて，知りませんでした。」

政府が我々に干渉しないように，政府の権力をできるだけ制限し，自由を認めればよいと考えられたわけだね。

Point 個人の尊重

- **個人が尊重**されるためには政府による干渉をできるだけ制限し，自由を認めればよいと考えられていた。

ワイマール憲法の意義とは？

自由な社会とは，人々が自由に競争し，成果をあげたものが金持ちとなるという社会だよ。貧乏なのは努力不足，能力不足という個人の責任だから仕方がないという価値観なんだ。

「なんか，少し冷たい感じがします。弱肉強食って感じです。」

その通り。やがて一部の勝者が富を独占し，大多数の敗者は貧困に陥る社会になってしまったんだ。

そこで，失業者や貧困者など経済的弱者の存在は，個人の責任ではなく，むしろ自由な社会そのものがもたらすものだと考えられるようになった。

「先生，なぜ経済的弱者の存在はその人の責任ではないのでしょう？」

自由な経済では好景気の後に，必ず不景気がくる。不景気のときに失業したり，給料を減らされたりすることは個人の責任ではないということだね。

「このような経済的弱者，最下層になっている労働者の人々をこのままにしておくことはできません。彼らを救済する必要がありますね。」

そう。この問題を克服するためには２つの考え方がある。１つは，生産手段を共有し，貧富の差のない社会をつくっていこうという考えだよ。これを**共産主義**というんだ。

1922年にはソビエト連邦が成立し，共産主義にもとづいた憲法が誕生したよ。そこでは共産主義国家の建設が最重要視されたよ。個人はそのために奉仕すべきだとされ，個人を尊重することは否定されたんだ。

「個人の自由が認められないんですね。これは問題ではありませんか。」

うん。もう1つの考え方として，国家が労働者など社会的に弱い立場にある者を保護して，守っていこうというものがあるよ。個人の自由を認めつつも，経済的弱者の救済は国，社会の責任だとする考えだね。アメリカやイギリス，フランス等はこちらの道を選んだね。

「例えば，裕福な人の税金などの負担を重くして，貧困にあえぐ人の保護にそのお金を回そうということですか？」

そのとおり。単なる自由と平等ではなく，国家が裕福な人の負担は重く，貧しい人の負担は軽くして，実質的な平等を図ろうという考えなんだ。そうでなければ個人の尊重はできないと考えられるわけだね。

「つまり，今までの国家の干渉を排除すればよいという考えは否定されるんですね。」

そう。この考えにもとづいて誕生した憲法が1919年にドイツで制定された**ワイマール憲法**なんだ。

下の条文を読んでみよう。

> **第151条　経済生活の秩序は，全ての人に，人たるに値する生活を保障することを目指す，正義の諸原則に適合するものでなければならない。**

「『全ての人に，人たるに値する生活を保障することを目指す』，つまり貧困者にも『人たるに値する生活』を保障するのは国の義務だということですね。」

うん。このように，国家が「全ての人に，人たるに値する生活を保障する」権利を**社会権**と呼ぶよ。

Point　ワイマール憲法の意義

- 個人が尊重されるためには，国家が社会的弱者を保護する必要がある。

↓

ワイマール憲法により**社会権**が認められる。

独裁政治と憲法とは？

しかし，1919年に始まったワイマール憲法体制は1933年に崩壊する。世界恐慌（1929年）などにより，ドイツ経済が破綻に追い込まれたことが大きな原因だったんだ。

「先生，ドイツはどのようにしてこの苦境を乗り越えようとしたんですか？」

ドイツ国民はたった一人の人物に全ての権力を与える決断をする。その人物の名はアドルフ＝ヒトラー。1933年に全権委任法が成立したんだ。これは要するに，全ての権力をヒトラーに与えるというものだよ。独裁者の誕生だ。

「独裁者が誕生したのはドイツだけなんですか？」

いや。世界恐慌を乗り越えるため，イタリアではムッソリーニという独裁者が誕生した。また，日本でも 1940 年に全政党が解散し大政翼賛会に一本化され，軍部の主張通りの政治，つまり独裁が行われるようになったんだ。

「その結果どうなったんですか？」

ドイツ，イタリア，日本は，第二次世界大戦を引き起こすこととなった。軍人と民間人の死者は 5000 ～ 8000 万人ともされているよ。このため世界では憲法で他国への侵略戦争を禁止する国が多いんだ。

「先生，日本ではなぜ，そのような軍部の主張通りの政治が行われたんでしょう？」

当時の大日本帝国憲法が独裁を可能にするものだったからだね。下の絵を見てごらん。**1889 年 2 月 11 日**に行われた大日本帝国憲法の発布式の絵だよ。ついに日本でも憲法ができたんだ。

山口県立山口博物館

▲「憲法発布式之図　楊洲周延筆」

「写真中央の壇上の人は誰ですか？」

明治天皇だよ。明治天皇から，内閣総理大臣に大日本帝国憲法が渡されている。

「内閣総理大臣は礼をして，ありがたく頂戴しますという感じですね。」

そうなんだ。大日本帝国憲法は天皇が国民に授けた憲法ということだね。次の条文を見てみよう。

> **第1条　大日本帝国ハ万世一系ノ天皇之ヲ統治ス（大日本帝国は万世一系の天皇がこれを統治する。）**

「『万世一系』って何ですか？」

永久に一つの家系が続くことだよ。昔から永久に続く家系に属す天皇が日本を統治するということだね。つまり，大日本帝国憲法は，天皇が政治における最高決定権を持つ**天皇主権**だったんだ。

「アメリカ独立宣言，フランス人権宣言で採用された『国民主権』ではなかったんですね。」

うん。アメリカやイギリス，フランス等ではなく，皇帝の権力が強かったドイツ（プロイセン）の憲法を参考にしたものなんだ。しかし，軍部を中心とする勢力が，「天皇」の権力を利用し，戦争を起こすことを可能にする憲法だったんだ。

結果，日本は第二次世界大戦に敗れたことは知っているよね。ドイツやイタリアなど独裁制の国も敗戦したよ。

「先生，大日本帝国憲法にはアメリカの独立宣言，フランスの人権宣言のように天賦人権思想は採用されていましたか？」

いや。大日本帝国憲法では，基本的人権は生まれながらに持つものではなく，天皇からの恩恵（おんけい）とされていた。国民は天皇の臣下という意味で**臣民（しんみん）**と呼ばれていたんだ。

「臣とは家臣の『臣』ですね。」

そうだね。人が生まれながらに当然に持つものではなく，恩恵だから，法律（ほうりつ）で自由に制限することが可能だった。

「法律をつくる国会を支配すれば，権利などを自由に制限でき，戦争への協力を強制するような法律をつくることも可能ですね。」

うん。天賦人権思想にもとづかない大日本帝国憲法と，天賦人権思想を採用する日本国憲法を比（くら）べてみよう。次を見てみよう。

大日本帝国憲法

第29条　日本臣民ハ法律ノ範囲（はんい）内ニ於（お）テ言論著作印行（いんこう）集会及結社ノ自由ヲ有ス（日本臣民は法律の範囲内で言論・著作・印行・集会及び結社［組織をつくること］の自由を有する。）

日本国憲法

第21条　①集会，結社及び言論，出版（しゅっぱん）その他一切の表現の自由は，これを保障する。

共通点は，どんなところだろうか？

「大日本帝国憲法では『言論・著作・印行・集会及び結社の自由』とあり，日本国憲法では『集会，結社及び言論，出版その他一切の表現の自由』とあります。これらは要するに表現の自由と結社の自由

を認めたもので，同じものといえますよね。」

そうだね。それでは，違いは，どんなところだろうか？

「大日本帝国憲法には『法律の範囲内において』とありますが，日本国憲法にはそのような制限がありません。」

そうなんだ。このように大日本帝国憲法でも一応権利は認められていたんだけど，**法律の範囲内**で認めたにすぎなかった。法律とは国会で決めるきまりだから，国会が**自由に**権利を制限できるということだね。

「大日本帝国憲法ではモンテスキューが主張した三権分立はどうでしたか？」

天皇が統治権を持ち，帝国議会，裁判所，政府はそれを補助（ほじょ）するものとされていたよ。

「一応権力は3つに分かれてはいますね。しかし，要するに天皇が全ての権力を持つということですね。これでは完全な三権分立とはいえませんね。」

そうだね。また，ワイマール憲法のような社会権に関する規定もなかったんだ。

「軍国主義になってしまったのは，大日本帝国憲法の規定にも原因があったということですね。」

うん。憲法で権力を制限するという立憲主義が，かなり不十分なものだったんだ。

Point　独裁政治と憲法

● 大日本帝国憲法（明治憲法）の欠点

1, **天皇主権**…国民主権ではない。

2, **天皇の恩恵として人権を認める**。また，人権は法律で自由に制限できる…天賦人権思想は採用されていない。

3, 三権分立も完全なものではない。

4, 社会権もない。

↓

軍部による支配が可能であり，戦争に突入（とつにゅう）。結果，敗戦。他の独裁国も敗戦。

日本国憲法第97条の「人類の自由獲得の努力の成果」とは？

イギリス革命，アメリカ独立戦争，フランス革命，貧困や独裁との戦いを通じて個人の尊重を確立するためには，「国民主権」「三権分立」「天賦人権思想」「侵略戦争の禁止」「社会権」が必要なことが明らかになっていた。

「これが日本国憲法第97条にあった『過去幾多の試練』『人類の自由獲得の努力の成果』ということですね？」

うん。日本国憲法もこのような世界史の潮流（ちょうりゅう）の中にあるんだ。

ここで，世界の基本的人権を保障する動きについて述べていこう。第二次世界大戦中に，特定の民族の迫害（はくがい）や大量虐殺（ぎゃくさつ）など，人権の侵害や抑圧が数多く起こったことの反省から，1948年に国連総会で，**世界人権宣言**が採択（さいたく）された。

「先生，これはどんな内容の宣言ですか？」

達成すべき共通の人権保障水準（すいじゅん）を掲（かか）げ，各国の人権保障の模範（もはん）とすべきものだよ。しかし法的拘束力（こうそくりょく）はなかった。そこで，1966年，世界人権宣言の内容に法的な拘束力を持たせ，人権を保障した**国際人権規約**が国際連合において採択されたんだ。

「法的拘束力があるということは，批准した以上は，この人権規約に掲げてある人権は保障しなければならないということですね。」

そう。1979 年に日本も批准したよ。そして女性や子どもの保護も注目されるようになり，1979 年には国連で女性差別撤廃条約が採択されたよ。さらに 1989 年には子どもの人間としての権利や自由を尊重し，保護していくことを目的として，**児童（子ども）の権利条約**が採択された。この条約は UNICEF（国際連合児童基金）の努力で採択されたものなんだ。1994 年に日本も批准しているよ。これらの権利条約に挙げてある人権を，日本は保障する義務を負っているわけだね。今や，人権を侵害することは，国際問題になるんだ。

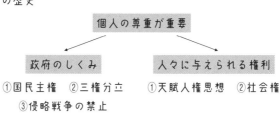

Point　日本国憲法97条「人類の自由獲得の努力の成果」

- イギリス革命，アメリカ独立戦争，フランス革命，ワイマール憲法，独裁などの歴史

個人の尊重が重要

→ 政府のしくみ
①国民主権　②三権分立
③侵略戦争の禁止

→ 人々に与えられる権利
①天賦人権思想　②社会権

☑CHECK 3

つまずき度 !!!!!

➡ 解答は別冊 p.12

次の文の（　　）に当てはまる語句か数字を答えなさい。

(1) 次の文は日本国憲法の第97条である。

「この憲法が日本国民に保障する基本的人権は，人類の多年にわたる（　　）獲得の努力の成果であつて，これらの権利は，過去幾多の試錬に堪へ，現在及び将来の国民に対し，（　　）ことのできない（　　）の権利として信託されたものである。」

(2) 歴史上，人権が初登場したのはイギリスの「（　　　）・（　　　）（大憲章）」（1215年）だといわれている。

(3) 1776年のアメリカ（　　　　）が法の歴史上初めて，天賦人権思想を宣言した。

(4) （　　　　）年フランスで民衆により国王の政権が倒されるという事件が起きた。これをフランス（　　）という。フランスでは民衆が国王と戦い，さまざまな（　　）を勝ち取った。

(5) 政府の権力を弱めようという考えは，弱肉強食の世の中を生み，貧富の差が拡大して多くの弱者を生みだした。そこで，政府は弱者を助けなければならないと考えられるようになり（　　）権が必要であると考えられるようになった。その権利を，歴史上初めて保障した憲法は，（　　　　　　　）（1919年）である。

4章

日本国憲法

憲法と世界史のつながり，どうだったかな。

「先生の言った通り，ドラマチックでした。まだ，身近には感じないけど，興味は出てきたかも！」

そういってくれると嬉しいね。この章では，日本の憲法について詳しく見ていこう。ポイントとしては，さっき見た世界の歴史が日本国憲法にどう生かされているかを見てみよう。

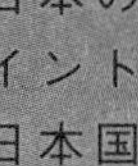

「日本の話だから，憲法をもっと身近に感じられるかも！」

4-1 日本国憲法の三大原則

個人の尊重と日本国憲法の三大原則とは？

先ほどまで述べた「人類の多年にわたる自由獲得の努力」「過去幾多の試錬」がどのように日本国憲法に取り入れられているか，学習しよう。まず，個人の尊重についてだ。次のように述べられているよ。

> **第13条　すべて国民は，個人として尊重される。生命，自由及び幸福追求に対する国民の権利については，公共の福祉に反しない限り，立法その他の国政の上で，最大の尊重を必要とする。**

「なるほど，日本国憲法も一人一人が個人として尊重されることを目指しているんですね。」

そう。これが日本国憲法の目的であると，この条文で述べているんだ。

憲法のさまざまな制度は「個人が個人として尊重される」ことを目指すものといえる。だから，憲法を学ぶときは，「この制度は個人が尊重されるためにどのように役立っているのか」を考えることが重要だね。

「なるほど。歴史が示していることからすれば，個人が尊重されるためには，国民の意思による政治，つまり**国民主権**，そして，**天賦人権思想**，**侵略戦争の禁止**，**三権分立**，**社会権**が必要でしたね。」

そのとおり。天賦人権思想のことを日本国憲法は「基本的人権」と表現しているよ。さらに，侵略戦争を禁止するために日本国憲法は平和主義を採用しているんだ。

特に重要な**国民主権**，**基本的人権の尊重**，**平和主義**を**日本国憲法の三大原則**と呼ぶよ。これについて学んでいこう。

Point　個人の尊重と日本国憲法の三大原則

- **日本国憲法の三大原則**…国民主権，基本的人権の尊重，平和主義

4-2 国民主権

日本国憲法における国民主権と天皇の地位は？

「国民主権は日本国憲法ではどのように定められていますか？」

これについては日本国憲法の前文を見てみよう。

「憲法の前文って何ですか？」

前文とは，法律などの条文に入る前に置かれた部分だよ。日本国憲法の前文第１段では，憲法制定の意義，憲法の原則などについて述べているんだ。

> 日本国民は，正当に選挙された国会における代表者を通じて行動し，われらとわれらの子孫のために，諸国民との協和による成果と，わが国全土にわたつて自由のもたらす恵沢を確保し，政府の行為によつて再び戦争の惨禍が起ることのないやうにすることを決意し，ここに主権が国民に存することを宣言し，この憲法を確定する。そもそも国政は，国民の厳粛な信託によるものであつて，その権威は国民に由来し，その権力は国民の代表者がこれを行使し，その福利は国民がこれを享受する。これは人類普遍の原理であり，この憲法は，かかる原理に基くものである。われらは，これに反する一切の憲法，法令及び詔勅を排除する。

「『ここに主権が国民に存することを宣言し，この憲法を確定する。』と明確に述べていますね。つまり，日本国憲法が国民主権を採用しているのは明らかです。」

そのとおり。

「『日本国民は，正当に選挙された国会における代表者を通じて行動し』とあります。これはどういうことでしょうか？」

国民主権，つまり，国民の意思による政治を実現するためには２つの方法がある。１つは間接民主制，もう１つは直接民主制だよ。日本国憲法は，国民が選挙で代表を選び，原則としてその代表者に政治を任せることにしたんだ。国会議員による政治，これは**間接民主制**だね。**議会制民主主義**ともいうよ。これに対して**直接民主制**がある。次の写真を見てごらん。

AP／アフロ

▲**直接民主制のようす**

「広場に集まった人々が挙手していますね。」

「この写真，見覚えがあります。スイスの情景ですね。」

そう。写真はスイスのある町の直接民主制のようすなんだ。人々がみんなで議論し，評決をしているね。このように国民が直接に政治をするしくみを**直接民主制**というんだ。

国民の意見が直接反映される点では直接民主制が優れているけど，専門性のある政治が出来る点では間接民主制が優れているね。間接民主制の下では，ひょっとすると，代表者が国民の意見と離れたことをするかもしれないけど，そのときは次の選挙で落選させればよいわけだね。

「先生，直接民主制は日本国憲法の下ではまったくとられていないんですか？」

ううん。国民の意思を直接政治に反映させるべき場合は，直接民主制も採用している。それは憲法改正に必要な**国民投票**，最高裁判所裁判官の**国民審査**，地方自治の特別法における**住民投票**だよ。また，憲法で認めたのではなく法律で定められた制度だけど，地方自治について住民の**直接請求権**が定められている。詳しくはのちほど説明するね。

「日本国憲法は，国民主権を実現するために，原則として間接民主制を，例外として直接民主制を採用したんですね。」

うん。ところで二人は下の人物を知っているかな？

©PPS通信社

▲演説するリンカン

「先生，**リンカン**ですね。奴隷解放宣言で有名です。」

そのとおり。リンカーンともいうよね。彼は **1863 年**のゲティスバーグにおける演説で，「人民の，人民による，人民のための政治」を訴えた。これは国民主権の理念を表すことばとして有名だよ。

「先生，これは憲法前文の『そもそも国政は，国民の厳粛な信託によるものであつて，その権威は国民に由来し，その権力は国民の代表者がこれを行使し，その福利は国民がこれを享受する。』と同じ意味じゃないですか？」

そのとおり。日本国憲法はリンカンの演説を取り入れているんだ。

さて，ここで少し憲法改正の話に触れておこう。

憲法改正とは，憲法をかえることだ。この手続きについて日本国憲法は次のように規定している。

第96条

① この憲法の改正は，各議院の総議員の三分の二以上の賛成で，国会が，これを発議し，国民に提案してその承認を経なければならない。この承認には，特別の国民投票又は国会の定める選挙の際行はれる投票において，その過半数の賛成を必要とする。

② 憲法改正について前項の承認を経たときは，天皇は，国民の名で，この憲法と一体を成すものとして，直ちにこれを公布する。

この規定を読むと，憲法改正の手続きにはポイントが３つあることが分かるね。1.各議院，すなわち**衆議院と参議院でそれぞれ総議員**の**３分の２**以上の賛成による**国会の発議**，2.特別の**国民投票**，または国会の定める選挙の際に行われる**国民投票**において，投票総数の**過半数**の賛成で憲法改正は承認され，3.天皇が公布すること，の３つだ。

ところで，なぜ「国民投票」が必要だと思う？　日本国憲法の３つの原則のうちどれと関係があるかな？

「えーと，国民主権です。」

そうだね。憲法は国家の根本的な部分に関する法だから，大切だよね。

だから，国民主権の考え方により，国民の意見を直接問うべく国民投票という直接民主制を導入しているんだね。

Point　憲法改正

- **憲法改正**＝憲法を変えること
- 憲法改正手続き

憲法審査会，あるいは国会議員による提出
↓
国会の発議
↓
国民の承認
↓
天皇の公布

「先生，現在の日本国憲法が国民主権を採用しているのはよくわかりました。大日本帝国憲法は天皇主権でした。天皇は日本国憲法ではどんな地位なのでしょうか？」

日本国憲法では，天皇の地位は次のように定められているよ。

> **第1条　天皇は，日本国の象徴であり日本国民統合の象徴であつて，この地位は，主権の存する日本国民の総意に基く。**

「『天皇は，日本国の象徴であり日本国民統合の象徴』とあります。『象徴』ってどんな意味ですか？」

象徴とは，目に見えないもの，手で触れない抽象的なものを，目に見える形，手で触れる形，すなわち具体的に示すものだね。

「例えば，平和には触れませんから，それを鳩で表すことなどですね。」

そのとおり。日本国についても，その領土は目に見えるかもしれないけれど，日本国は領土だけでなく国民やさまざまな組織を持つ**団体**なんだ。これには触ることはできないよね。

同様に条文にある，「日本国民統合」，つまり「日本国民の団結」も見えないし，触れない。だから，天皇という目に見えて手で触れる存在で，「日本国」や「日本国民統合」を表しているんだ。

日本の歴史を振り返れば，天皇が権力を持っているときも，持っていないときもあった。

「確かに桓武天皇などは自ら政治をしましたが，推古天皇のときは聖徳太子（厩戸皇子）が政治をしましたね。」

うん。しかし，権力があったときもなかったときも，天皇は，古代以来，「国平らかなれ，民安かれ」と，日本の平和，日本人の安全を祈ってきた「最高の祭り主」であるといわれてきた。

「先生，『最高の祭り主』って何ですか？」

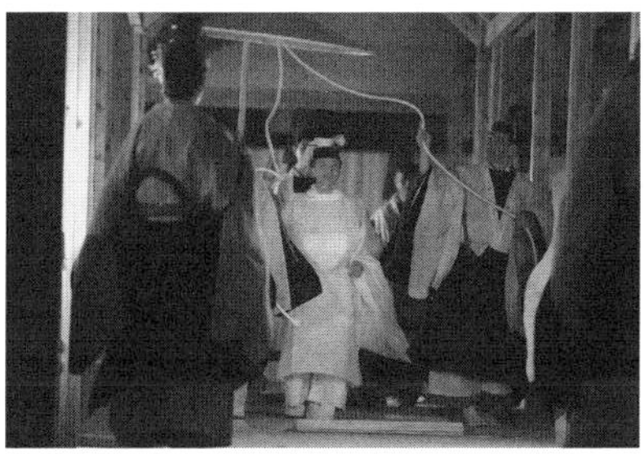
毎日新聞社／アフロ

▲悠紀殿供饌の儀のため悠紀殿に進まれる天皇陛下

国を代表して神に祈る人のことだよ。天皇は，歴史上一貫して，日本と日本国民のために祈る存在だった。歴史からすれば，そこに天皇の本質がある。だから，天皇は日本を表すにふさわしい存在だと考えられたんだ。今でも年間 20 件以上の祭儀があり，国民の幸せを祈っているよ。

「今の天皇は権力を持っているんですか？」

いいや，今の天皇は権力を持っていないよ。実は，日本国憲法には，天皇にはいっさいの権力はなく，政治にかかわることがないように定められているんだ。次の条文を見てみよう。

> 第4条　①天皇は，この憲法の定める国事に関する行為のみを行ひ，国政に関する権能を有しない。

「第４条第①項には，天皇は『国事に関する行為のみを行ひ』とありますね。」

そうだね。天皇が行うことができる**国事行為**には以下のものがあるよ。

> 第6条　①天皇は，国会の指名に基いて，内閣総理大臣を任命する。
> ②天皇は，内閣の指名に基いて，最高裁判所の長たる裁判官を任命する。
>
> 第7条　天皇は，内閣の助言と承認により，国民のために，左(下)の国事に関する行為を行ふ。
> 1　憲法改正，法律，政令及び条約を公布すること。
> 2　国会を召集すること。
> 3　衆議院を解散すること。
> 4　国会議員の総選挙の施行を公示すること。
> 5　国務大臣及び法律の定めるその他の官吏の任免並びに全権委任状及び大使及び公使の信任状を認証すること。
> 6　大赦，特赦，減刑，刑の執行の免除及び復権を認証すること。
> 7　栄典を授与すること。
> 8　批准書及び法律の定めるその他の外交文書を認証すること。
> 9　外国の大使及び公使を接受すること。
> 10　儀式を行ふこと。

※任命…他の国家機関が指定した人に対して，ある職務(しょくむ)につくよう形式的に命令すること。
※公布…他の国家機関が決めたことを国民一般(いっぱん)に発表すること。
※召集…内閣が決定した国会の開始を形式的に命じること。
※公示…他の国家機関が決めたことを国民一般に示すこと。
※認証…他の機関が作成した文書を証明すること。
※大赦，特赦，減刑，刑の執行の免除及び復権…いずれも刑罰(けいばつ)を軽減したり免除したりする制度。内閣が決定する。
※栄典の授与…内閣が決定した功労者(こうろうしゃ)の栄誉(えいよ)を表彰(ひょうしょう)すること。
※接受…会見すること。

共通点は，何かな？

「天皇の行うことは，全て他の国家機関が決めたことを形式的に実行するということですね。」

そう。天皇にはいっさいの権力がなく，いかなる政治的決定もしない。そして天皇自身が責任(せきにん)を負うこともない。そして，日本国憲法は次のようにも定めているよ。

第3条　天皇の国事に関するすべての行為には，内閣の助言と承認を必要とし，内閣が，その責任を負(う)ふ。

ここにある，**「内閣の助言と承認を必要とし」**とは，天皇の国事行為は全て内閣の統制(とうせい)と監督(かんとく)の下で行われなければならないということだよ。内閣の詳細(しょうさい)についてはあとで説明するね。

「天皇の国事行為は，内閣の指示どおりに天皇が行います。だから，天皇には責任がなく，責任は内閣にあるという理解でよいですか？」

うん。そのとおりだよ。昔から,「王は悪をなし得ず」(The King can do no wrong.)というのが政治の鉄則とされる。内閣の指導の下,天皇が動き,内閣は責任を負うというのは,この伝統(でんとう)を守るための制度でもあるんだ。

Point 国民主権と天皇の地位

- 日本国憲法における国民主権…**間接民主制**が原則。
- 天皇は日本の**象徴**であり,いっさいの権力はない。すなわち,政治にかかわらない。

4-3 基本的人権の尊重

基本的人権の尊重とは？

日本国憲法では天賦人権思想が認められている。次を見てみよう。

> 前文1段　わが国全土にわたつて自由のもたらす恵沢(けいたく)を確保し，…
>
> 第11条　国民は，すべての基本的人権の享有を妨(さまた)げられない。この憲法が国民に保障(ほしょう)する基本的人権は，侵(おか)すことのできない永久(えいきゅう)の権利として，現在及び将来の国民に与(あた)へられる。
>
> 第32条　何人も，裁判所において裁判を受ける権利を奪(うば)はれない。

基本的人権とは，全ての人が生まれながらにしてもっている人間としての権利，つまり，天賦人権思想のことだったね。

具体的にどのように基本的人権を保障しようとしているのかについて見ていこう。

①個人の尊重

さて，日本国憲法は第13条で次のように述べ，「個人として尊重されること」つまり，ありのままの自分でいられることこそがもっとも大事なのだとしている。

> 第13条　すべて国民は，個人として尊重される。生命，自由及び幸福追求に対する国民の権利については，公共の福祉に反しない限り，立法その他の国政の上で，最大の尊重を必要とする。

第13条後段の「生命，自由及び幸福追求に対する国民の権利」とは，個人が尊重されるために必要な全ての権利を指しているよ。国はこの憲法の理念を実現するように政治をしなければならないんだ。

「ということは，実は必要な権利はこの第 13 条に全て書かれていることになりますか？」

理論上はそういうことになるね。しかし，「生命，自由及び幸福追求に対する国民の権利」ではあまりに意味が広すぎるから，日本国憲法の第 14 条から第 40 条を中心に，これまで歴史上特に問題になった人権を具体的に挙げているんだ。

さて，日本国憲法の人権は次のように分類されているよ。

自由権…国家権力の介入を拒否し，自由に活動する権利。
平等権…差別されない権利。
請求権…国家から一定の救済を受けることが保障される権利。
社会権…国に対して人間らしい生活の保障を要求する権利。
参政権…主権者として国家の運営に参加することが保障される権利。

これからそれぞれについて説明していくよ。

②自由権

まず，**自由権**は国家の介入を拒否し，自由に活動する権利だよ。

「つまり，国からほうっておいてもらう権利でしょうか？」

主な働きは国からほうっておいてもらうことだけど，国が積極的に行動しなければならない面もある。国は日本国憲法が定める人権を保障する政治をしなければならないんだ。さて，自由権は 1. 精神（精神活動）の自由，2. 身体（生命・身体）の自由，3. 経済活動の自由に分類されている。

まずは，「精神の自由」から説明しよう。精神の自由とは，人間の内心，内面の自由のことだね。

第19条　思想及び良心の自由は，これを侵してはならない。

第20条　①信教の自由は，何人に対してもこれを保障する。いかなる宗教団体も，国から特権を受け，又は政治上の権力を行使してはならない。

②何人も，宗教上の行為，祝典，儀式又は行事に参加することを強制されない。

③国及びその機関は，宗教教育その他いかなる宗教的活動もしてはならない。

第21条　①集会，結社及び言論，出版その他一切の表現の自由は，これを保障する。

②検閲は，これをしてはならない。通信の秘密は，これを侵してはならない。

第23条　学問の自由は，これを保障する。

特に重要な第 21 条の「**表現の自由**」を題材に考えてみよう。

1. 人はほかの人の意見を聞いたり，自分の意見を他人に伝えて議論したりして，2. 自分なりの意見をつくるなど精神的に成長する。また，3. 主権者として政治に関する意見などを決め発表する。表現の自由は，これら 1. 2. 3. を保障するものといえる。だから人の精神的成長や国民主権にとっても必要不可欠なんだ。個人が個人として尊重されるために絶対必要な権利だということをおさえておこう。

第 19 条は「思想」「良心」について前記の 1. 2. 3. を保障している。第 20 条第①項の「信教の自由」は，1. 国民が宗教に関する情報を受け取り，2. 精神的に成長したり，自分の意見を持ったりするのに役立たせることができる権利，3. それを他者に伝えたり，伝えずに沈黙したりできる権利といえるね。

「第 23 条は，『学問の自由』を保障しています。1. 学問に関する情報を受け取ることを妨害されず，自分が学びたいことを学んで，2. 精神的に成長し，自分の意見を持ち，3. その成果を発表する権利が保障されているんですね。」

そのとおり。学問は社会の進歩にも貢献する。集会（一時的な会合をする），結社（継続的な団体をつくる）の自由は，主に 1. 2. 3. の機会を保障するといえるね。

次に「**身体の自由**」としてどんな権利が日本国憲法で保障されているだろうか？ 身体の自由とは，不当に身体が拘束されない権利のことだよ。警察などに不当に逮捕されたりしたら，個人として尊重されているとはいえない。身体の自由の例は次のようなものだよ。

第 18 条　何人も，いかなる奴隷的拘束も受けない。又，犯罪に因る処罰の場合を除いては，その意に反する苦役に服させられない。

第 31 条　何人も，法律の定める手続によらなければ，その生命若しくは自由を奪はれ，又はその他の刑罰を科せられない。

第 33 条　何人も，現行犯として逮捕される場合を除いては，権限を有する司法官憲が発し，且つ理由となつてゐる犯罪を明示する令状によらなければ，逮捕されない。

第 38 条　①何人も，自己に不利益な供述を強要されない。

②強制，拷問若しくは脅迫による自白又は不当に長く抑留若しくは拘禁された後の自白は，これを証拠とすることができない。

③何人も，自己に不利益な唯一の証拠が本人の自白である場合には，有罪とされ，又は刑罰を科せられない。

※権限を有する司法官憲…裁判所のこと。

第 18 条は強制労働などをさせられないということだね。

「第 31 条，第 33 条，第 38 条は警察などと国民の関係についての

ようですね。」

そう。第 31 条は，刑罰を科すためには「法律」，そして「法律の定める手続き」が必要なことを述べている（**罪刑法定主義**）。第 31 条，33 条，38 条は，警察官などの一存では人の身体を拘束できず，法に従うべきことが保障されているんだ。

最後が，「**経済活動の自由**」だ。個人が自らの才覚で，経済的に自由に発展できなければ個人として尊重されているとはいえないよね。日本国憲法には次のようにある。

第22条　①何人も，公共の福祉に反しない限り，居住，移転及び職業選択の自由を有する。
第29条　①財産権は，これを侵してはならない。
②財産権の内容は，公共の福祉に適合するやうに，法律でこれを定める。
③私有財産は，正当な補償の下に，これを公共のために用ひることができる。

第 29 条の**財産権**の保障は，自分の物は自分の物であることを保障しているんだ。

「有名マンガのキャラクターの『おまえの物は俺の物，俺の物は俺の物』という世界では，個人として尊重されていないことは明らかです（笑）。」

そうだね。また，自分のつきたい職業を選べること，つまり**職業選択の自由**を保障するのが第 22 条だね。

「先生，経済活動の自由と精神の自由は，何で別の権利とされているんですか？」

　経済活動の自由は，精神の自由より制限を受ける場合が多いと考えられるからだよ。例えば，医者になりたい人がいたとする。

「職業選択の自由があるから許されるはずですよね。」

　しかし，医者になりたいと思う人が誰でも医者になってよいものだろうか？　やはり医学について勉強した人が，医者にならないとまずいよね。だから，日本では，大学の医学部を卒業し，国家試験に合格した人のみが医者になれるしくみになっている。弁護士なども同じしくみだね。

「職業選択の自由に制限があるんですね。」

　そのとおり。財産権についても，同様だよ。例えば空港をつくるために，建設予定地に住んでいる人に引っ越してもらわなければならないとする。このような場合，国は建設予定地に住んでいる人に正当な補償をすれば（第29条第③項），空港建設のためにその土地を用いることができる。

Point　①個人の尊重と②自由権

- 日本国憲法第13条…すべて国民は，**個人として尊重**される。
  ⇒つまり，ありのままの自分でいられることがもっとも大事。
- **精神の自由**…人間の内心，内面の自由⇒**思想・良心の自由**，**信教の自由**，**集会の自由**，**結社の自由**，**学問の自由**
- **身体の自由**…不当に身体が拘束されない権利。
- **経済活動の自由**…居住，移転及び職業選択の自由，財産権。

③平等権

　続いて，**平等権**について説明しよう。国が人を差別するということは，人を個人として尊重していないことは明らかだよね。

第14条　①すべて国民は，法の下に平等であつて，人種，信条，性別，社会的身分又は門地により，政治的，経済的又は社会的関係において，差別されない。

国には国民を平等に扱う義務があるんだ。また，国は日本国憲法が定めている平等権を実現するために政治をする義務が生じる。けれどそれは，人の違いを無視して，完全に取り扱いを同じにしなければならないという意味ではないよ。例えば，体の不自由な人が健常者と平等に暮らせるように配慮することは，不平等な優遇をしているわけではないよね。

「違いがあれば，それに応じた配慮が必要ということですね。」

うん。より平等な社会をつくっていくためにバリアフリーやユニバーサルデザインという考え方もあるんだよ。

「先生，『人種，信条，性別，社会的身分又は門地により……差別されない』とありますが，禁止される差別はこれらのことに限定されるんですか？」

ううん。基本的人権の考え方からすれば，あらゆる面で人間は平等でなければならない。だから「人種，信条，性別，社会的身分，門地」は例であって，あらゆる面で差別は許されないということだよ。でも今の社会にはまだ差別がある。どんな差別があるか知っているかな？

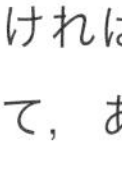
「黒人が白人に深刻な差別をされてきたという話は聞いたことがあります。」

そうだね。南アフリカ共和国では，**アパルトヘイト**という人種隔離政策が1991年まで行われ，白人が黒人などの有色人種を差別した。日本でも北海道などに住むアイヌ民族への差別があるよ。そこで，明治以来の日本の政策で否定され失われていったアイヌの文化を守るために，1997 年に**アイヌ文化振興法**が制定された。2019 年には，アイヌ文化振興法にかわり，**アイヌ施策推進法（アイヌ民族支援法）**が制定されたよ。これはアイヌ民族を日本の先住民と認め，民族としての誇りが尊重される社会の実現を目指すものだ。また，ここで，在日韓国・朝鮮人や在留外国人への偏見が差別を生むこともあることにも留意しておこう。

ところで二人は，同和問題というのを知っているかな？

「被差別部落の出身者への差別が今もなくならない問題ですか？」

そう。江戸時代の制度で厳しく差別されていた「えた身分，ひにん身分」は明治時代に廃止されたにもかかわらず，現在でも差別が続いているんだ。そこで，国は法律等を整備し，差別をなくそうとしてきた。2016 年には部落差別解消推進法が制定されたよ。また，女性差別も大きな問題になっているね。

「ほかの国では，女性の首相もいますよね。」

うん。女性がリーダーになったり政治参画が進んだりすることも女性の地位向上には大切なことだね。

日本で男女平等という憲法の理念を実現するため，また，1979 年に国際連合の総会で採択された女性差別撤廃条約（てっぱいじょうやく）を受け，女性が仕事につくときや，職場で不利なことがないようにするため，**1985 年**に**男女雇用機会均等法**（だんじょこようきかいきんとうほう）を制定した。「法律」とは，このように憲法に書いてあることを実現するための決まりなんだ。詳しくはあとで説明するよ。

「男女雇用機会均等法は，雇用の分野における男女の平等について定めたものといえますか？」

うん。男女雇用機会均等法の制定後に女性差別撤廃条約を批准したんだ。

ちなみに，批准とは「条約（きまりごと）を自分の国も取り入れて守ります」と意思を示すことだと理解しておいてね。さらに，1999 年には**男女共同参画社会基本法**が制定された。次を見てみよう。

男女共同参画社会基本法

第2条　この法律において，次の各号に掲げる用語の意義は，当該各号に定めるところによる。

①男女共同参画社会の形成　男女が，社会の対等な構成員として，自らの意思によって社会のあらゆる分野における活動に参画する機会が確保され，もって男女が均等に政治的，経済的，社会的及び文化的利益を享受することができ，かつ，共に責任を担うべき社会を形成することをいう。

「雇用の場面だけでなく，家庭生活や社会のあらゆる分野に男女が対等に参加して，利益と責任を分かち合い協力する社会を目指しているんですね。」

そう。男女共同参画社会の建設のために，国には積極的な改善措置（ポジティブ・アクション）を講じていくことが求められているよ。

Point　③平等権

- **平等権**…性別・人種などを理由に差別を受けない権利。

④請求権

請求権とは，個人の権利が侵されたときに，その救済を国などに求める権利のことだよ。日本国憲法に述べられているのは，次のようなものだ。

> 第32条　何人も，裁判所において裁判を受ける権利を奪はれない。
> 第40条　何人も，抑留又は拘禁された後，無罪の裁判を受けたときは，法律の定めるところにより，国にその補償を求めることができる。

ちゃんとした理由もなく裁判を受けることを拒まれるようでは，個人として尊重されているとはいえないよね。だから日本国憲法は**裁判を受ける権利**を保障している。

「先生，弁護士費用は高額だといわれていますよね。経済的に苦しくて裁判を受けられない人はどうすればいいんですか？」

そのような場合には，「法テラス（日本司法支援センター）」という団体に相談するとよいだろうね。法テラスでは経済的に余裕のない人が法的トラブルにあったとき，無料法律相談や必要に応じて弁護士の費用を立て替えるなどの「民事法律扶助業務」を行っている。これらにより日本国憲法第32条に定められた裁判を受ける権利を保障しているんだ。

「なるほど。わかりました。」

そのほかの請求権としては，裁判で無罪判決を受けた人が国に補償を求める権利（刑事補償請求権）や，公務員が不法行為を行ったことで損害を受けた場合は，国に賠償を求める権利（国家賠償請求権）などがある。「補償」は国に落ち度がないのに損害が生じた場合で，「賠償」は，国などの落ち度のせいで損害が生じた場合をいうよ。

続いて，次の日本国憲法の条文を見てみよう。

> 第16条　何人も，損害の救済，公務員の罷免，法律，命令又は規則の制定，廃止又は改正その他の事項に関し，平穏に請願する権利を有し，何人も，かかる請願をしたためにいかなる差別待遇も受けない。

この権利を**請願権**というんだ。これも請求権の一種だよ。

Point ④請求権

- **請求権**…**裁判を受ける権利，刑事補償請求権，国家賠償請求権，請願権**など。

⑤社会権

社会権とは，国に対して，人間らしい生活の保障を要求する権利だよ。

「社会権と請求権は，どう違うんですか？」

社会権も請求権も国に何かを要求する点では共通しているんだけど，社会権は社会的に弱い立場にある人たちの保護を目指している点が請求権と異なっているんだ。自由な競争を認める社会では，勝者がいれば敗者もいる。勝者は経済的に豊かになるけど，敗者は貧困に陥る。だから彼らを助ける必要があるわけだね。

「3-2憲法の歴史」でも述べた**ワイマール憲法**第 151 条を受け継いだのが日本国憲法の第 25 条だ。

第25条　①すべて国民は，健康で文化的な最低限度の生活を営む権利を有する。
②国は，すべての生活部面について，社会福祉，社会保障及び公衆衛生の向上及び増進に努めなければならない。

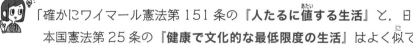

「確かにワイマール憲法第 151 条の『**人たるに値する生活**』と，日本国憲法第 25 条の『**健康で文化的な最低限度の生活**』はよく似ていますね。」

うん。この第25条は社会権のうちの**生存権**といわれているよ。この生存権を保障するための制度が日本国憲法第25条第②項に挙げられている。何かな？

「**社会福祉**，**社会保障**及び**公衆衛生**ですね。」

そのとおり。内閣（政府）や国会は，日本国憲法に記されていることを実現する義務を負っているんだ。

「先生，生存権についてはよくわかりました。日本国憲法では，ほかにも社会権として保障されているものはありますか？」

あるよ。例えば，次の条文を見てみよう。

第26条　①すべて国民は，法律の定めるところにより，その能力に応じて，ひとしく教育を受ける権利を有する。

②すべて国民は，法律の定めるところにより，その保護する子女に普通教育を受けさせる義務を負ふ。義務教育は，これを無償とする。

第27条　①すべて国民は，勤労の権利を有し，義務を負ふ。

②賃金，就業時間，休息その他の勤労条件に関する基準は，法律でこれを定める。

③児童は，これを酷使してはならない。

第28条　勤労者の団結する権利及び団体交渉その他の団体行動をする権利は，これを保障する。

第26条第①項の「**能力に応じて，ひとしく教育を受ける権利**」は，社会権の例としてよく挙げられるものだよ。これは国民が教育施設などの設置を国に要求する権利なんだ。第26条第②項の後段では義務教育は「無償」，つまり無料で受けられることを保障しているわけだね。

「教育を受けることにより，私たちは人間として成長できます。個人を尊重するために必要な権利ですね。」

そうだね。第 27 条第①項の「**勤労の権利**」は，国民が労働の機会を提供するように国に要求する権利だよ。この要請にもとづいて設けられた施設は何だろう？ 通称，ハローワークというよ。

「公共職業安定所ですね。」

そうだね。さて，第 27 条第②項は，国に「賃金，就業時間，休息その他の勤労条件に関する基準」を法律で定める義務を課している。これによって制定された法律が**労働基準法**なんだ。労働基準法は，労働者が人間らしい生活をしながら働くことができるように，働くうえでのさまざまな条件，例えば，労働時間，休日，賃金などの最低基準を定めている。さて，第 28 条では３つの権利が保障されているね。その３つを，答えてみて。

「『団結する権利』，『団体交渉をする権利』，『団体行動をする権利』の３つです。」

そのとおり。それぞれ，**団結権**，**団体交渉権**，**団体行動権**，あわせて**労働基本権（労働三権）**と呼んでいるよ。団結権とは，労働者が自主的に労働組合をつくったり加入したりできる権利。団体交渉権とは，労働組合などの労働者の団体が，使用者または使用者の団体と労働条件の維持・改善のために，団結して交渉する権利。団体行動権，これは**争議権**ともいわれているけど，労働者が使用者に争議行為を行うことができる権利なんだ。

「先生，争議行為って何ですか？」

労働組合に加入する労働者などが，団体交渉がうまくいかないときに，使用者に要求を受け入れさせるために，業務の運営を妨げるなどして，圧力を加えることだよ。ストライキ（同盟罷業），サボタージュ（怠業）などの方法がある。

「サボタージュとは仕事をさぼることですよね。ストライキってどんなことをするのですか？」

賃金や労働時間などの労働条件について要求を実現するために，労働組合に加入する労働者がまとまって仕事をしないことだよ。労働基本権は，弱い立場にある労働者が，使用者と対等な立場で労働条件の改善などを取り決めることができるように保障されているんだ。

「これらは，国民の一員である労働者が個人として尊重されるために必要なことですね。」

そのとおり。

Point　⑤社会権

- **社会権**…国に対して，人間らしい生活の保障を要求する権利。
  ①生存権②能力に応じてひとしく教育を受ける権利③勤労の権利
  ④労働者の権利

⑥参政権

参政権とは国民が政治に参加する権利だよ。例えば，日本国憲法には次のように記されている。

第15条　①公務員を選定し，及びこれを罷免することは，国民固有の権利である。
③公務員の選挙については，成年者による普通選挙を保障する。

第79条　②最高裁判所の裁判官の任命は，その任命後初めて行はれる衆議院議員総選挙の際国民の審査に付し，その後10年を経過した後初めて行はれる衆議院議員総選挙の際更に審査に付し，その後も同様とする。
第96条　①この憲法の改正は，各議院の総議員の3分の2以上の賛成で，国会が，これを発議し，国民に提案してその承認を経なければならない。この承認には，特別の国民投票又は国会の定める選挙の際行はれる投票において，その過半数の賛成を必要とする。

第15条第③項で**選挙権**と被選挙権が保障されているよ。第79条第②項は**最高裁判所裁判官に対する国民審査**について定めている。また，第96条第①項は憲法改正で国民投票ができる権利について定めている。それぞれ国民が重要な役割を果たしているね。まず，選挙権は，私たちが守らなければならない法律を定める国会議員を，私たち自身が選ぶ権利だね。つまり国民が支持し，認めた人物（国会議員）が，国民が守るべききまりをつくるんだ。そして，その前提として，国会議員に立候補する権利（**被選挙権**）も保障している。これについては「国会」のところで詳しく述べるよ。

さて，国民審査をする権利，憲法改正の国民投票をする権利の共通点は何かな？

「国民が決定していますね。」

「先生，これらは直接民主制といえるんでしたよね？」

そのとおり。「4-2 国民主権」で述べたように，日本国憲法は間接民主制を原則としながら，個人の尊重という観点から，国民の意思にもとづくことが必要だと考えられる重要な事項について，国民が直接決定する直接民主制を採用しているんだ。

Point　⑥参政権

- **参政権**…選挙権，被選挙権，最高裁裁判官に対する国民審査，憲法改正の際の国民投票⇒**国民主権**に直結

⑦新しい人権

「先生，日本国憲法の第 14 条から第 40 条までに挙げられていない人権が問題になった場合はどうするんですか？」

日本国憲法は 1946 年に公布されたものだ。それから 70 年以上経っているから，日本国憲法で規定されていない人権が問題になることが出てきた。このことは予想されていたんだ。日本国憲法に規定されていない「新しい人権」は，第 13 条の「生命，自由及び幸福追求に対する国民の権利」に含まれていると考えればよいわけだね。

「先生，日本国憲法に規定されていない『新しい人権』として，どんな人権が主張されるようになっているんですか？」

まず，**自己決定権**が挙げられるね。自己決定権とは，自分の生き方や生活について，自由に決定する権利のこと。例えば，髪型や服装について自分で決定する権利だよ。また，患者が医師から十分に説明を受けたうえで，治療方針に同意することを**インフォームド・コンセント**というけど，これは自己決定権を尊重することから重要視されるようになったんだ。

「自己決定権が主張されるようになってきたからこそ，インフォーム

ド・コンセントも重要視されるようになったわけですね。」

そう。次の臓器提供意思表示カードも**自己決定権**の一環として発行されたものだよ。

毎日新聞社／アフロ

また，**プライバシーの権利**も「新しい人権」の１つなんだ。これは，個人の私的な生活を他者の侵害から守る権利，あるいは，自分についての情報を自分で管理する権利ともいわれるよ。プライバシーの権利には個人の私生活に関することがら（名前，住所，電話番号などの**個人情報**）が公開されない権利も含まれる。国や地方公共団体，民間企業は個人情報を適切に取り扱わなければならないわけだね。

「インターネットは便利ですが，個人情報が不当に公開され，プライバシーが侵害されることがあると１章で学習しましたよね。」

うん。そこで，プライバシーの権利の具体化として，国は 2003 年に**個人情報保護法**を制定している。

さらに，国や地方公共団体が管理している情報を国民も知る機会が必要だから，国や地方公共団体に情報の公開を求めることができる**知る権利**も保障されるべきと考えられている。情報の公開を求める具体的な方法は，情報公開法に定められているよ。

そのほかの新しい人権として**環境権**と呼ばれるものがある。これは国民が公害から身を守り，健康で快適な生活をおくることができる環境を求める権利のことだ。

Point ⑦新しい人権

- **新しい人権** ①自己決定権…インフォームド・コンセント
②プライバシーの権利…個人情報保護法③知る権利④環境権

⑧人権の制約

日本国憲法は，第 11 条で基本的人権を「侵すことのできない永久の権利」と定めている。しかし，この基本的人権も無制限のものではないんだ。ある人の権利がほかの人の権利や，社会全体の利益とぶつかるような場合には，当然調整が必要になる。例えば，芸能人の住所が雑誌で公表された場合にはどんな問題が生じるかな？

「芸能人の『プライバシーの権利』が大事なのか，雑誌の出版社が主張する『表現の自由』が大事なのか考えなければなりません。」

そうだね。また，例えば，Aさんは自分の土地に自由なデザインで，3階建ての住宅の建設を計画している。しかし，この地域には，歴史的な町並みを保全するための景観保護条例があり，新しく建設する建物の階数やデザインに制限が設けられている。Aさんは市から建設計画の変更を求められた。このケースではどんな権利がぶつかっているだろうか？

「はい。Aさんの財産権と歴史的景観という社会全体の利益がぶつかっていると思います。」

そう。このケースは微妙だよね。このように人権と人権，あるいは人権と社会全体の利益とがぶつかるときに調整するための原理が**公共の福祉**と呼ばれるものなんだ。日本国憲法にも明記されているよ。

第12条　この憲法が国民に保障する自由及び権利は，国民の不断の努力によって，これを保持しなければならない。又，国民は，これを濫用してはならないのであつて，常に公共の福祉のためにこれを利用する責任を負ふ。

第13条　すべて国民は，個人として尊重される。生命，自由及び幸福追求に対する国民の権利については，公共の福祉に反しない限り，立法その他の国政の上で，最大の尊重を必要とする。

国民は常に公共の福祉のために自由や権利を利用する責任があるとともに，公共の福祉に反しない限り，国民の自由や権利も認められているんだ。つまり，人権と人権，あるいは人権と社会全体の利益とがぶつかるときには，それを調整し，権利が制限される場合がある。ただし，個人を最大限に尊重すべき点から制限は必要最小限でなければならないんだ。

「先ほどの例では，芸能人としては住所を公開されてしまったら，ファンが来てしまって住めなくなるかもしれないから，この場合はプライバシーの権利が優先されるんでしょうね。つまり，出版社に住所を書かないでくれといえるということですかね？」

そうだね。

「Aさんと市の例でいえば，市はAさんにデザインの変更を求めることができるのでしょうね。そのほか，公共の福祉による権利の制限の例としてどんなものがありますか？」

危険な感染症の発生により感染者が隔離される場合，感染者の身体の自由が公共の福祉により制限されることは許されるだろうね。また，公務員のストライキ禁止は，**労働基本権**のうちの団体行動権（争議権）が，公共の福祉により制限を受けているといえる。

「そうですね。公務員がストライキして働かないとしたら，国民が大損害をこうむる恐れがあります。極端な話，火事が起きても消防隊員がストライキをしていたら大変なことになりますよね。」

そうだね。この場合は公務員の労働条件を改善する利益より，国民の利益が優先される。公務員にはストライキを禁止する代わりに，何らかの利益を与えればよいわけだね。

Point　⑧人権の制約

- **公共の福祉**…権利と権利の調整，権利と公益の調整

⑨義務

日本国憲法は，国民の義務についても定めているよ。**国民の三大義務**として，1. 第 26 条第②項で子どもに**普通教育を受けさせる義務**，2. 第 27 条第①項で**勤労の義務**，3. 第 30 条で**納税の義務**を規定している。

第30条　国民は，法律の定めるところにより，納税の義務を負ふ。

それぞれに関連する施設として, 1. 小・中学校, 2. 公共職業安定所（ハローワーク），3. 税務署があるよ。もし，国民が勤労の義務を果たさないと，どんな問題が起こるかな？

「国民が働いて得た収入から，国は税金をとるのですから，国の税収が減るという問題が生じます。」

そうだね。

Point ⑨三大義務

- 日本国憲法の**三大義務**…①普通教育を受けさせる義務
②勤労の義務　③納税の義務

4-4 平和主義

平和主義とはどういうことか？

日本国憲法前文第２段で，次のように述べられている。

　日本国民は，恒久の平和を念願し，人間相互の関係を支配する崇高な理想を深く自覚するのであつて，平和を愛する諸国民の公正と信義に信頼して，われらの安全と生存を保持しようと決意した。われらは，平和を維持し，専制と隷従，圧迫と偏狭を地上から永遠に除去しようと努めてゐる国際社会において，名誉ある地位を占めたいと思ふ。われらは，全世界の国民が，ひとしく恐怖と欠乏から免かれ，平和のうちに生存する権利を有することを確認する。

「恒久」とは，「永久」という意味だよ。

「つまり日本人は，『永久の平和』を願ったわけですね。」

そのとおり。

さらに日本国憲法は，**第９条**でも**平和主義**を採用している。

第9条　①日本国民は，正義と秩序を基調とする国際平和を誠実に希求し，国権の発動たる戦争と，武力による威嚇又は武力の行使は，国際紛争を解決する手段としては，永久にこれを放棄する。

②前項の目的を達するため，陸海空軍その他の戦力は，これを保持しない。国の交戦権は，これを認めない。

「絶対に戦争をしない，そのために非武装の国になるという決意がにじみ出ている感じがします。」

そうだね。日本の憲法は，戦争と武力の放棄を徹底しているというのが伝わってくるね。

「ちなみに，防衛（自衛）に関することは，憲法だとどう定められているんですか？」

サクラさんがしてくれた質問は，これまでも議論がなされてきたんだ。憲法９条にもう一回目を通してみよう。これをよむと，確かに他国が日本を攻めてきた時の戦争，つまり防衛戦争もできないのではないかとも読み取れるよね。他国を攻める侵略戦争を放棄する憲法は，スペイン憲法やフランス憲法，イタリア憲法，ドイツ憲法のように数多く存在するんだけど，防衛戦争まで放棄する国は，少なくとも先進国にはないというのもまた事実なんだ。

そこで，第①項の「国際紛争を解決する手段」としての戦争は「侵略戦争」と理解する考えがあるんだ。1928年の「不戦条約」にも「国際紛争を解決するため」という文言があり，これは侵略戦争のことだと考えられていたよ。この用語例に合わせた解釈だね。

第②項の「前項の目的を達するため」は，第①項の「侵略戦争の放棄」がその目的にあたる。「戦力」は，侵略戦争のための軍事力，また「交戦権」は，あくまでも「侵略戦争」の交戦権というわけだ。

「つまり，防衛戦争は認められるということですか？」

うん。政府の見解は，主権国家は自衛権を持っていて，「自衛のための必要最小限度の実力」を持つことは憲法上認められるというものだね。大体この考えが今の日本政府の考え方といえるだろうね。

そこで日本では，防衛のための戦力として「**自衛隊**（じえいたい）」を置いているんだ。

また，安倍晋三内閣の下，2015 年に平和安全法制関連 2 法が成立したよ。

「具体的にはどのような内容なんですか？」

さまざまな状況が想定されているけど，1. 日本と密接な関係にある他国に対する武力攻撃が発生し，2. これにより日本の存立が脅かされ，3. 日本国民の生命，自由および幸福追求の権利が根底から覆される明白な危険がある事態，つまり，「存立危機事態」においては日本と密接な関係にある他国を守るために，日本は武力攻撃が可能であることが定められたんだ。

「例えば，どんな場合ですか？」

敵国が日本の領土に攻めてきて，自衛隊とアメリカ軍が共同で防衛しているとする。このとき，アメリカ軍が攻撃された場合に，自衛隊は直接攻撃を受けていなくても，アメリカ軍を守るために反撃できるということだよ。**他国と共同して自衛権を行使する権利**で，これを**集団的自衛権**といい，2015 年の法律でこれの行使を可能にしたんだ。これは重要だよ。今まで政府は，集団的自衛権を行使できず，日本国単独で自衛権を行使しなければならないとしてきたんだ。

ただ，これに対して，憲法第 9 条で認められる自衛の範囲をこえているという反対の意見もあるよ。

「なるほど。ところで，日本は世界平和への積極的貢献が求められていますが，それについてはどのように扱われていますか？」

1992 年に**国際平和協力法（PKO 協力法）**が制定され，それ以降，日本は，カンボジアや東ティモールなどで行われた**国連平和維持活動（PKO）**に自衛隊を派遣してきた。PKO とは国際平和を実現するための，国際連合を中心とした活動のことだよ。そして，停戦を監視して，再び戦争が起こらないようにする活動や，地雷除去などを行っていた。次ページの写真を見てごらん。自衛隊員が地雷を除去しているところだね。

朝日新聞社提供

▲地雷の除去を行う自衛隊員

「地雷が爆発したら命の危険がありますね。大変な仕事です。」

そう。そのほか，自衛隊の任務としては，国内外の災害に対する救助などもある。2011 年の東日本大震災などにおける自衛隊の活躍は記憶に新しいところだね。

アフロ

▲東日本大震災で救助活動をする自衛隊員

Point　平和主義

- 日本国憲法は，**第9条で平和主義**を採用している。
- 日本はカンボジアなどで行われた**国連平和維持活動（PKO）**に自衛隊を派遣してきた。

CHECK 4

つまずき度 !!!

➡ 解答は別冊 p.12

次の文の（　　）に当てはまる語句を答えなさい。

(1) 1947年に施行された日本国憲法は，国民主権，（　　　　　　），（　　　　　）の3つを基本原則としている。

(2) 日本では，原則として（　　）制民主主義を採用している。これは，正当に行われた選挙で選ばれた代表者が国会を通じて政治を行うもので，（　　）民主制ともいわれる。そして，例外として，国民が直接政治を行う（　　）民主制も取り入れられている。

(3) 社会権は20世紀に制定された（　　　　　）憲法によって初めて定められた。

(4) 日本国憲法第25条は，「すべて国民は（　　）で（　　）的な（　　　　）の生活を営む権利を有する」とする。この権利は社会権のうちの（　　）権といわれる。

(5) 日本国憲法が定める国民の三大義務として，（　　）の義務，子どもに（　　　　）を受けさせる義務，納税の義務がある。

(6) 日本は，カンボジアや東ティモールなどで行われた国連平和維持活動（（　　　　））に自衛隊を派遣してきた。

5章

三権分立と国会のしくみ

さあ，ここまででだいぶ憲法が身近になったと思う。この章では，三権分立がどういう考え方なのか，そして国会がどういう風に私たちの生活に関わっているのかを見ていくよ。

「国会とかニュース番組でよく見るけど，何やっているか全然わからないです。」

「私も。えらい人が難しい話をしている所っていうイメージくらいです。」

そうだよね，私たちが直接的に国会で何かをするわけではないから，何をやっているのかはなかなかイメージしづらいよね。でも大丈夫，この章でしっかり丁寧に説明していくよ！

5-1 統治のしくみ①　三権分立

三権分立とはどのようなしくみか？

これから国家の持つ統治機構について勉強していくよ。

人々が個人として尊重される社会を作るためには国家の権力を弱くする必要がある。そして，独裁を防ぐために「**三権分立（権力分立）**」のしくみも当然，日本国憲法で認められているよ。これは歴史をふり返ってみても必要であることは明白だね。また，権力を国だけでなく都道府県など地方公共団体にも与える**地方自治**のしくみがある。地方自治については「8-1統治のしくみ⑤地方自治」で説明するよ。

ここでは日本国憲法の下で，三権分立がどのように表れているかを学習しよう。次の条文を読んでみよう。

第41条　国会は，国権の最高機関であって，国の唯一の立法機関である。
第65条　行政権は，内閣に属する。
第76条　①すべて司法権は，最高裁判所及び法律の定めるところにより設置する下級裁判所に属する。

「国会は『国の唯一の立法機関』とありますね。」

うん。国会は**立法権**を持つんだ。

「同じように内閣は**行政権**を持つんですね。また，最高裁判所と下級裁判所は**司法権**を持つとあります。」

立法権とは法律をつくる権力，行政権とは憲法や法律にもとづいて政治を行う権力，司法権とは憲法や法律にもとづいて裁判を行う権力のことだ。次の図は三権分立のしくみを表したものだよ。それぞれの矢印が何を表しているか，わかるかな？

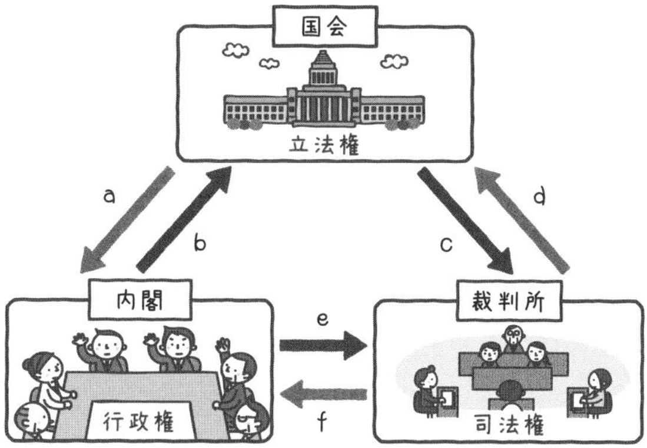

▲三権分立のしくみ図

「例えば，aの矢印は国会から内閣への抑制（制約），bの矢印は内閣から国会への抑制（制約）を表しているんですね。」

そう。同じようにcとdの矢印は国会と裁判所の相互の抑制を，eとfの矢印は内閣と裁判所の相互の抑制を表している。さて次の日本国憲法の条文を見てみよう。どの部分がa～fの矢印にあたるだろうか？

第6条　①天皇は，国会の指名に基いて，内閣総理大臣を任命する。
②天皇は，内閣の指名に基いて，最高裁判所の長たる裁判官を任命する。

第64条　①国会は，罷免の訴追を受けた裁判官を裁判するため，両議院の議員で組織する弾劾裁判所を設ける。
②弾劾に関する事項は，法律でこれを定める。

第69条　内閣は，衆議院で不信任の決議案を可決し，又は信任の決議案を否決したときは，10日以内に衆議院が解散されない限り，総辞職をしなければならない。

第81条　最高裁判所は，一切の法律，命令，規則又は処分が憲法に適合するかしないかを決定する権限を有する終審裁判所である。

「第６条第①項の国会が内閣総理大臣を指名することは，国会から内閣への抑制ですね。つまり**aの矢印**にあたります。」

「第６条第②項の内閣が『最高裁判所の長たる裁判官』，つまり最高裁判所長官を指名することは，内閣から裁判所への抑制で，**eの矢印**にあたります。」

正解。第64条の国会議員が裁判官を裁判する弾劾裁判所の設置は**cの矢印**，第69条の国会による内閣不信任の決議は**aの矢印**にあたる。同じく第69条の内閣による衆議院の解散は**bの矢印**にあたる。第81条の裁判所が，法律が憲法に適合するかどうかを審査する違憲立法審査権は**dの矢印**だね。同じように裁判所は，内閣が行った処分などが憲法に適合するかどうかを判断する権限を持っている。これは，**fの矢印**にあたる。このように三権分立は，三権がそれぞれに抑制しあいバランスを保つことで，権力が特定のものに集中することを防ぎ，権力の行きすぎが国民の権利を侵害することを防ぐ制度なんだ。

「独裁を防いで，究極的には個人を尊重させるためのしくみですね。」

そういうことだよ。

Point　三権分立のしくみ

- **三権分立**…三権がそれぞれに抑制しあいバランスを保つことで，権力が特定のものに集中することを防ぎ，権力の行きすぎによって国民の権利が侵害されないようにする制度。

5-2 統治のしくみ② 国会

なぜ国会が立法機関なのか？

国会が持つもっとも重要な権限は，**法律を制定すること**だよ。つまり立法権だ。法律とは，国民が守らなければならないきまりだよね。

「先生，なぜ国会に法律を制定する権限があるんでしょう？」

次の日本国憲法の条文を見てみよう。

> 第43条　①両議院は，全国民を代表する選挙された議員でこれを組織する。

両議院とは，国会を構成する２つの議院，すなわち，**衆議院**と**参議院**のことだよ。第43条第①項にあるように，国会議員は「全国民の代表」であるとともに，「選挙された議員」なんだ。

「国会議員は国民が選挙で選んだ人たちであり，国民の代表ということですね。」

そういうこと。つまり，国会が，国の組織の中で主権者である国民の意見をもっとも反映するものだということだよ。だから，国会だけが国民が守らなければならない法律をつくることができるんだ。このことにより国民主権が達成されているともいえるね。

「王や将軍が法律をつくると，自分たちに都合がよい法律をつくる恐れがあります。『王は物を盗んでも無罪とする』とかね（笑）。」

そうだね。だからこそ，国会が法律をつくることが，個人が個人として尊重される社会をつくるためには絶対必要なんだ。このような国会の地位を日本国憲法は次のように表現しているよ。

> 第41条　国会は，国権の最高機関であって，国の唯一の立法機関である。

「国権の最高機関」とは，国会が国の組織の中で，主権者である国民の意見をもっとも反映するものであることを表している。**「国の唯一の立法機関」**とは，国会が法律をつくることができるただひとつの機関であることを表している。また，このような国会を守るため，国会議員には不逮捕特権が与えられているよ。

「それはどんな特権なんですか？」

歴史上，政府は国会の活動をさせないため，多数の国会議員を逮捕して国会を成り立たなくしたことがあった。このようなことを防ぐため，日本国憲法の第50条では次のように定めているよ。

> 第50条　両議院の議員は，法律の定める場合を除いては，国会の会期中逮捕されず，会期前に逮捕された議員は，その議院の要求があれば，会期中これを釈放しなければならない。

会期中，すなわち，国会の開催中は逮捕されない権利や，議院の要求があれば釈放しなければならないことを**不逮捕特権**と呼ぶんだ。

Point　国会は立法機関

- 個人が個人として尊重されるようにする→国民主権→国民が選挙で選んだ国会議員で構成された国会が法律をつくる。

国会の仕事とは？

国会は，国の組織の中で，主権者である国民の意見をもっとも反映する場所だったね。

「国会議員は国民が直接，選挙によって選んだ人たちですからね。」

そうだね。だから，第一に国会は，国民の代わりにさまざまな仕事をしている。例えば，①**法律を制定すること**②国会議員の中から**内閣総理大臣（首相）を指名すること**③衆議院による**内閣信任・不信任の決議**④**憲法改正の発議**⑤職務上の義務に反したり，ふさわしくない行いをしたりして，罷免の訴追を受けた裁判官をやめさせるかどうかを決める裁判を行うため，両議院の議員で組織する**弾劾裁判所**を設けることなどがこれにあたるんだ。

「国民の代わりに内閣総理大臣を指名したり，内閣不信任案を可決することなどにより内閣を総辞職に追い込んだりすることですね。いっぽう弾劾裁判も，国民に代わって，裁判官にふさわしくない人物をやめさせることですね？」

そう。第二に，国会は内閣（政府）の決定に対して，国民の意見を反映させる役割も果たしているよ。例えば，⑥内閣が作成・提出した**予算案について審議し，議決すること**⑦内閣が外国との間で調印した**条約を承認すること（条約の批准）**⑧決算を審査して承認することなどがこれにあたるね。

「予算は，政府の1年間の収入と支出の予定ですが，国会で議決されなければ効力を生じないのですね。つまり，予算案が国会で議決されないと内閣（政府）のお金の出し入れはストップしてしまうのでしょうか？」

そのとおりだよ。そして決算とは，実際の収入と支出のことだ。国会は，決算を審査することを通じて，無駄遣いを監視するんだ。

「条約が効力を発するのにも国会の承認が必要なんですね。なぜですか？」

条約の中には，しばしば国民の権利を制限する内容が含まれているので，国会の承認が必要とされているんだ。例えば，日米安全保障条約（日米安保条約）の中には，国民の生活に影響を与える内容が含まれているよ。どんな内容かな？

「アメリカが日本に軍事基地を置くことを認めていることなどですか？」

そのとおり。さて，このように国会は広い権限を持っているから，情報を集めなければ仕事を進めることができないよね。そこで，内閣や行政機関の行っていることについて，国会は証人を呼んだり，記録の提出を求めたりして調べる権限を持っているんだ。例えば，内閣の仕事に対して調査を行うこともできるよ。

「かなり強力な権限を持っているんですね。」

うん。これを**国政調査権**というよ。国政調査権は厳密にいえば各議院の権限なんだ。また，内閣信任・不信任の決議は衆議院のみに許されている。

国会の権限については覚えておいてね。

- 必勝暗記法 1 - 国会の主な仕事

（内閣総理大臣の指名）（内閣信任・不信任の決議）（予算の議決）
な い な い よ，
（条約の承認）（法律の制定）
情 報 が，
（国政調査権）（弾劾裁判）（憲法改正の発議）（決算の審査）
こ く だ，け け っ！

「『無い無いよ，情報が，酷だ，けけっ！』ですね。最後の『けけっ！』って何ですか？」

情報が無くて，怒っているんだよ（笑）。

「なるほど～（笑）。」

Point 国会の権限

- 国民の代わりとしての仕事…**法律の制定，内閣総理大臣の指名，内閣信任・不信任の決議，憲法改正の発議，弾劾裁判所の設置。**
- 内閣（政府）の決定に対して，国民の意見を反映させる仕事…**予算の議決，条約の承認，決算の審査。**

↓

これらの仕事を進めるため，情報を集める権限…**国政調査権**

二院制とはどのようなしくみか？

まずは次の国会議事堂のイラストを見て，建物の形で何か気づくことはないかな？

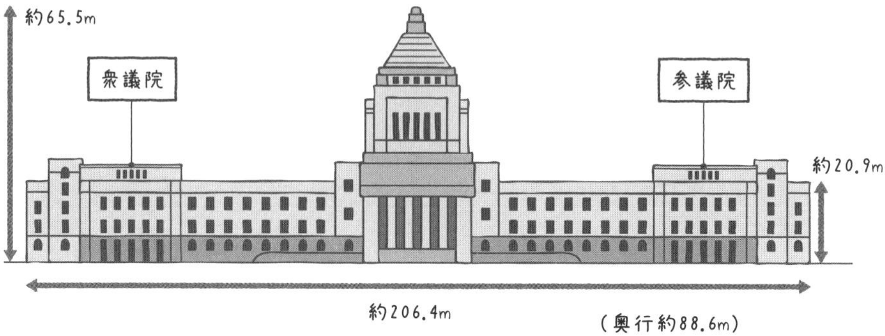

▲国会議事堂の大きさ

「中央の塔を中心に左右対称ですね。」

いいところに気がついたね。中央の塔を中心にして，正面に向かって左側が衆議院，右側が参議院だよ。左右は全く同じ形になっている。外見だけでなく中のつくりも，左右ほぼ同じになっているんだ。ここで，次の日本国憲法の条文を見てみよう。

> 第42条　国会は，衆議院及び参議院の両議院でこれを構成する。

国会は２つの院で構成されているね。これを**二院制（両院制）**というよ。何と何かな？

「はい。衆議院と参議院です。」

国会議事堂が左右対称なのは，この二院制を表現しているんだ。大日本帝国憲法の下では，国会は衆議院と**貴族院**の二つの議院から構成され，衆議院議員だけが選挙権を持つ人たちによる選挙で選ばれた。いっぽう貴族院議員は，政府が皇族などの中から任命していたんだよ。

「その後貴族院が廃止されて参議院になり，現在は，衆議院と参議院になったというわけですね。」

そう。参議院議員も選挙で選ばれる。このように，二院制がとられている理由は，**議案の審議や議決を慎重**に行うためなんだ。そのためには衆議院と参議院の役割がまったく同じでは意味がない。

「確かに，衆議院と参議院とが同じ意見で，同じ役割を果たすなら二院制は無意味ですね。」

そうだね。そこで日本国憲法は，**衆議院**が**主役**，**参議院**が**脇役**になるようなしくみをとっている。つまり，衆議院が主役ではあるが，暴走しないように参議院が抑えていくしくみなんだ。

「衆議院と参議院で異なる議決をしたとき，多くの場合に衆議院の議決が参議院の議決より重くみられるということですか？」

そのとおり。これを**衆議院の優越**というよ。ではなぜ衆議院が優越するのか，その根拠について考えてみよう。次の表を見てごらん。任期はどうなっているかな？

衆議院		参議院
465名 比例代表 176名 / 小選挙区 289名	議員数	248名 比例代表 100名 / 選挙区 148名
4年（解散あり）	任期	6年（3年ごとに半数改選）
満25歳以上	被選挙権	満30歳以上
比例代表制…全国を11区 / 小選挙区制…全国を289区	選挙区	比例代表制…全国を1区 / 選挙区制…全国を45区

▲衆議院と参議院の違うところ

「衆議院は４年，参議院は６年です。衆議院のほうが短いですね。しかも参議院議員は３年ごとに半数が改選されます。つまり，１回の選挙では半数の議員しか選挙されません。」

「計算すると，参議院は１回の選挙で，比例代表で 50 名と選挙区で 74 名が選ばれます。」

そういうこと。参議院は議員がゆっくり入れ替わるようにしている。つまり参議院の意見がゆっくり変わるようにしているんだ。これは，衆議院が急激な改革を行うことを抑えるためのしくみといえる。しかも衆議院は任期が短いだけでなく**解散**があるんだ。

「先生，衆議院の解散って具体的にはどういうことですか？」

内閣と衆議院との間で意見が対立したときに，選挙によって国民の判断を仰ぐため，内閣は衆議院議員全員を辞めさせることができるんだ。これが**衆議院の解散**だよ。

「内閣の意見が支持されているのかどうかということに関して，選挙で決着をつけようということですね。国民が，内閣の意見を支持すれば，内閣の意見に賛成する候補者が多く当選するでしょうし，内閣の意見を支持しなければ，内閣の意見に反対する候補者が多く当選するはずですね。」

そういうこと。衆議院の解散については，詳しくは「6-1 統治のしくみ③内閣」のところで取り上げるけど，衆議院が解散された場合，内閣も相打ちのような形で総辞職しなければならない。

「衆議院議員を辞めさせて，内閣が辞めないとすれば，内閣は，自分たちを支持する国会議員がたくさん当選するまで，何度でも衆議院を解散できることになりますもんね。」

そうだね。衆議院が参議院より優越される理由がわかったのではないかな？

「衆議院は参議院より任期が短くて，解散がありますよね…。」

「つまりそれだけ選挙で国民の判断を仰ぐ機会が多くなります。」

いいかえれば，衆議院は参議院より主権者である国民の意思をより正確に反映しているといえるからだね。

では，どんな場合に衆議院が参議院より優越するだろうか。国会の主な仕事にはどのようなものがあったかな？

「はい。『ないないよ，情報が，こくだ，けけっ！』でしたね。」

「内閣総理大臣の指名，内閣信任・不信任の決議，予算案の議決，条約の承認，法律の制定，国政調査権，弾劾裁判，憲法改正の発議，決算の審査でしたね。」

そのとおり。このうち，衆議院が優越するのは**内閣総理大臣（首相）の指名**，**内閣信任・不信任の決議**，**予算の議決**，**条約の承認**，**法律の制定**なんだ。

「おお，先生の暗記法もすごいじゃないですか。つまり，『ないないよ，情報が』まで衆議院が優越すると覚えればいいんですね。」

便利でしょ。

「国政調査権，弾劾裁判，憲法改正の発議，決算の審査については，衆議院の優越はなく，衆議院と参議院が対等ということですね。」

そう。さて，衆議院の優越といっても，それぞれ優越する内容が違っているんだ。まず，内閣信任・不信任の決議は衆議院だけに認められている権限だね。正確には，参議院もできないことはないけど，それは単なる参議院としての意見表明であって，日本国憲法第 69 条に定められた内閣の総辞職，衆議院の解散などの効果は生じないよ。

「なるほど。内閣信任・不信任の決議は，衆議院だけに認められている強大な力なのですね。」

うん。次に，内閣総理大臣の指名（第 67 条），予算の議決（第 60 条），条約の承認（第 61 条），法律の制定（第 59 条）では，どのように衆議院が優越するのか，日本国憲法の条文を比(くら)べてみよう。

次の４つのポイントで比べるとわかりやすいよ。1. 衆議院が先に審議するのか，つまり先議権の有無，2. 両院協議会，すなわち，衆議院と参議院が異(こと)なる議決をした場合に，両院の意見の調整を図るための話し合いの場を設ける必要があるのか，3. 最終的に衆議院と参議院の意見が一致(いっち)しないときはどうなるのか，4. 衆議院は議決したものの，参議院が議決しない場合にはどうなるのか，だね。

	先議権の有無	両院協議会の必要性	最終的に意見が一致しない場合	参議院が議決しない場合
内閣総理大臣の指名（67条）	なし	必要	衆議院の議決が国会の議決となる。	衆議院の議決後，10日以内に参議院が議決しない場合は，衆議院の議決が国会の議決となる。
予算の議決（60条）	あり	必要	衆議院の議決が国会の議決となる。	参議院が衆議院から議決を受け取った後，30日以内に参議院が議決しない場合は，衆議院の議決が国会の議決となる。
条約の承認（61条）	なし	必要	衆議院の議決が国会の議決となる。	参議院が衆議院より議決を受け取った後，30日以内に参議院が議決しない場合は衆議院の議決が国会の議決となる。
法律の制定（59条）	なし	衆議院が開くことを求めることができる。	衆議院が出席議員の3分の2以上の多数で再び議決すれば，衆議院の議決が国会の議決となる。	参議院が衆議院の可決した法律案を受け取った後，60日以内に参議院が議決しない場合は，衆議院は参議院がその法律案を否決したものとみなすことができる。

▲4つのポイントで比べた衆議院の優越

この表のように，「内閣総理大臣の指名（リーダー不在（ふざい）は困る）→予算の議決（これが決まらないと，政府と取引した人がお金をもらえない）→条約の承認→法律の制定」の順に，緊急性（きんきゅうせい）が高いので，衆議院の優越を強く認め，早く決められるようにしているんだ。

Point　二院制のしくみ

- **衆議院の優越**（緊急性の高い順に）…**内閣総理大臣の指名**（参議院は**10日以内**に議決）→**予算の議決**（参議院は**30日以内**に議決，衆議院に**先議権**あり）→**条約の承認**（参議院は**30日以内**に議決）→**法律の制定**（参議院は**60日以内**に議決）

国会議員はどのような選挙で選ばれるのか？

続いて選挙について見てみよう。「5-2 統治のしくみ②　国会」の「二院制とはどのようなしくみか？」で確認したように，衆議院と参議院の選挙の間には違いがあったよね。衆議院議員選挙は，全議員について選挙を行うので**総選挙**，いっぽう，参議院議員選挙は半数改選なので**通常選挙**というよ。

まずは選挙について基本的なことを説明しよう。選挙制度については憲法並びに**公職選挙法**で定めている。中でも国会議員の選挙は国民の代表を選ぶものだ。とすると，どんなことが求められるだろうか？

「きちんと国民を代表する人が選ばれることが大切ですね。」

うん。個人が尊重されるためには，治める側と治められる側が同じであることが理想なんだ。少なくとも国会内の意見の分布と国民の意見の分布が近いことが求められる。これは選挙においての基本だよ。さて，具体的に国民はどのように政治に参加しているだろうか？

「はい。まずテレビのニュースなどから政治についての情報を入手します。」

そうだね。新聞やテレビなどをマスメディアというよ。マスメディアが常に正確な情報を伝えているとは限らないので，私たちは情報を受け取る側として，マスメディアの情報をうのみにせず，主体的に考えて判断する姿勢が求められている。また，種類や立場の違う複数のメディアから情報を得るべきだね。

「これは選挙のときに限りませんね。」

そのとおり。また，私たちは自ら政治に関する意見を発表することができる。どんな手段があるかな？

「政党の党員などになって活動に参加することはどうでしょう？」

そうだね。

「集会やデモなどの大衆運動に参加することもできます。」

そうだね。そのほか，政治への影響力が強い団体に加入する方法もあるよ。例えば，日本の農業を保護する主張をしている団体には農業協同組合（ＪＡ，農協）がある。また，医師の中には医師会などを通じて政治活動をする人もいるようだね。農業協同組合や医師会などのように，政党ではないが政治に大きな影響力を持つ団体を**利益団体（圧力団体）**というよ。

「ブログなどで意見を発表する方法はどうですか？」

それもできるね。インターネットによる意見発表や意見交換も今は増えてきている。さらに，請願権を利用したりすることも考えられる。国などが国民に意見を求めるために開く公聴会に参加することもよいだろうね。

「政治に参加することでいえば，自分が立候補したり選挙で投票したりすることは重要ですよ。」

そのとおりだね。せめて，選挙には行くべきだね。次のグラフを見てみよう。衆議院議員総選挙における年代別投票率だよ。どんなことがいえるかな？

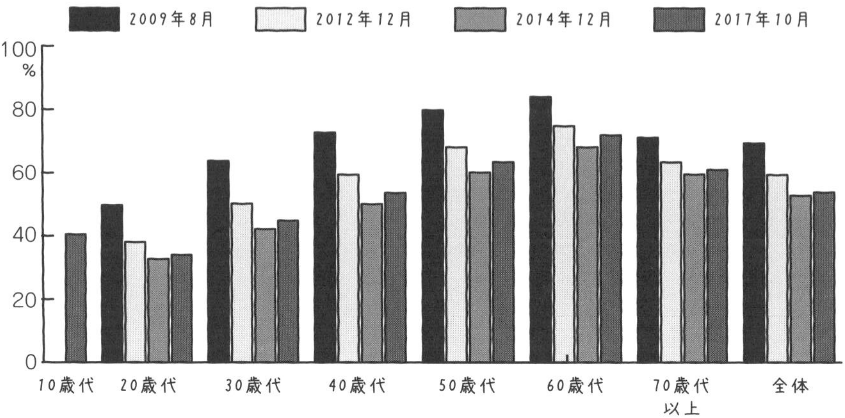

▲**衆議院議員総選挙における年代別投票率**　（総務省）

「2017年の総選挙から，選挙権が満18歳以上に与えられるようになりましたが，20歳代の人の投票率が低いですね。」

そうなんだ。現在の選挙では，若い人の投票率が低いため，その意見が国政に反映されにくくなっている問題がある。そこで，国は選挙の投票時間を長くしたり，期日前に投票する制度を整えたりして，対策をとっているんだけど…。

「うまくいっていないんですね，これでは高齢者の方々に有利な政治が行われてしまいます。国会内の意見の分布と国民の意見の分布が近いという理想も達成されません。」

そうだよ。さて，マスメディアからの情報や国民の政治参加などによって，政治や社会のさまざまな問題について多くの人々が共有する意見，つまり**世論**ができてくる。また，国民と議会を結ぶ役割を持ち，多数の世論をまとめて何通りかの意見に集約して政治に反映し，同じ考えを持つ人々の政権の獲得や政策実現を目指す政治団体のことを**政党**というんだ。政党に所属していない議員もいるけど，大部分の国会議員は政党に所属しているよ。

「政党があるからこそ，例えば増税に反対か賛成かということについて，世論が集約され，反対する人は増税に反対するＡ党に投票し，賛成の人は増税に賛成するＢ党に投票するというわけですね。政党の役割は重要です。」

そういうことだよ。国は，国の予算の中から政党交付金（助成金）を政党に与えて，政党がうまく働けるようにしているんだ。こうして選挙の結果，政権を担当する政党と，担当しない政党に分かれることになる。政権を担当している政党を**与党**，担当していない政党を**野党**というよ。ところで，簡単に政党の歴史について述べておこう。与党である期間が一番長い政党を知っているかな？

「先生，それは自由民主党，通称，自民党ではないでしょうか？」

そのとおり。1955年から1993年まで，日本の国会は，約３分の２の議席数を占め，政権を握る**自由民主党**と，憲法改正阻止に必要な３分の１の議席数を保持する野党の**日本社会党**の２大政党が議会で対立する政治体制だった。これを**55年体制**というよ。

その後，2012年から2021年６月現在に至るまで，自民党と公明党の連立政権が続いている。

ところで，国会内の意見の分布と国民の意見の分布が近くなるようにするために，日本国憲法は選挙について，次のように述べているんだ。

第15条　①公務員を選定し，及びこれを罷免することは，国民固有の権利である。

> ③公務員の選挙については，成年者による普通選挙を保障する。
> ④すべて選挙における投票の秘密は，これを侵してはならない。選挙人は，その選択に関し公的にも私的にも責任を問はれない。

まず，第 15 条第①項は「公務員」，すなわち国会議員など，国や地方公共団体の仕事をする人の地位は国民の意思にもとづくことが述べられている。憲法の三大原則のうち，どの原則の表れだろうか？

「はい。全ての権力の源が国民にあって，ときには政治についての最高決定権を国民自身が持つ**国民主権**です。」

そうだね。続いて第 15 条第③項を見てみよう。何と書いてあるかな？

「『公務員の選挙については，成年者による普通選挙を保障する。』とあります。」

そう。ここでいう，「成年者」とは満 18 歳以上の者，「**普通選挙**」とは選挙権の有無が財産や性別などで差別されない選挙のことだよ。

「つまり，現在の日本においては，満 18 歳以上の国民に選挙権が与えられているということですね。」

そう。普通選挙が実現されないと，国会内の意見の分布と国民の意見の分布が近くならないよね。

「例えば，第二次世界大戦前のように男性にしか選挙権がなければ，女性の意見は反映されません。」

そのとおり。それでは，女性が個人として尊重されない。だから，普通選挙が導入されたんだ。次に第 15 条第④項にはどんなことが書いてあるかな？

「『すべて選挙における投票の秘密は，これを侵してはならない。』ということと，『選挙人は，その選択に関し公的にも私的にも責任を問はれない。』ということです。」

そうだね。前者は投票したかどうかや，投票の内容を秘密にできるということだよ。これを**秘密選挙**の原則というんだ。後者は，選挙人（投票者）が選挙について外部から干渉されるのを拒否できるようにするために定められている。つまり，投票について責任がいっさい生じないとしておけば，投票者は誰に投票するか自由に決められるよね。これを**自由選挙**の原則というよ。

「選挙で外部から干渉されるのを拒否できる自由があるのは，投票のときだけですか？」

いいや。選挙の全ての過程において原則として自由なんだ。立候補することも自由だし，選挙運動も公共の福祉や公職選挙法に反しない限り自由だよ。自由選挙が実現されなければ，国会内の意見の分布と国民の意見の分布も近くならないし，個人の尊重など不可能だね。

さらに日本国憲法第 14 条で平等権が認められていることから，**平等選挙**の原則も認められている。これは 1 人が 1 票を持ち，投票の価値は平等であるという原則だよ。

「なるほど。ある人が 2 票を持ち，別の人は 1 票しか持たないのでは国会内の意見の分布と国民の意見の分布も近くなりませんし，個人の尊重など不可能ですね。」

しかし，選挙区における議員 1 人あたりの有権者数の違いによって，投票の価値（1票の価値）に不平等が生じる問題が起きている。これを**1票の格差の問題**というよ。次の資料を見てみよう。

衆議院議員総選挙の小選挙区における有権者数の比較

選挙区	有権者数(人)
東京13区	474326人
鳥取1区	239104人

(2017年10月9日)(総務省)

小選挙区では，1つの選挙区から1人の代表者が選ばれる。つまり，東京13区では約47万人の有権者に対して代表者が1人選ばれ，鳥取1区では約24万人の有権者に対して代表者が1人選ばれるわけだね。

「これでは東京13区の1票の価値は，鳥取1区の約半分ということですね。」

「ある人は2票を持ち，別の人は1票しか持たないといえる状態が生まれてしまっているんですね。」

そう。都市部など人口の多い選挙区ほど1票の価値が低くなり，農村部や人口が少ない過疎化が進んだ選挙区ほど1票の価値が高くなることが，問題となっている。2013年の参議院議員通常選挙では，最大約4.8倍の格差が生じたんだ。

「これは明らかに憲法違反ですね。」

うん。このような選挙が違憲状態にあることは裁判所も認めているよ。次の日本国憲法の条文を見てごらん。

> 第47条　選挙区，投票の方法その他両議院の議員の選挙に関する事項は，法律でこれを定める。

「選挙に関する事項は，法律でこれを定める」とあるね。法律を定めるのは国会だから，国会には選挙区や当選人数の決定を通じて，平等選挙を実現する責任がある。また，選挙権を持つ人が，直接候補者に投票する**直接選挙**の原則について，特に日本国憲法に条文はないけど，当然のことと考えられているんだ。

さて，日本国憲法は二院制を定めている以上，二院制にふさわしい選挙制度が必要になる。96ページの「衆議院と参議院の違うところ」の表を見てごらん。まず**被選挙権**に注目してみよう。被選挙権とは選挙される資格（権利）のことで，選挙に立候補できる年齢を示している。

「衆議院は**満25歳以上**，参議院は**満30歳以上**となっていますね。」

そう。なぜ年齢に違いがあるのだろうか？

「おそらく参議院に優越している衆議院では，若くても才能あふれる人たちに活躍するチャンスを与えたいのではないでしょうか。衆議院が暴走しないように抑える役目の参議院では，経験豊富な人たちに頑張ってほしいという思いがあるのではと思います。」

そういうことだろうね。

「衆議院はイケイケの弟，参議院は貫禄あふれる兄というところでしょうか。」

まぁね（笑）。次に衆議院と参議院の議員数はどうなっているかな？

「はい。衆議院は**465名**，参議院は**248名**ですね。」

なぜ，衆議院のほうが参議院より議員数が多いのだろうか？

「やはり優越する衆議院のほうは，さまざまな国民の意見を吸い上げられるようにしているのではないでしょうか？」

それについて考える前に，両院の選挙制度を細かく比べてみよう。

衆議院議員の選挙では，１つの選挙区から１人の代表者を選ぶ小選挙区制と，比例代表制を組み合わせて選出する選挙制度が採用されている。

一方，参議院議員選挙では，各都道府県を選挙区（鳥取・島根，徳島・高知は合区）として，１～６人が当選する選挙区制と，全国を１つの単位とする比例代表制を組み合わせて選出する選挙制度がとられているよ。

衆議院が多様な意見を反映させようとしていることは，選挙区の数を見てもわかるよね。衆議院の小選挙区制の選挙区の数は289なんだ。ちなみに参議院議員の選挙区制の選挙区の数は45だよ。

「確かにかなり数が違いますね。ところで**比例代表制**ってどんな選挙なんですか？」

比例代表制（比例代表選挙）では，それぞれの政党の得票率に応じて，議席を配分するんだ。比例代表制の選挙区は，衆議院は全部で11，参議院は全国を１つの単位としているよ。

「やはり優越する衆議院のほうが，きめ細かく国民の意見を反映できるようにしているのですね。ところで，衆議院議員の選挙は，小選挙区制と比例代表制を組み合わせた選挙制度でしたね。」

うん。これを**小選挙区比例代表並立制**というよ。小選挙区比例代表並立制では，小選挙区での立候補者を，比例代表制の選挙区における政党の名簿にも同時に載せることが認められているんだ。

「つまり，小選挙区で立候補しながら，比例代表制にも立候補できるんですね。」

そうなんだ。これを**重複立候補**という。そして，比例代表制の候補者には登載順位がつけられるんだ。

「衆議院の比例代表制では，その順位どおりに当選者が決まるんですね。」

そう。さらに，複数の重複立候補者に同じ順位をつけることができるんだ。

「例えば，重複立候補している３人の候補者の登載順位を全員５位にすることができるわけですね。」

そう。そして，比例代表制で同じ順位の候補者が全員当選できない場合は，小選挙区制での「**惜敗率**」で当落を決めることになる。惜敗率とは，「小選挙区で候補者が獲得した票数÷小選挙区で当選者が獲得した票数」で求められるものだよ。この数値が大きい順に当選者が決まるんだ。重複立候補した人が小選挙区で落選し，比例代表制で当選することを**復活当選**というよ。

下の図は参議院議員通常選挙と衆議院議員総選挙の投票用紙だよ。

▲参議院議員選挙区選挙の投票用紙

▲衆議院議員小選挙区選挙の投票用紙

比例代表選挙の投票用紙で何か気づくことはあるかな。

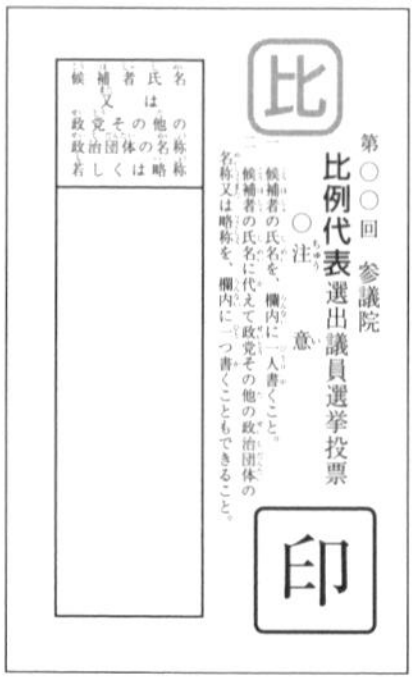

▲参議院議員比例代表選挙の投票用紙

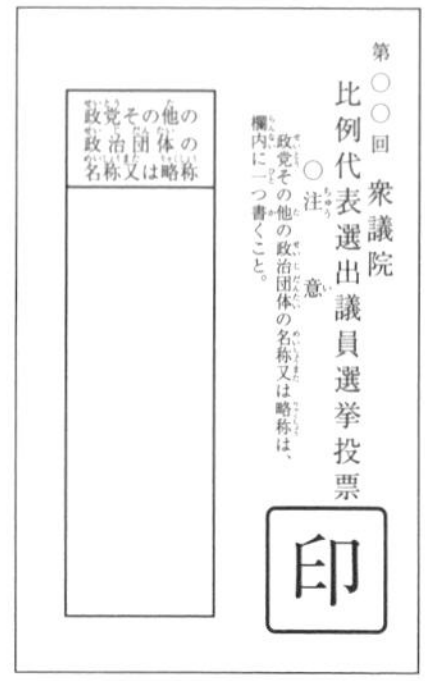

▲衆議院議員比例代表選挙の投票用紙

「参議院の比例代表選挙の投票用紙には『**候補者氏名**又は政党その他の政治団体の名称若しくは略称』とありますが，衆議院の比例代表選挙の投票用紙には『政党その他の政治団体の名称又は略称』とあります。」

「つまり参議院の比例代表制では，政党名などのほかに候補者の氏名を書いてもかまわないけど，衆議院の比例代表制では，政党名などだけを書き，候補者の氏名を書いてはいけないわけですね。」

そうなんだ。衆議院の比例代表制で採用されている方式を拘束名簿式といい，あらかじめ用意された名簿の登載順位で当選者が決まっていく。これに対して，参議院の比例代表制でとられている方式を非拘束名簿式といい，得票数の多い候補者から順番に当選者が決まる。

「参議院の比例代表制では，当選させたい候補者がいれば政党名などよりも候補者名を書いたほうがいいんですね。なぜこのようにさまざまな選挙の方法を組み合わせているんでしょうか？」

選挙においては，国会内の意見の分布と国民の意見の分布が近くなることが最重要だけど，いっぽうで，政権交代が起こることもときには必要だね。

「先生，なぜ政権交代が必要なのですか？」

政権交代がなければ，権力を握っている政権は緊張感（きんちょうかん）がなくなって汚職（おしょく）などを起こしてしまいがちになる。残念ながらこれは歴史の経験から明らかだよ。汚職とは，例えば，政権がある企業（きぎょう）からお金をもらって，その企業に有利な政治を行うことなどだね。

「よく新聞やテレビのニュースをにぎわしていますよね。」

うん。国会内の意見の分布と国民の意見の分布が近くなるとともに，選挙により政権交代が起こるようにするために，さまざまな選挙制度を組み合わせているんだ。

比例代表制のしくみについて，もう少し詳しくみていこう。先ほども述べたように，比例代表制は，それぞれの政党の得票率に応じて，議席が配分される選挙制度だよ。

「具体的にはどのようにして当選者が決まるんでしょうか？」

日本の比例代表制では，ドント式が採用されている。ドント式は，ベルギーの法学者ビクトル・ドントが考え出した，議席を割（わ）りあてるための計算方法だよ。次のように計算するんだ。

ドント式

①それぞれの政党の得票数を1，2，3…の整数で割っていく。

②割り算の答えの大きい順（一人あたりの得票数が多い順）に，それぞれの政党に議席を配分する。

次のドント式の計算例を見てみよう。当選者が９人の選挙区で，ペンギン党が120票，新党シロクマが90票，パンダの党が60票獲得している。

「えっと，ドント式ではまず各政党の得票数を1，2，3…の整数で割り，その後，割り算の答えの大きい順にそれぞれの政党に議席を配分すればいいんでしたよね！」

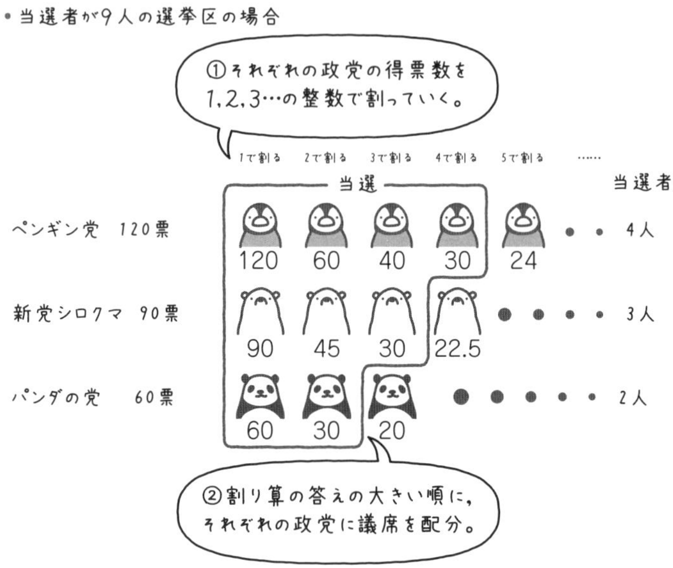

▲ドント式の例

そのとおり。今回の場合だと，赤枠で囲まれた部分の候補者が当選者になるね。ここまで見てきたことから，比例代表制は国民のさまざまな意見を反映することができる制度といえるね。

「国会内の意見の分布と国民の意見の分布が近いという理想に近づきます。選挙制度も比例代表制だけにしてしまったらどうですか？」

いや，欠点もあるよ。比例代表制だけだと，低い得票率でも議席を得やすいため，多くの政党ができてしまうんだ。いわゆる多党制だね。国会で何かを決議するには，原則として過半数の賛成が必要になる。政党がたくさんできると，どの政党の意見も過半数に達しない状況（じょうきょう）が生まれやすいよね。

「多くの政党ができると，国会で物事が決めにくくなってしまうわけですね。国会運営が不安定になります。」

そういうこと。そこで，選挙区制選挙が必要になるんだ。衆議院議員総選挙で採用されている小選挙区制は，１つの選挙区から１人の代表者を選ぶ選挙だったね。すると当然，小選挙区制では，死票が多くなる。

「死票って何ですか？」

死票とは，落選した候補者に投じられた票で，効力がない投票とでもいっておこうか。例えば，ある小選挙区で，Ａさんは 1000 票，Ｂさんは 999 票，Ｃさんは 998 票獲得したとする。誰が当選するかな？

「小選挙区では，１人だけが当選するわけだから，Ａさんが当選しますよね。」

そうなるね。この場合，Ｂさんに投じられた 999 票，Ｃさんに投じられた 998 票は死票となる。小選挙区制では，１人だけが当選するため，獲得票数が少しの差であっても２位以下の人は落選となってしまう。このようなことが積み重なると，それぞれの政党の得票率と獲得議席数の割合が大きく異なってしまう場合が出てくるんだ。死票が多いことが原因だね。次のグラフは 2017 年の衆議院議員総選挙における小選挙区の各政党の得票率と獲得議席数の割合を示しているよ。

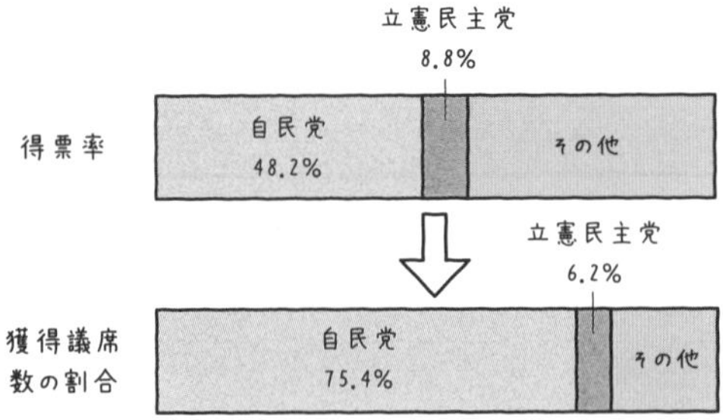

◀2017年の衆議院議員総選挙における小選挙区の選挙結果

「自民党の得票率は48.2%だけど，獲得議席数の割合は75.4%を占めています。びっくりですね!!」

驚きだよね。

さてここからは，話題を変えて，国会の種類について見ていこう。国会の種類には，**通常国会（常会）**，**特別国会（特別会）**，**臨時国会（臨時会）**があるよ。通常国会（常会）は，毎年一度，原則として1月中に召集され，主な議題は次年度の予算などの審議・議決なんだ。特別国会（特別会）は，衆議院の解散による総選挙が行われた日から30日以内に召集され，主な議題は新しい内閣総理大臣の指名だよ。臨時国会（臨時会）は，内閣が必要と認めた場合や，衆議院または参議院の総議員の4分の1以上の要求があった場合に召集されるよ。

「先生，ひとつ心配なことがあります。衆議院の解散中に東日本大震災のような大きな自然災害が起こったり，ほかの国が日本に攻め込んで来たりしたらどうするんですか？」

「確かに国会が動かないと，必要なことが決められないですよね。」

大丈夫。次の日本国憲法の条文を見てみよう。

第54条　②衆議院が解散されたときは，参議院は，同時に閉会となる。但し，内閣は，国に緊急の必要があるときは，参議院の緊急集会を求めることができる。
③前項但書の緊急集会において採られた措置は，臨時のものであって，次の国会開会の後10日以内に，衆議院の同意がない場合には，その効力を失ふ。

国に緊急の必要があるときは，内閣は何を求めることができるだろうか？

「**参議院の緊急集会**ですね。」

そうだね。衆議院の解散中に，大きな自然災害や戦争などが起きたとき，内閣は参議院の緊急集会を開くことができるんだ。これによって，臨時の決定ができる。第３項も確認しておいてね。

Point　国会議員を選ぶ選挙と国会の種類

- 国会内の意見の分布と国民の意見の分布が近くなるのが理想。
- 選挙の原則…**普通選挙**，**秘密選挙**，**自由選挙**，**平等選挙**，**直接選挙**
- 衆議院議員総選挙…**小選挙区比例代表並立制**。**小選挙区制**（全国289区）と**比例代表制**（**拘束名簿式**，全国11区）。
- 参議院議員通常選挙…**選挙区制**（都道府県を単位とした45区※一部合区あり）と**比例代表制**（**非拘束名簿式**，全国１区）。
- 国会の種類…**通常国会（常会）**⇒毎年一度，原則として１月中に召集され，次年度の予算などの審議が行われる国会。**特別国会（特別会）**⇒衆議院の解散による総選挙の日から30日以内に召集され，新たな内閣総理大臣を選ぶ国会。**臨時国会（臨時会）**⇒内閣が必要と認めたとき，または，いずれかの議院の総議員の４分の１以上の要求があったときに召集される国会。

国会はどのような議事手続きを踏むのか？

国会では，どのような手続きで物事が決まっていくのだろうか？ もし，集団内で意見が対立したとき，**全員の意見を反映する**，つまり「公正」という観点から考えると，どのような方法で決めることが望ましいかな？

「そりゃ～，全員一致ですよね。」

そうだね。議論(ぎろん)・討論(とうろん)を尽(つ)くして，全員の意見が一致するのが理想だね。しかし，状況や考え方の違いによって，互(たが)いに歩み寄(よ)れないこともある。だから，全員一致で決める方法をとると，逆(ぎゃく)に何も決まらないこともありえるわけだ。

「**審議の『効率』**という面も考えなくてはいけないのですか？」

そのとおりなんだ。日本国憲法には，「公正」を実現することと，審議の効率を上げることの２つの理想をうまく調和する工夫がたくさんこらされている。その工夫を見ていこう。会議を開いて，物事を決めるのに必要な人数を**定足数**というよ。国会の本会議の定足数は，**総議員の３分の１以上の出席**とされている。なぜだろうか？

「みんなの意見を反映する公正という観点からは，全員出席が望ましいけど，現実的には難しいですよね。そこで，審議の効率も考えて，総議員の３分の１以上の出席とされているんだと思います。」

そのとおり。それでは，参議院の本会議の定足数は何人かな？

「248 人の３分の１以上の出席が必要なのだから，248 を３で割って，82.666…。つまり，定足数は 83 人です。」

正解。82 人では，わずかに３分の１に届(とど)かないからね。さて，審議の効率も重視しつつ，できるだけ多くの人の意思を反映する方法として，挙手や投票などによって賛成者の多い意見を採用する**多数決の原理**がある。国会でもこの多数決の原理によって，最終的な決定をすることが多いよ。もちろん，最終的な決定をするまでには，十分な話し合いをすることが大切だよ。なぜだろうか？

「はい。少数意見の人の権利を侵すことがないように，その意見を尊重する必要があるからです。」

そのとおり。続いて，日本国憲法第 56 条を見てみよう。

第56条　①両議院は，各々その総議員の3分の1以上の出席がなければ，議事を開き議決することができない。
②両議院の議事は，この憲法に特別の定のある場合を除いては，出席議員の過半数でこれを決し，可否同数のときは，議長の決するところによる。

「第①項は『定足数』についてですね。」

うん。第②項では，「両議院の議事は，この憲法に特別の定のある場合を除いては，出席議員の**過半数**でこれを決し，可否同数のときは，議長の決するところによる。」とある。それでは，参議院では最低，何人賛成すれば議決できるかな？

「先ほど計算した 83 人の出席が必要です。その過半数だから，42 人が賛成すれば可決することができます。」

そのとおり。こんなに欠席者が多いことは実際にはありえないとは思うけど…（笑）。同じように衆議院も計算してみてね。

さて，次に国会での審議の流れを見ていこう。次の図は法律案の審議の流れを示しているよ。

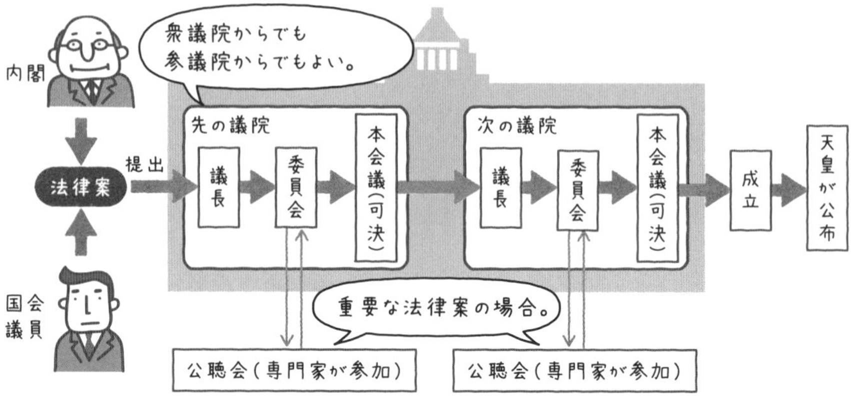

▲**法律案の審議の流れ**

「法律案には内閣が提出するものと，国会議員が提出するものがあるんですね。」

そう。ただし，内閣が提出する法律案が圧倒的（あっとうてき）に多いよ。議長に提出された法律案は，各議院の全ての議員で構成する**本会議**や，議員が少人数に分かれて所属する**委員会**で審議・議決が行われる。

「図を見ると，まずは委員会で審議が行われるわけですね。」

うん。国会の審議は衆議院と参議院に分けて行う。提出された法律案は，まずその内容に合わせてそれぞれの委員会で審議されたあと，その結果が本会議に報告（ほうこく）され，議決が行われるんだ。

「先生，図にある公聴会って何ですか？」

委員会で審議する際に，重要な議案について，広く利害にかかわる人や学識（がくしき）経験者などの意見を聞くための会だよ。さて，原則として衆議院と参議院でともに可決されれば，その法律案は成立する。

両議院の意見が一致しない場合，あるいは両院協議会が開かれなかった場合，衆議院で出席議員の３分の２以上の賛成により再び可決された場合は，法律となることもおさえておこう。

「３分の２以上の賛成とは厳しい条件ですね。この場合は審議の効率よりもみんなの意見を反映することが重視されるわけですね。」

うん。国会で何かを議決する場合，原則として「出席議員の過半数」の賛成か反対が条件になる。しかし，重要事項の場合には，みんなの意見を反映させることが重視され，条件が変わるんだ。この法律案の再議決や，国会を非公開のものとする秘密会の開催には「出席議員の３分の２以上の賛成」が必要になる。また，憲法改正の発議には，各議院の「総議員の３分の２以上の賛成」が必要となっているから，注意してね。

「先生，原則として過半数の賛成が得られなければ，否決となるわけですよね。でも，それだと内閣総理大臣（首相）の指名で，どの人も過半数の票を得られなかった場合はどうするんですか？」

その場合は**決選投票**が行われるんだ。決選投票とは，当選者を決めるのに，過半数などの一定数以上の得票を必要とするケースで，投票の結果が一定数に達した人がいなかったときに，得票数が上位の２人で再度投票を行う方法だよ。

Point　国会の議事手続き

- 国会の議事手続き…**みんなの意見を反映すること(「公正」)と，審議の効率を上げることの調和を図っている。**

☑CHECK 5

つまずき度 ❗❗❗

➡ 解答は別冊 p.12

次の文の（　　）に当てはまる語句か数字を答えなさい。

(1) 国会は，（　）議院と参議院で構成されている。この二院制がとられている理由は，審議を（　　）に行うためである。

(2) 国会は罷免の訴追を受けた裁判官を裁判するため，両議院の議員で組織する（　　　）所を設ける。

(3) 参議院議員の任期は（　）年であり，（　）年ごとに（　　）が改選される。

(4) （　）議院では，小選挙区制と比例代表制を組み合わせた選挙制度（小選挙区比例代表（　　）制）をとっている。

(5) （　）選挙区制において，選挙区で当選できるのは１人である。

6章

内閣

「『末は博士か大臣か』という言葉にあるように，大臣ってきくと偉い人っていうイメージがあります。」

確かにそうだね。大臣とか内閣が何の仕事をしているか知っているかい？ 思っている以上に大変かもしれないよ。

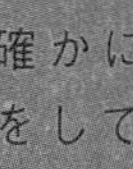

「そうなんですね。」

この章で内閣などがどういった仕事をしているのか詳しく説明していくよ。

6-1 統治のしくみ③ 内閣

内閣とはどのような組織なのか？

「5-1統治のしくみ① 三権分立」でも学習したけど，**行政権**を担当する**内閣**について学んでいこう。次の写真を見てごらん。1948年に誕生した内閣の集合写真だよ。

読売新聞／アフロ

「同じような写真を見たことがあります。」

うん。新しい内閣がつくられると，首相官邸の階段で，マスコミ用の写真や映像を撮るのが慣例なんだ。これから政治を行う内閣のメンバーを国民へお披露目するわけだね。一列目の左から二人目の人物が内閣総理大臣（首相）だよ。誰だろうか？ 1951年にサンフランシスコ平和条約を結んだ際の日本の代表者だよ。

「**吉田茂**ですね。」

そのとおり。歴代の内閣総理大臣の中でも，重要な人物の名前は漢字で書けるようにしておこう。

さて，そもそも内閣とはどのような組織なのだろうか？ 次の日本国憲法の条文を見てみよう。

> **第66条　①内閣は，法律の定めるところにより，その首長たる内閣総理大臣及びその他の国務大臣でこれを組織する。**

「なるほど。**『内閣＝内閣総理大臣＋国務大臣』**なんですね。」

そういうこと。国務大臣は各省庁，つまり役所の最高責任者のことだよ。

「『省』と『庁』は，どう違うんでしょうか？」

基本的には,「庁」は「省」の下部組織であると考えておこう。実際に行政，つまり政治を行うのは各省庁なんだ。次の組織図を見てみよう。これが国の行政組織，「1府12省庁」と呼ばれるものだよ。

6章

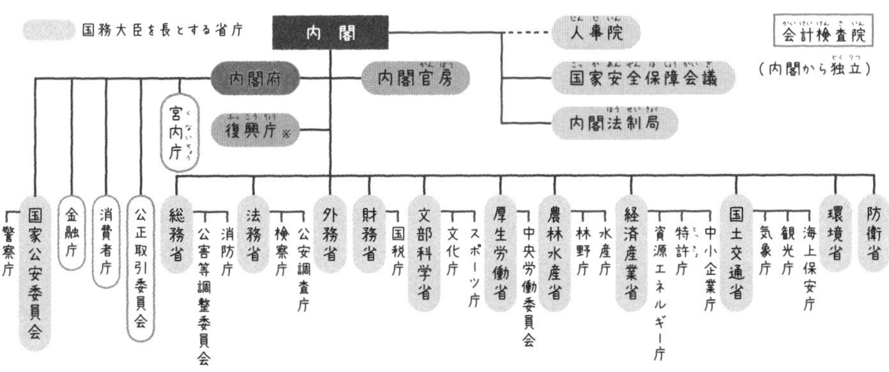

▲国の行政機関（主なもの，2020年9月）

Point　内閣①

- **内閣=内閣総理大臣（首相）+国務大臣**

行政は具体的にどのような仕事をしているのか？

「**行政**とは，憲法や法律にもとづいて実際に政治を行うことだと学習しましたが…，ちょっとイメージがつかみにくいです。」

なるほど。では，まず，そこから始めようか？ 私たちは，毎日24時間「行政」とつながりを持ちながら暮らしているといっても過言ではないんだ。朝，目覚めたらまず電気をつけるよね。電気などのエネルギーを安定して供給するために努力している役所は何省かな？ 123ページの「国の行政機関」の図を見て，答えてみてね。

「エネルギーは資源エネルギー庁が担当しているのではないでしょうか。だから，その上の組織の**経済産業省**でしょうね。」

正解。次に朝ご飯を食べる。料理をつくるには，材料となる野菜や魚が必要だよね。食料を確保するのには，農業や漁業を支えなくてはならない。農業や漁業を支えているのは何省だろうか。

「名前からして，**農林水産省**ですね。」

そう。朝ご飯を食べながら，テレビを見たり，郵便物を確認したりする人もいるよね。スマートフォンを使ってネットで株価をチェックするかもしれない。これらのテレビや郵便，スマートフォン，インターネットなどの分野を監督しているのは**総務省**なんだ。

さて，家を出て，学校や会社に向かう。私たちは通学や通勤，買い物などに電車などの交通機関を利用する。また，家の人が車を運転して出かけるときは道路を走るよね。交通機関や道路を整備したり，建設したりしている役所はどこだろうか？

「交通機関だから，**国土交通省**ですか？」

そのとおり。道路を歩いているときに，自動車の排出ガスが環境を汚していると感じることがある。環境を守る役割をしている役所はどこかな？

「これも名前のとおり，**環境省**でしょうか？」

そう。ところで，二人は中学校に通っているよね。学校をつくったり，直したり，何をどのように指導するかを決めたりして，教育の振興を図っている役所はどこだろう？

「**文部科学省**ですね。」

そうだね。さて，学校が終わったら，病院に入院しているおばあちゃんのところへお見舞いに行こうと思っている。おばあちゃんの好きな花を買うために，銀行でお金を下ろさなければならない。銀行などがきちんと機能するように監督している役所はどこだろうか？

「銀行のことを金融機関というから，**金融庁**でしょう。」

正解。花を買ったあと，病院に行く途中で外国人から道を聞かれた。しかし，英語がよくわからない。こんなときは誰に聞きなさいと教えてあげるかな？

「交番の警察官でしょうか。これは**警察庁**の出番ですね。」

そうだね。警察の主な役目は，犯罪から国民を守ることだけど，交番では道案内もしてくれる。ちなみに外国人の入国を管理しているのは**法務省**だよ。いっぽう，私たちが海外旅行に行くときにパスポートを発行するなど，外国との交流を担当している役所はどこだろう？

「外国の『外』の字がつく**外務省**の担当です。」

そのとおり。万が一，外国が日本に攻めてきた場合は**防衛省**が対処することになる。

さて，ようやくおばあちゃんが入院している病院に着いた。国民を病気から守ることや，高齢者の福祉などを担当しているのは**厚生労働省**だよ。

今まで述べてきたようなサービスを国民に提供するためには，お金が必要だね。国のお金を管理する財政に関する仕事をする役所はどこだろう？

「財政の『財』の字がつく**財務省**ではないですか？」

そのとおり。

「いや～，行政が私たちの生活を支えていることはよくわかりました。しかし，多くの仕事をしていますね。」

そうだね。行政でやるべきことが増えすぎたのではないかと，問題になっている。この現象を**行政権の拡大**というよ。そして，行政権が拡大した国家を行政国家という。だから，民間にできることは民間に任せて行政の仕事を減らすために，行政改革や規制緩和が進められているんだ。規制緩和とは，行政の持っている許認可権限などを減らすということだよ。

「しかし，こんなにたくさんの仕事をしているのに混乱しないんですか？」

混乱しないように，行政の仕事をまとめ上げることが内閣の役割なんだ。

内閣総理大臣がリーダーとなって，各省庁のトップである国務大臣を集めてよく話し合い，行政に関する事項を決定する。この内閣の会議を**閣議**というよ。そして，内閣を支援する組織が内閣府と内閣官房なんだ。

「先生，内閣総理大臣や国務大臣はどのようにして選ばれるのですか？」

まず内閣総理大臣の指名については，「5-2 統治のしくみ②　国会」ですでに学習したよね。

「国会が国会議員の中から指名します。」

そうだったね。

「では，国務大臣はどのように選ばれるのですか？」

次の日本国憲法の条文を見てごらん。

第68条　①内閣総理大臣は，国務大臣を任命する。但し，その過半数は，国会議員の中から選ばれなければならない。
②内閣総理大臣は，任意に国務大臣を罷免することができる。

「お～。『内閣総理大臣は，国務大臣を任命する。』とあります。内閣総理大臣が選ぶのですね。しかも，国務大臣の過半数は，国会議員の中から選ばなくてはいけないのですね。」

「選ぶだけではなく，『任意に国務大臣を罷免することができる。』とあるから，内閣総理大臣の判断で辞めさせることもできるのですね。」

そう。これは，内閣総理大臣が国務大臣に対して指導力を発揮できるようにしているんだ。だからこそ，内閣のリーダーである内閣総理大臣の地位を，日本国憲法第 66 条は「首長」と表現したんだね。

「このように内閣総理大臣に強い地位を与えたのには，何か理由があったんですか？」

実は大日本帝国憲法の下では，内閣総理大臣は「同輩者（国務大臣）中の首席」にすぎず，内閣のリーダーとしての指導力を発揮することができなかった。だから，各国務大臣をまとめることが難しく，内閣がバラバラになりやすかったんだ。また，当時の各国務大臣は天皇を補佐する役割で，主宰者の内閣総理大臣は国会議員である必要がなかった。そもそも内閣については憲法に規定がなかったしね。だから，内閣は弱体だった。その反省から内閣総理大臣には強い力が与えられ，内閣についても日本国憲法で規定されたわけだね。

Point 内閣②

- **内閣総理大臣**と全ての**国務大臣**が参加する**閣議**で，行政の統一を図る

内閣はどのような仕事をしているのか？

続いて，日本国憲法第 72 条を見てみよう。

第 72 条　内閣総理大臣は，内閣を代表して議案を国会に提出し，一般国務及び外交関係について国会に報告し，並びに行政各部を指揮監督する。

内閣総理大臣の仕事にはどんなものがあるかな？

「『①内閣を代表して議案を国会に提出すること』，『②一般国務及び外交関係について国会に報告すること』，『③行政各部を指揮監督すること』ですね。」

かなり広い権限だね。次に内閣の仕事を日本国憲法第73条で確認しよう。

第73条　内閣は，他の一般行政事務の外，左（以下）の事務を行ふ。

1　法律を誠実に執行し，国務を総理すること。

2　外交関係を処理すること。

3　条約を締結すること。但し，事前に，時宜によっては事後に，国会の承認を経ることを必要とする。

4　法律の定める基準に従ひ，官吏に関する事務を掌理すること。

5　予算を作成して国会に提出すること。

6　この憲法及び法律の規定を実施するために，政令を制定すること。但し，政令には，特にその法律の委任がある場合を除いては，罰則を設けることができない。

7　大赦，特赦，減刑，刑の執行の免除及び復権を決定すること。

第６号にある「政令」とは，内閣がつくる命令のことだよ。

「政令指定都市は，内閣が決めているんですね。」

そういうこと。内閣には第73条で定められた仕事以外にも，**国会の召集**の決定（第７条，第53条），**最高裁判所長官の指名**（第６条第②項），その他の裁判官の任命（第79条，第80条），天皇の国事行為に対して助言と承認を与えること（第７条），**衆議院の解散**の決定（第７条）などがある。

「第 73 条第 7 号の『大赦，特赦，減刑，刑の執行の免除及び復権を決定すること。』とはどういうことですか？」

全部まとめて恩赦というよ。内閣の決定により，刑罰を軽くしたり，免除したりすることだね。国全体での祝いごとなどの際に行われるんだ。例えば，日本は 1951 年にサンフランシスコ平和条約を結び，翌年条約の発効によって連合国の占領から脱し，独立国になった。このことを記念して，恩赦により 11 名が減刑されているよ。さて，内閣の主な仕事は次のように覚えよう。

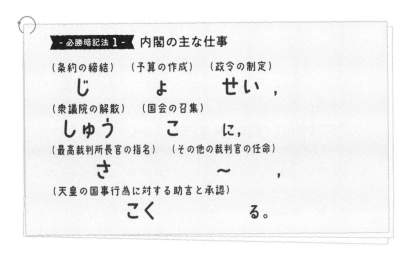

- 必勝暗記法 1 -　内閣の主な仕事

（条約の締結）　（予算の作成）　（政令の制定）
じ　ょ　せい，

（衆議院の解散）　（国会の召集）
しゅう　こ　に，

（最高裁判所長官の指名）　（その他の裁判官の任命）
さ　〜，

（天皇の国事行為に対する助言と承認）
こく　る。

「いったいこれはどういう意味ですか？」

女性の衆子さんに告るラブストーリーだよ。「告る」とは告白することだね（笑）。

「かなり無理がありますが，覚えられそうなので許します（笑）。」

Point　内閣の仕事

- 内閣の主な仕事…**法律の執行，条約の締結，予算の作成，政令の制定，衆議院の解散，国会の召集，最高裁判所長官の指名，その他の裁判官の任命，天皇の国事行為に対して助言と承認を与える**ことなど。

議院内閣制はどのようなしくみなのか？

「内閣と内閣総理大臣は，さまざまな権限を持っていることがよくわかりました。暴走(ぼうそう)したら危険(きけん)ですね。内閣の暴走を抑(おさ)えるしくみはあるんですか？」

もちろんあるよ。「5-1 統治のしくみ①　三権分立」で学習したことを思い出してみよう。まず裁判所は，内閣が行った処分などが憲法に適合するかしないかを判断する権限をもっているんだったね。また，国会が内閣の暴走を抑えるしくみもある。内閣は国会の信任にもとづいて成立し，国会に対して連帯責任を負うんだ。これを**議院内閣制**という。

「つまり，内閣を生かすも殺すも，国会次第というわけですね。」

そう。これは，先ほど話した内閣総理大臣が国会議員の中から国会で選ばれることや，次の日本国憲法の条文にも表れているよ。

> 第66条　③内閣は，行政権の行使について，国会に対し連帯して責任を負ふ。
>
> 第69条　内閣は，衆議院で不信任の決議案を可決し，又は信任の決議案を否決したときは，10日以内に衆議院が解散されない限り，総辞職をしなければならない。

第66条第③項は，内閣が国会に対して連帯して責任を負うと規定している。あくまで国会に対してであって，国民に対してではないことに注意しておこう。国民は選挙を通じて国会に直接的な影響をおよぼすけど，内閣に対しては国会を通じて間接的に影響をおよぼしていることになるね。

「議院内閣制だと，内閣に対する国民の影響力が弱くなるんですね。」

そうなんだ。内閣は国民の意見も意識するけど，第一に国会の顔色を見ながら仕事をすることになるだろうね。これにより，国会と内閣は協力して仕事をするようになるんだ。最近，行政により一層の専門知識が必要になってきている。つまり，勉強していない国会議員にはわからないことも増えているということだ。だから，行政だけで政治の重要な方針を決めることも多くなってきているよ。

「つまり，国会の行政へのコントロールが及ばなくなってきているんですね。」

そうなんだ。行政のやらなければならないことが増えすぎ，かつ国会の民主的コントロールが行政に及ばなくなってきていることが，「行政権の拡大」の問題点のひとつだね。

いっぽう，日本の議院内閣制に対して，例えばアメリカでは**大統領制**が採用されている。ポイントは内閣総理大臣が国会議員の中から国会により選ばれるのと異なり，大統領は国民の選挙によって選ばれることだね。

「ということは，責任も国民に対して直接負うんですね。国民のコントロールが直接及ぶんですね。」

「しかし，大統領制では，議会との協力関係が議院内閣制よりも弱くなりそうですね。」

そうなんだ。大統領は議会から独立した存在なので，大統領と議会の対立が議院内閣制より多くなる。

「一長一短ということですね。」

さて，第 69 条は衆議院の解散について規定している。衆議院で内閣不信任案が可決された場合や，内閣信任案が否決された場合は，内閣は衆議院を解散して総選挙をするか，総辞職するかの決断を迫られるんだ。内閣が決断するために与えられている日数は **10 日**だよ。

「内閣は，内閣を支持する政党，つまり与党が総選挙に勝つ可能性が高いときに衆議院の解散を選ぶでしょうね。与党が総選挙で負ける可能性が高いなら，内閣は総辞職を選ぶんではないでしょうか。」

うん。内閣が衆議院の解散を選択した場合は，どうなるだろうか。次の日本国憲法の条文を見てみよう。

第54条　①衆議院が解散されたときは，解散の日から40日以内に，衆議院議員の総選挙を行ひ，その選挙の日から30日以内に，国会を召集しなければならない。

第70条　内閣総理大臣が欠けたとき，又は衆議院議員総選挙の後に初めて国会の召集があったときは，内閣は，総辞職をしなければならない。

「衆議院の解散の日から**40日以内**に衆議院議員総選挙を行い，その選挙の日から**30日以内**に国会を召集するわけですね。」

そう。内閣が10日以内に衆議院を解散して総選挙を行うか，総辞職するかを決めなくてはいけないことと合わせて，**「10－40＝－30」**と覚えたらどうかな。では，解散の日から総選挙の間が40日と長いのはなぜだろうか？ その間に何をやるのかをヒントに答えてみよう。

「解散から選挙の間は，立候補者が国民に選挙運動をするわけですよね。この選挙運動ができる期間には余裕（よゆう）があったほうが，国民の候補者や政党選びに役立つから，この期間を40日ともっとも長くしているのではないでしょうか？」

正解だね。次に内閣が解散か総辞職かを選ぶ期間が10日と短いのはなぜだろうか？

「内閣が早く決断しなければ，政治がスムーズに進まなくなってしまうからではないでしょうか？」

そのとおり。国会に信任されていない内閣に政治を任せるわけにはいかないからね。続いて，前ページに示した第70条を見てみよう。衆議院議員総選挙の後に召集された国会で，内閣はどうなるかな？

「総辞職するんですね。」

そう。つまり，衆議院議員総選挙の後に開かれる国会では，新しい内閣総理大臣の指名が行われる。国会によって指名された新たな内閣総理大臣は，国務大臣を任命し，新たな内閣をつくることになるんだ。

Point　議院内閣制のしくみ

- 議院内閣制…内閣は国会の信任にもとづいて成立し，国会に対して連帯責任を負う。
- 国会により内閣不信任が決議された場合の流れ

内閣不信任案の可決・内閣信任案の否決→(**10日以内**)→**衆議院の解散**→(**40日以内**)→**衆議院議員総選挙**→(**30日以内**)→**特別国会の召集**→**内閣の総辞職**→**内閣総理大臣の指名**→内閣総理大臣による国務大臣の任命＝新しい内閣の誕生

CHECK 6

つまずき度 !!!

➡ 解答は別冊 p.12

次の文の(　　)に当てはまる語句を答えなさい。

(1) (　　　　　　)の任命する国務大臣の(　　　)は，国会議員の中から選ばなければならない。

(2) 内閣は，外国と交渉して(　　)を締結する。

(3) 内閣は，(　　)裁判所長官を(　　)する。そしてその他の裁判官を(　　)する。

(4) 内閣は，天皇の(　　)行為に対して(　　)と承認をする。

(5) (　　　　　)とは，内閣が(　　)の信任にもとづいて成立し，国会に対して連帯して(　　)を負うしくみである。

7章

裁判所

これまで日本人は，裁判で白黒をはっきりつけるより，あいまいな解決を好むとされてきた。
不利益を受けても，文句を言わないで耐える人も多いとも言われている。

「でも，これからは外国人と接する機会が増えるグローバル社会が到来します。裁判で決着をつけることが増えるかもしれませんね。」

「言い換えれば『泣き寝入り』するなということですね。」

「そういえば，弁護士の活躍を描いたテレビドラマが最近増えたように思います。裁判を身近に感じられるようになった気がします。」

そうだね。泣き寝入りしないためにも，この章ではしっかり司法について学んでいこう。

7-1 統治のしくみ④ 裁判所

司法権とは何か？

「5-1 統治のしくみ① 三権分立」のところで，**裁判所**は**司法権**を持つことを勉強したよね。ここでは裁判所について詳しく解説しよう。

「そもそも司法権って何でしたっけ？」

司法とは，①憲法や法律にもとづいて②争いごとを裁いて解決したり，③罪があるかないかを決めたりすることだよ。**裁判**ともいうね。ここで「解決したり」とか「決めたり」するというのは，最終的なもので，原則としては「やり直し」はないんだ。

「なぜですか？」

そうでなければ，争いごとはいつまでたっても解決しないし，罪があるかどうかも決まらないからね。したがって，裁判の結論を判決というけど，例えば，「死刑」の判決が確定したら，被告人（訴えられた人）は死刑に処される。

「何だか怖いです。」

そうだね。あるいは，「A さんは B さんに 100 万円を返さなければならない」という判決が確定したら，A さんは B さんに必ず 100 万円を返さなければならない。

「もし，A さんが嫌だと言って返さなければどうなりますか？」

国がＢさんを助けることになるよ。例えば，Ａさんの財産を国が売ってＢさんに100万円を渡すんだ。

「裁判というのはものすごく強い権力なんですね。」

そう。でも，裁判にも限界がある。まず，何でもかんでも裁判に訴えられるわけではないよ。次の事例を見てごらん。

Ⅰ「Ａ君がＢ子さんに交際を申し込みましたが断られました。そこで，Ａ君はＢ子さんに交際してくれるように裁判を起こしました。」

Ⅱ「ＢさんはＡさんに100万円貸していますが，Ａさんは期日までに返してくれませんでした。そこで，ＢさんはＡさんに「100万円を返してほしい」と裁判を起こしました。」

参照　民法第415条①項　「債務者がその債務の本旨に従った履行をしないとき又は債務の履行が不能であるときは，債権者は，これによって生じた損害の賠償を請求することができる。ただし，その債務の不履行が契約その他の債務の発生原因及び取引上の社会通念に照らして債務者の責めに帰することができない事由によるものであるときは，この限りでない。」

Ⅲ「満員電車の中でＡさんがＢさんの足を踏んだので『痛いです。気をつけてください。』とＢさんが注意したところ，ＡさんがＢさんに殴りかかり，Ｂさんは全治２週間のけがをしました。Ａさんは警察官に逮捕されました。そしてＡさんは検察官に傷害罪で訴えられました。」

参照　刑法第204条（傷害罪）「人の身体を傷害した者は，15年以下の懲役又は50万円以下の罰金に処する。」

上で一つだけ裁判にならない事件がある。すなわち司法権では解決できないということだね。司法とは①憲法や法律にもとづいて②争いごとを裁いて解決したり③罪があるかないかを決めたりすることだというのがヒントだよ。どれだと思う？

「先生，Ⅰですよね。男女交際について決める法律はありませんから，『①憲法や法律にもとづいて』解決できないです。」

そのとおり。ほかに「憲法や法律にもとづいて」解決できない事件の例としては，「どの宗教が正しいか？」「学問で，どの学説が正しいか？」「家族内のトイレ掃除の分担」などもあるね。

「家族間のトイレ掃除の分担は『法律』や『憲法』ではなく，家族間でよく話し合って決める問題で，裁判所がかかわり合うべきものではないからですね。」

そのとおりだよ。これに対してⅡ・Ⅲはどうかな？

「民法第415条，刑法第204条などの，事件を解決するための法律がありますね。」

そう。これは裁判で解決できる。つまり，司法権の範囲だということだね。

Point 司法権

- **司法**…憲法や法律にもとづいて争いごとを裁いて解決したり，罪があるかないかを決めたりすること。**裁判**ともいう。

民事裁判と刑事裁判は何が違うのか？

司法の定義で言えば「①憲法や法律にもとづいて，②争いごとを裁いて解決」する裁判を**民事裁判（民事訴訟）**というんだ。つまりは，個人や企業などの間での，利害の対立や権利・義務に関する争いだね。Ⅱのような借金の返済の事件や離婚を求める裁判などがこれにあたるよ。

「Ⅲの裁判も，民事裁判ですか？」

ううん。ⅢのＡさんは，民事裁判ではなくて，刑事裁判にかけられることになる。**刑事裁判（刑事訴訟）**とは，先の司法の定義で言えば①憲法や法律にもとづいて，③罪があるかないかを決めたりすることをいうんだ。すなわち，強盗や殺人などの犯罪行為があった事件について，被告人が有罪か無罪か，有罪の場合はどれくらいの刑罰を科すのかを決める裁判だよ。

「民事裁判と刑事裁判ではどんな違いがあるんですか？」

まず，民事裁判では，裁判所に訴えを起こした人を**原告**，裁判所に訴えられた人を**被告**という。Ⅱでは原告は誰かな？

「訴えているのはＢさんですから，Ｂさんが原告です。訴えられているＡさんが被告です。」

そうだね。ＢさんはＡさんに100万円貸して，期日までに返してもらう約束をしたこと，なのにＡさんが期日までに返してくれないことを証明しようとする。これに対してＡさんは，「いや，返したはずだ。」とか，「期日が違う。」などと言うかもしれない。

「借用書などの証拠で互いの主張を証明しようとするんですね。」

そう。民事裁判においては高度な法律の知識が必要なので，原告も被告も高度な法律知識を持つ弁護士に，自分の代わりに裁判をしてもらうのが普通だよ。

「弁護士がいなければ裁判が起こしにくくなりますね。弁護士って重要ですね。」

うん。そして，裁判官が，第三者の立場で，Ａさん Ｂさん双方の主張に耳を傾け，証拠を調べて，もしＢさんの言うとおり，Ａさんがお金を借りたのに返しておらず，しかもそれはＡさんの責任だと判定すれば，Ｂさんの勝ちとなる。民法第 415 条が適用され，Ｂさんは「損害」を「賠償」してもらえるんだ。

「Ｂさんは A さんからお金を返してもらえるんですね。」

「もし，それでも返さなかったら A さんの財産を国が売って B さんに 100 万円渡すということでしたね。」

そうだね。続いて刑事裁判について説明しよう。次ページの「刑事裁判の流れ」の図を見てごらん。刑事裁判では，罪を犯した疑いがある被疑者を**警察官**が捜査して逮捕し，取り調べを行うんだ。

「Ⅲでは A さんが被疑者ですね。」

そう。警察官は現行犯の場合を除き，第三者的立場である裁判官の出す令状がなければ逮捕することはできないことを覚えておいてね。

「現行犯って何ですか？」

実行中か実行直後に見つかった犯人や犯罪をいうんだ。そして，逮捕とは身柄を拘束することだ。

「間違えて逮捕したら，『間違っていました。』では済まないですね。」

そう。だから，裁判官の出す令状がなければ逮捕することはできない。すなわち，裁判所が犯罪をした疑いがあると認めたときにだけ逮捕できるんだ。しかし，現行犯は犯罪をしたことが明らかだから，すぐに逮捕できる。そして，警察官は被疑者を取り調べる。

「よく刑事ドラマであるシーンですね。」

うん。被疑者が警察官にかつ丼(どん)をごちそうになったりしているよね（笑）。その後，捜査は**検察官**にバトンタッチする。これを送致(そうち)，又は送検というよ。捜査の協力において被疑者は自分に不利な供述を強要されることはない。検察官は捜査した上で被疑者を裁判所に訴える（起訴する）かどうかを決める。検察官は**検事**ともいうんだ。

「どんな場合に不起訴になるんですか？」

被害が少なかったり，検察官が犯罪を証明できないと考えたりした場合だね。日本では大体 65% が不起訴になる。しかし，起訴されたら 99% 有罪になるよ。検察官が起訴相当の事件だと認めたら，「公益の代表者」「被害者の代弁者」として被疑者を起訴する。そして，被疑者の犯罪を証明しようとするんだ。

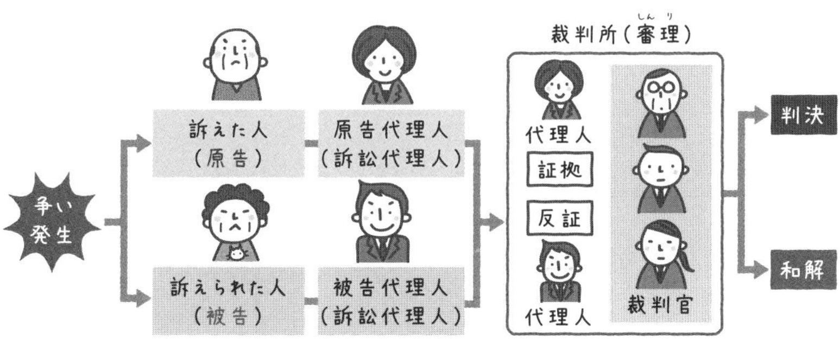

▲民事裁判の流れ

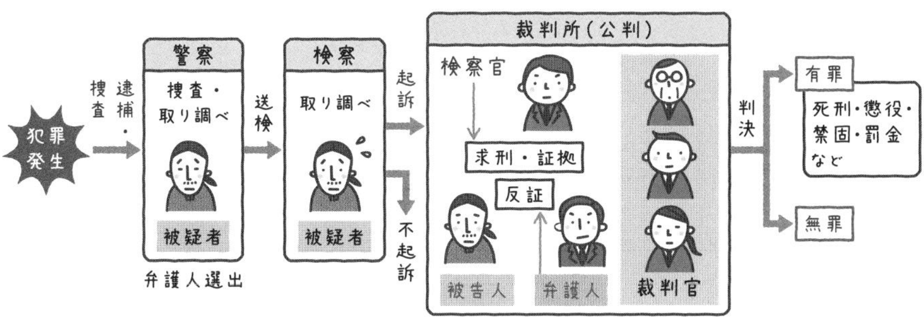

▲刑事裁判の流れ

「刑事裁判では検察官が起訴するんですね。そして，被疑者が被告人になるんですね。」

そう。

「例えばⅢの事件の場合，検察官はＡさんが刑法第204条の『人の身体を傷害した者』にあたることを証明しようとするんですか？」

そのとおり。そして，検察官は，刑法第204条の刑罰，すなわち「15年以下の懲役又は50万円以下の罰金」の範囲で裁判所に処罰を求めるんだ。

「なるほど。それに対してＡさんはどうするんですか？」

Ａさんには弁護人が必ずついて，Ａさんの権利を守らなければならないと日本国憲法で決まっているんだ。次の条文だね。

> 第37条　③刑事被告人は，いかなる場合にも，資格を有する弁護人を依頼することができる。被告人が自らこれを依頼することができないときは，国でこれを附する。

「先生，第37条第③項の『刑事被告人』って何ですか？」

刑事被告人とは刑事裁判で，罪を犯した疑いがあると，検察官によって裁判所に訴えられた，つまり，起訴された人物だよ。刑事被告人には法律の専門的な知識は通常はないわけだから，何を証明すれば無罪となるのか，何を主張すれば刑が軽くなるのかなどはわかるはずがないんだ。

「それでは不利ですね。」

そうだよね。だから，公正な裁判を保障するために，法律の専門知識を持たない刑事被告人には，資格を持った弁護人を依頼する権利が認められているんだ。

「例えばⅢで，Aさんの弁護人は刑法第204条の『人の身体を傷害した者』にはあたらないということを証明しようとするのですね。」

そう。「やったのはAじゃない。」とか，「Aはとても反省している。」などと述べて，何とか刑を軽くしようとするだろうね。裁判官は第三者の立場で検察官と被告人，ここではAさん側の意見を聞き，有罪か無罪か，有罪の場合はどんな刑罰なのかを決定し，判決を下すことになる。ここでは被告人の自白，つまり被告人が罪を認めていることだけで有罪とすることはできず，犯行を証明する**証拠**が必要であることを覚えておいてね。

「なぜですか？」

もし，自白のみで有罪にできれば，警察官などが，被疑者・被告人を肉体的に痛めつける（これを「拷問」という）などして，自白を得ようとすることが歴史上明らかになっているからだよ。

「なるほど。ところで，無罪になる場合もあるのですよね，1％くらいは。その場合，罪無くして自由を奪われるんですから，補償とかはあるんですか？」

うん。これについては，刑事裁判で抑留や拘禁されたあとに，無罪判決を受けた人は国に補償を求めることができること（**刑事補償請求権**）が認められているんだ。

Point 民事裁判と刑事裁判の違い

- **民事裁判**…個人や企業などの間の，利害の対立や権利・義務に関する争いを裁く。訴えた人→**原告**，訴えられた人→**被告**。
- **刑事裁判**…犯罪行為があった事件について，被告人が有罪か無罪か，有罪の場合はどれくらいの刑罰を科すのかを決める。訴える人→**検察官**，訴えられた人→**被告人**。被告人には**弁護人**を依頼する権利がある。

裁判の誤りを防ぎ，公正な裁判を行うためのしくみ

「刑法第 199 条に『人を殺した者は，死刑又は無期若しくは5年以上の懲役に処する。』とあります。さっき見たように裁判によっては被告人が『死刑』に処せられることもありますよね。間違えたらごめんなさいでは済まないものです。**裁判で間違いが起こらないようなしくみ**はあるんですか？」

うん。いろいろ用意されているよ。それらを学習していこう。

①裁判は公開するべきなのか？

裁判が非公開で行われると，国民は監視できず，公正な裁判が行われない可能性がある。そこで，日本国憲法には次のような規定があるんだ。

第 82 条　①裁判の対審及び判決は，公開法廷でこれを行ふ。

日本国憲法はこのように定め，国民が裁判を監視できるようにすることで，公正な裁判を実現しようとしているよ。

Point　裁判を公開する理由

- **裁判は公開で行う**のが原則（日本国憲法第82条第①項）。
  ⇒**公正な裁判の実現**を目指す。

②三審制とはどんなしくみなのか？

1回の裁判ではミスが起こる可能性もあるけど，3回やればミスは減らせるよね。そこで，人権を守り，裁判の誤りを防ぐため，公正かつ慎重に裁判を行うための制度が次のようなしくみなんだ。このしくみを**三審制**というよ。

「つまり，裁判は原則として3回できるんですね。」

そう。まず，次の図を見て答えてみて。裁判所にはどんな種類があるかな？

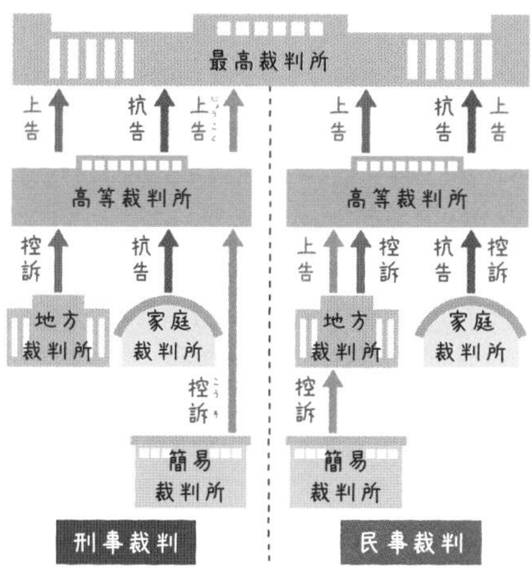

▲三審制

「裁判所には**最高裁判所**，**高等裁判所**，**地方裁判所**，**家庭裁判所**，**簡易裁判所**の5種類があります。」

そうだね。図の中で上にいくほど，ランクが高い裁判所といえるね。最高裁判所を除いた高等裁判所，地方裁判所，家庭裁判所，簡易裁判所は**下級裁判所**ともいうよ。最高裁判所より下のランクで，地方裁判所より上のランクの裁判所はどこかな？

「図を見ると，えっ～と，**高等裁判所**です。」

正解。では，図の中の「控訴(こうそ)」と「上告(じょうこく)」の矢印に注目してみよう。それぞれ，どんな場合に「控訴」や「上告」が行われるのだろうか？

「上告は３回目の裁判を求める場合ですね。控訴は２回目の裁判を求める場合のようです。」

うん。三審制では，第一審の判決に不服があるとき，上級の裁判所に裁判をやり直すように求めることができる。これを**控訴**というよ。また，第二審（控訴審）の判決に不服があるとき，さらに上級の裁判所に裁判をやり直すように求めることができる。これを**上告**というんだ。

「なるほど。このしくみだとだいぶ裁判のミスが減るでしょうね。」

うん。三審制だけではないよ。刑事裁判で判決が出たあとでも，明らかにその判断(はんだん)が間違っていたことを証明する新たな証拠が出た場合などは，裁判をやり直すように求めることができる。この制度を**再審(さいしん)制度**というよ。刑事裁判において，死刑判決が確定したあと，再審が行われて無罪となったケースが，これまでにいくつかあるんだ。

「３回裁判をやってもまだ間違える可能性があるわけですね。誤った判決が出てしまうのが怖いです…。」

★ Point　三審制のしくみ

- 裁判所の種類…**最高裁判所**と**下級裁判所**（**高等・地方・家庭・簡易**）。
- 裁判を公正かつ慎重に行うため，**三審制**を採用。⇒第一審の判決に不服があるとき，上級の裁判所に**控訴**。⇒第二審の判決に不服があるとき，さらに上級の裁判所に**上告**。

③司法権の独立とはどういうことか？

公正な裁判をするためには裁判官に不当な圧力が加えられないようにしなければならないよね。そこで，日本国憲法は次のように定めているんだ。

第76条　③すべて裁判官は，その良心に従ひ独立してその職権を行ひ，この憲法及び法律にのみ拘束される。

この条文には，裁判官が仕事をするにあたって，必要なものが３つ示されている。何があるかな？

「①良心，②憲法，③法律の３つです。」

そうだね。ここでいう良心とは，裁判官の仕事をするにあたっての倫理のことだよ。裁判官自身が持つ個人的な良心ではないので間違えないでね。例えば，離婚が禁じられている宗教を信仰する裁判官が，個人的な良心に従って，裁判で離婚を認めない判決を出すことは許されない。

第76条第③項は，裁判官が国会や内閣などほかの権力からの圧力などに影響されることなく，憲法や法律だけに従って，判決を出すように定めているんだ。これを**司法権の独立**，あるいは**裁判官の独立**というよ。また，裁判官に収入や懲戒処分，解雇などの手段で圧力が加えられる恐れがある。

そこで，日本国憲法は次のように裁判官の身分を保障しているんだ。

> 第78条　裁判官は，裁判により，心身の故障のために職務を執ることができないと決定された場合を除いては，公の弾劾によらなければ罷免されない。裁判官の懲戒処分は，行政機関がこれを行ふことはできない。
>
> 第79条　⑥最高裁判所の裁判官は，すべて定期に相当額の報酬を受ける。この報酬は，在任中，これを減額することができない。
>
> 第80条　②下級裁判所の裁判官は，すべて定期に相当額の報酬を受ける。この報酬は，在任中，これを減額することができない。

第78条を見ると，裁判官はどんな場合に罷免されると書いてあるかな？　罷免とは，その仕事を辞めさせられることだよ。

「はい。①裁判により，心身の故障のために職務を執ることができないと決定された場合と，②公の弾劾です。」

そうだね。公の弾劾とは，「5-2 統治のしくみ②　国会」のところで説明した弾劾裁判所で罷免が決定した場合のことだよ。裁判官の懲戒処分については，どんなことが定められているかな？

「『行政機関がこれを行ふことはできない。』とありますね。」

うん。これは最高の行政機関である内閣などから，裁判官が圧力をかけられないようにするためだよ。

「裁判官の懲戒処分も裁判によって決められるんですか？」

そのとおり。また，第79条第⑥項と第80条第②項は，経済的な面から裁判官の独立を保障している。

「ところで，先生，そもそも，なぜ，裁判官はほかの権力からの圧力などに影響されることなく，憲法や法律だけに従う必要があるんでしょうか？」

いい質問だね。裁判は，多くの人が考えていることを必ず優先するわけではないよ。重要なのは，憲法や法律に従い，証拠や主張をもとに事件の真相を明らかにすることだ。つまり，たくさんの人が事実だと思っていることがあったとしても，証拠から判断するとそれとは違うことが真実として浮かびあがってきた場合，後者を結論とするのが裁判なんだ。いうならば，多数決では救うことができない少数の人たちの権利を守り，個人の尊重を達成することが，裁判の本質というわけだね。

「裁判では感情論よりも論理が大事なんですね。」

そういうこと。だからこそ，裁判官はほかの人の意見ではなく，憲法や法律，証拠や主張だけに注目しなくてはいけない。

Point　司法権の独立

- **司法権の独立（裁判官の独立）**…裁判官がほかの権力からの圧力などに影響されず，**憲法**や**法律**だけに従い，判決を出す。
- **裁判官の身分保障**…心身の故障や公の弾劾などを除き，罷免されることはない。また報酬を減らされることはない。

④特別裁判所の禁止

さて，裁判の公開，三審制，司法権の独立（裁判官の独立），裁判官の身分保障などにより公正な裁判を保障しようとしても，このようなしくみではない「裁判所」があったとしたら，公正な裁判を保障しようとする制度は無意味になるよね。

「確かに。裁判の公開，三審制，司法権の独立（裁判官の独立），裁判官の身分保障などが認められていない裁判所は『裁判所』と呼ぶべきではありません。」

うん。そこで，日本国憲法には次の規定があるんだ。

> 第76条　①すべて司法権は，最高裁判所及び法律の定めるところにより設置する下級裁判所に属する。
> ②特別裁判所は，これを設置することができない。行政機関は，終審として裁判を行ふことができない。

司法権は「最高裁判所及び法律の定めるところにより設置する下級裁判所に属する。」ことを覚えておこう。日本国憲法第76条第②項にある特別裁判所とは，「最高裁判所及び法律の定めるところにより設置する下級裁判所」の系列にはない裁判所のことだよ。

「特別裁判所とは，裁判の公開，三審制，司法権の独立（裁判官の独立），裁判官の身分保障などが認められていない裁判所という意味で理解してよいですか？」

そう。大日本帝国憲法では，例えば軍法会議という，非公開，一審制，司法権の独立（裁判官の独立）もない特別裁判所が存在していた。日本国憲法はそのような裁判所を認めていないんだ。

Point　特別裁判所の禁止

- **司法権**は**最高裁判所**および**下級裁判所**が持つ。
- **特別裁判所**…最高裁判所および法律の定めるところにより設置する下級裁判所の系列にはない裁判所のこと。このような裁判所の設置は認められない。

違憲立法審査権とは何か？

さて，もしも国会が日本国憲法に違反する法律をつくったとしたら…，内閣が日本国憲法に違反する命令や処分などを行ったとしたら…，誰がこれにストップをかけて，日本国憲法を守ってくれるのだろうか？ 歴史を振り返ると，ヒトラーが率いたナチス（国民社会主義ドイツ労働者党）は，国会で憲法に違反する法律を合法的につくって，権力をふるった。

「もしそうなったら，国民が選挙において，憲法に違反するような法律をつくる国会議員を落選させればよいのではないでしょうか？」

そうだね。しかし，当時のドイツ国民は選挙でナチスを支持した。こうしてワイマール憲法は無視され，独裁政治が行われるようになったんだ。結果，ドイツがどうなったかは何度も話したよね。

「第二次世界大戦に敗れ，大きなダメージを受けました。」

うん。そこで，日本国憲法は裁判所にも憲法を守る力を持たせているんだ。これは「個人の尊重」を達成するためだよ。次の条文を見て。これから話すことは，「5-1 統治のしくみ①　三権分立」のところでも解説したよ。復習のつもりで聞いてね。

> **第81条　最高裁判所は，一切の法律，命令，規則又は処分が憲法に適合するかしないかを決定する権限を有する終審裁判所である。**

全ての裁判所は国会がつくった法律が，国の最高法規である日本国憲法に適合するかしないかを判断する権限を持っている。これを**違憲立法審査権**というよ。中でも最高裁判所は最終的な決定権を持つ終審裁判所なので，**「憲法の番人」**と呼ばれることもあるんだ。

「これは三権分立のしくみでいうと，裁判所から国会への抑制にあたりましたね。」

そう。第 81 条にある「命令，規則または処分」を行うのは内閣だね。裁判所は内閣が行った命令・規則・処分などについても，憲法に適合するかしないかを判断する権限を持っている。つまり，違憲審査は行政についても可能なんだ。三権分立における裁判所から内閣への抑制だね。

「つまり，『違憲審査権 = 立法に対する違憲審査 + 行政に対する違憲審査』というわけですか？」

そのとおり。

「では，国会がつくった法律や，内閣が行った命令・規則・処分などが日本国憲法に違反していると裁判所が判断した場合はどうなるんでしょうか？」

日本国憲法の第 98 条第①項を見てみよう。

第98条　①この憲法は，国の最高法規であって，その条規に反する法律，命令，詔勅（しょうちょく）及び国務（こくむ）に関するその他の行為の全部又は一部は，その効力（こうりょく）を有しない。

「なるほど。日本国憲法に違反するような法律，命令・規則・処分などは効力を持たないんですね。」

Point　違憲審査権

- **違憲審査権**＝立法に対する違憲審査＋行政に対する違憲審査
- 最高裁判所は終審裁判所であり，「**憲法の番人**」とも呼ばれる。

裁判所と国民主権はどんな関係なのか？

さて，裁判官の身分は日本国憲法で十分に保障されていることがわかったんじゃないかな。しかし，裁判官の判断が国民の感覚と大きくずれてしまう危険性もあるよね。そうなってしまうと，裁判所の権力の源が国民にあるとはいえなくなってしまう。これは日本国憲法の三大原則のうち，何に違反するだろうか？

「はい。**国民主権**に違反しますね。」

そうだね。「5-2 統治のしくみ②　国会」のところで，罷免の訴えを受けた裁判官をやめさせるかどうかを決める**弾劾裁判**について話をしたけど，これも国民主権の表れといえるね。弾劾裁判所は，国民の選挙によって選ばれた各議院の国会議員で構成されるからね。日本国憲法は，このほかにも特に重要な最高裁判所の裁判官について，次のように定めているよ。

> 第79条　②最高裁判所の裁判官の任命は，その任命後初めて行はれる衆議院議員総選挙の際国民の審査に付し，その後10年を経過した後初めて行はれる衆議院議員総選挙の際更に審査に付し，その後も同様とする。
> ③前項の場合において，投票者の多数が裁判官の罷免を可とするときは，その裁判官は，罷免される。
> ④審査に関する事項は，法律でこれを定める。

国民は，最高裁判所の裁判官がその仕事に適格な人物であるかどうかを直接投票で審査するようになっている。この制度を**国民審査**というよ。上の条文を見ると，国民審査はいつ行われるかわかるかな？

「**衆議院議員総選挙**のときに行われるようですね。」

そうだね。下の図は国民審査の投票用紙だよ。

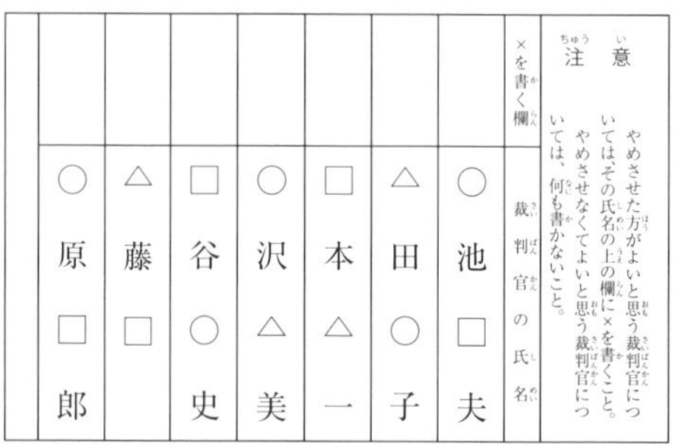

▲国民審査の投票用紙

第79条第③項にあるように，「投票者の多数が裁判官の罷免を可とするときは，その裁判官は，罷免される。」わけだから，国民審査で不信任となった裁判官はやめさせられることになる。

「最高裁判所の裁判官がやめさせられるのは，以前学んだように心身の故障や弾劾裁判による場合に加えて，国民審査で不信任となる場

合があるわけですね。」

そのとおり。

ところで，二人もいつか裁判に参加することになるかもしれないよ。ここからは**裁判員制度**について説明していこう。裁判員制度の目的には，①国民の視点(してん)や意識(いしき)，感覚を裁判に反映(はんえい)させること，②国民が裁判を理解し，より身近なものとして裁判への関心を高めることなどがある。裁判員制度では，国民が**重大な事件（殺人など）の刑事裁判の第一審**に裁判員として参加して，裁判官とともに被告人が有罪か無罪か，有罪の場合は刑の内容を決めるんだ。そのうえで，裁判官が法にもとづいて判決を言いわたす。裁判員は，満 20 歳以上の国民の中からくじで選ばれるよ。

「判決を言いわたすのはあくまで裁判官なのですね。」

うん。ここで次の図を見てごらん。右と左，どちらが刑事裁判の法廷か，わかるかな？

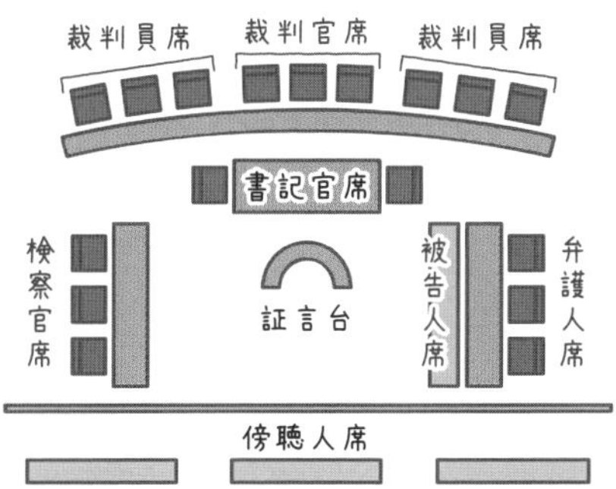

（一例）

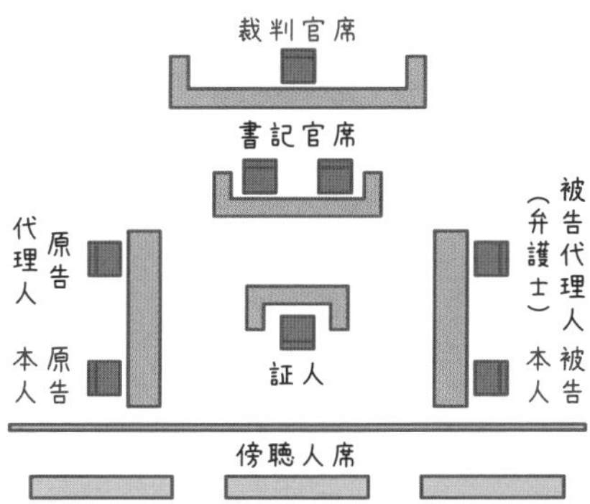

（一例）

「わかりますよ。左が刑事裁判の法廷です。なぜなら，裁判官の席の両脇(りょうわき)に裁判員の席があります。裁判員は，**刑事裁判の第一審のみ**に参加しますよね。」

大正解。**被告人**の席の後ろには，被告人の立場に立って，その正当な利(り)

益を守る**弁護人**の席があるね。被告人と向かい合うように**検察官**の席がある。書記官席の後ろには，**裁判官**の席があるね。

Point　裁判所と国民主権の関係

- 最高裁判所の裁判官がやめさせられる場合…心身の故障や**弾劾裁判**，**国民審査**で不信任。
- **国民審査**…最高裁判所の裁判官がその仕事に適格な人物であるかどうかを国民が直接投票で審査。
- **裁判員制度**…国民が**刑事裁判の第一審**に裁判員として参加し，被告人が有罪か無罪か，有罪の場合は刑の内容を裁判官とともに決める。

どんな司法制度改革が行われているのか？

突然だけど，日本には弁護士や裁判官の人数って，どれくらいいるんだろうとか考えてみたことはあるかな？ 2015 年の裁判所データブックによると，人口 10 万人当たりの裁判官数は約 3 人，そして弁護士数は約 29 人とされている。制度の違いなどもあるので一概に言えないけど，この数はアメリカやイギリスのそれよりも低いというデータがあるんだ。

「なるほど，そうなんですね。」

また，全国には地方裁判所および家庭裁判所の本庁がそれぞれ 50 か所あり，支部は 203 か所ある。このうち，管轄範囲に弁護士が 1 人もいないか，あるいは 1 人しかいない地域は，「弁護士ゼロワン地域」と呼ばれているよ。次のグラフは，「弁護士ゼロワン地域」の数の移り変わりを示している。

▼「弁護士ゼロワン地域」の数の移り変わり

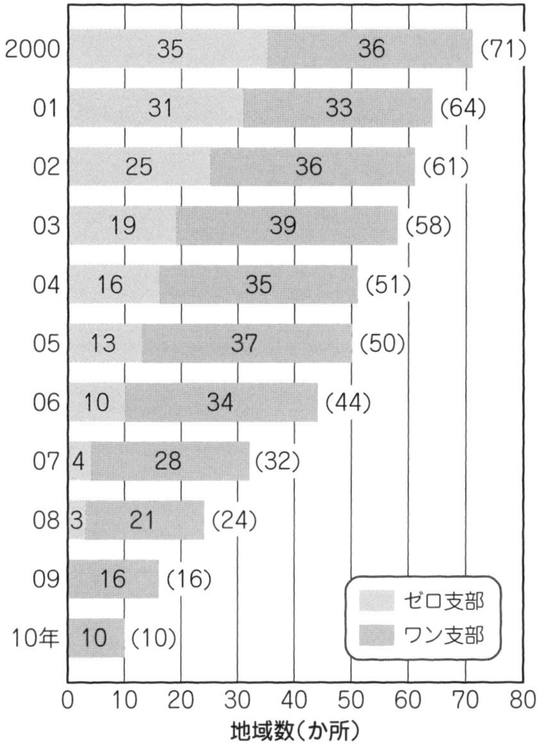

●(　)内の数字は合計した数

(日本弁護士連合会調査)

「なるほど。2010年は弁護士が1人もいない地域は無くなったけど，1人しかいない地域は10か所あったということですね。」

うん。2021年現在，弁護士が1人しかいないのは2か所になったよ。しかし，日本の裁判官や弁護士の数はまだまだ少ないといえるね。ここまで説明してきたことで，刑事裁判でも民事裁判でも，権利を守ってくれる弁護士の存在がとても重要なことは二人もよくわかったと思う。裁判官の数が十分に確保できないと，裁判に時間がかかるなどの問題も発生するし，結果として国民はあまり裁判を利用しなくなるかもしれない。

「国民に何か不利益なことがあったとき，裁判を起こせないようでは，せっかく日本国憲法で定めたしくみも意味がありませんね。」

そのとおり。そこで，弁護士や裁判官の数を増やすために，**司法制度改革**の一環として，**法科大学院（ロースクール）**を各地に設置したんだ。裁判官，検察官，弁護士になるために求められる学識や能力を育成するための大学院だね。実務を中心とする教育が重視され，卒業した人の７～８割が司法試験に合格することを目指しているよ。

「裁判官や検察官，弁護士などの法律の専門家の数を増やそうというわけですね。」

うん。また，ほかにも司法制度改革のひとつとして，**法テラス（日本司法支援センター）**を設置した。法テラスは，法的トラブルを解決するための総合案内所といえるね。全国の相談窓口がひとつになっていないために必要な情報にたどりつけない，近くに弁護士などの法律の専門家がいないなどの問題点を解消するために設置されたんだ。

ここで挙げた司法制度改革によって，弁護士などの数が増え，国民は法律に関する相談がしやすくなり，全国どこでも司法に関するサービスを受けやすくなることが期待されているよ。国民が裁判を利用しやすい社会が目指されているんだ。

Point　司法制度改革

- **司法制度改革**…弁護士や裁判官の数を増やすために**法科大学院（ロースクール）**を設置。法的トラブルの総合案内所となる**法テラス（日本司法支援センター）**の設置。

☑CHECK 7

つまずき度 ！！！！！

➡ 解答は別冊 p.12

次の文の（　　）に当てはまる語句か数字を答えなさい。

(1) 司法（裁判）とは憲法や法律にもとづいて争いごとを裁いて解決したり有罪か無罪かを決めたりすることである。この権力は（　　　）が持つ。

(2) （　　）裁判は，強盗や殺人などの犯罪行為があった事件について，（　　　）が有罪か無罪か，有罪の場合はどれくらいの刑罰を科すのかを決める裁判である。罪を犯した疑いがある被疑者を警察官が捜査して逮捕し，取り調べを行う。そして送致（送検）し，（　　　）（（　　　））は被疑者を裁判所に起訴するかどうかを決める。

(3) 日本国憲法は，裁判官が国会や内閣などほかの権力からの圧力などに影響されることなく，憲法や法律だけに従って，判決を出すように定めている。これを（　　　）（（　　　））の独立という。

(4) すべての裁判所は国会がつくった（　　）が，国の最高法規である日本国憲法に適合するかしないかを判断する権限を持っている。これを（　　　　　　）権という。

(5) （　　　）制度では，国民が重大な事件（殺人など）の（　　）裁判の第（　）審に（　　　）として参加して，裁判官とともに被告人が有罪か無罪か，有罪の場合は刑の内容を決める。そのうえで，裁判官が法にもとづいて判決を言いわたす。

8章

地方自治

「2019年以来コロナ禍が続いていますが，東京都知事や，大阪府知事をテレビで見かけることが多くなりました。」

「コロナ対策の現場指揮官という感じですね。」

なんで国じゃなくて知事さんが活躍しているのだと思う？

「地域ごとにコロナの感染の広がり方や，人々の不安の声などに違いがあるから…。
あっ，その地域の実情に合わせた政治ができるのは，国ではなくて都道府県だからではないでしょうか？」

そうだね。まさに地域の実情に合わせた政治をするために地方自治があるんだ。この章ではそのことをしっかり学んでいこう。

8-1 統治のしくみ⑤ 地方自治

地方自治とは何か？

突然だけどケンタさん，君の住所はどこかな？

「はい，東京都品川区西五反田２丁目 11 番８号です。」

ケンタさんは東京都に住んでいるんだね。東京都が国とは別に独自の議会や行政組織を持ち，政治を行っていることを知っているかな？ 東京都などの都道府県や，品川区などの市区町村を**地方公共団体**，あるいは**地方自治体**と呼ぶよ。地方公共団体がその地域の政治を行うことを**地方自治**という。日本国憲法は次のように規定しているよ。

> 第92条　地方公共団体の組織及び運営に関する事項は，地方自治の本旨に基いて，法律でこれを定める。

ここで述べられている，「地方自治の本旨」とは，**団体自治**と**住民自治**の２つからなると考えられている。団体自治とは，地方公共団体が国から独立して，一定の権限と財源が与えられていること。住民自治とは，地域に住む住民の意思と責任にもとづいて，その地域の政治を行うことだ。国会は，この日本国憲法の規定にもとづいて法律を制定し，地方自治のしくみをつくる義務を負っているんだ。

Point　地方自治

- **地方自治**の本旨…**団体自治**と**住民自治**からなる。

なぜ地方自治が必要なのか？

「先生，なぜ地方自治が必要なんでしょうか？」

例えば，A市には『研究学園都市として，理工系の大学があり，企業や研究機関などとのかかわりが深い』という特徴があるとしよう。二人なら，どのように地域振興を図るかな？

「企業の研究開発部門を誘致するなどして，最先端技術の成果をすばやく製品化できるまちづくりを進めてはどうでしょう？」

そうだね。「先端技術」を売りにして地域振興を図るのはよい方法だね。A市に企業が進出すると，人材を確保しなければならないから，地域の人を雇うことになるだろうね。雇われた人は働いて企業から給料をもらい，A市で買い物をしたりするので，A市の店も繁盛する。もうかった企業や店などは，A市に多くの税金を納めるから，A市の財政にもプラスになるね。

「企業の進出は，ものすごく地域振興に役立つんですね。」

うん。また，B市は豊かな自然が広がり，農業に向いているとしよう。その自然を，安全な食材のイメージと重ねることができるよね。どのように地域振興を図るかな？

「農業をもっとさかんにすべきでしょう。」

「農産物の価値をさらに高めて，ブランド化を目指したらどうでしょう？」

そうだね。B市は農業で地域振興を図るべきだよね。B市でつくった農産物が売れれば，B市の農家の収入は増えて，B市の店で買い物をしたりするので，Ｂ市の店の売り上げも伸びるだろうね。もうかった農家や店などは，Ｂ市に多くの税金を納めるから，Ｂ市の財政にもプラスになる。

さて，このような地域の実情に合った政治を国が行うのは難しいよね。そこで，地方自治の制度が日本国憲法で設けられているわけなんだ。しかし，これだけではないよ。

日本国憲法は三権分立に加えて，さらに独裁を防ぐしくみをつくっている。それが権力を国と地方で分けるしくみだよ。三権分立が権力を横に分けたものとすれば，国と地方の分立は権力を縦に分けたものだ。つまり，地方の政治は国が直接行うのではなく，その地方に任せることにしたんだ。さて，ここで挙げた制度以外で，独裁を防ぐためにもっとも大切なものは何だと思う？

「主権者である国民一人一人が『独裁を防ぐ。民主主義を守る。』という意識を持ち，行動することだと思います。」

そうだね。だからこそ，地方自治は，①その地域の住民が直接政治に参加すること，②地域の住民に民主政治を学ぶ機会を提供することでも大事なんだ。このことから，地方自治は**「民主主義の学校」**と呼ばれているんだよ。この①と②について見ていこう。

Point　地方自治が必要な理由

- 地方自治が必要な理由…①地方の実情にあった政治をする②権力を国のものと地方のものに分け，独裁を防ぐ

8-2 地方自治のしくみ

地方自治はどのようなしくみなのか？

次の図を見てごらん。これは地方公共団体の政治のしくみだよ。国の政治のしくみと比べてみよう。

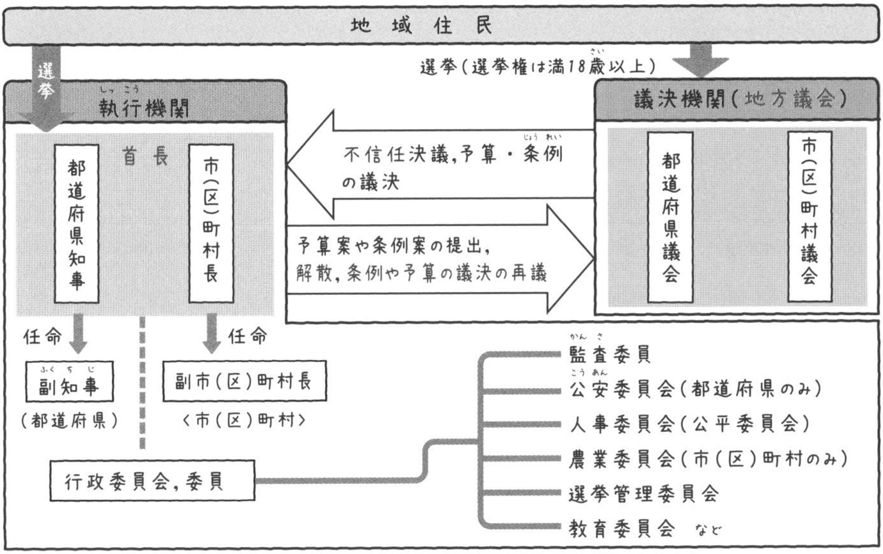

▲地方公共団体のしくみ

「都道府県知事や市（区）町村長は，都道府県議会や市（区）町村議会（地方議会）に予算案などを出します。都道府県知事や市（区）町村長は，国の政治のしくみでいうと内閣総理大臣にあたるんでしょうか。地方議会は国会にあたると思います。」

そうだね。地方公共団体の執行機関の最高責任者を**首長**というよ。都道府県の首長は**知事**，市（区）町村の首長はそれぞれ**市長（区長）**，**町長**，**村**

長だね。首長は予算案を作成し，地方議会に提出して，地方議会はこれを審議し議決する。首長には，地方議会の条例の制定・改廃の議決や予算の議決に異議があるとき，地方議会に対して**再議**を求める権限がある。再議とは，もう一度審議して議決をやり直すことだよ。

「地方議会が首長に**不信任決議**を出すことができ，首長は**地方議会を解散**することができるという関係は，内閣と衆議院の関係に似ていますね。ただ，地方議会は国会と異なり，一院制なんですね。」

いいところに気がついたね。地方自治法では，地方議会の本会議で３分の２以上の議員が出席し，その４分の３以上の賛成で首長の不信任決議が可決されると定められている。不信任決議が可決されたとき，首長は10日以内に地方議会を解散することができる。しかし，解散しない場合は，10日をすぎた時点で自動的にその職を失うんだ。

「衆議院が解散した場合は，総選挙後に特別国会（特別会）が召集されて，内閣は結局総辞職しますよね。」

うん。しかし，地方自治では，首長は地方議会を解散しても直ちに職を失うことはないよ。なぜだと思う？　167ページの図をよく見て，内閣総理大臣と首長との違いを考えてみて。

「都道府県知事や市（区）町村長は，住民から直接選挙で選ばれていますね。これに対して，内閣総理大臣は国会で指名されます。」

「なるほど，わかりました。内閣総理大臣は国会で指名されたのだから，その国会が解散するのなら辞職するのは当然でしょう。内閣総理大臣が辞職した場合，その内閣総理大臣が選んだ国務大臣も辞職します。しかし，首長は住民により直接選ばれたのですから，地方議会が解散しても職を失わないわけです。住民が首長にやめてほしいと意思表示したわけではないですから。」

そのとおり。次の日本国憲法の条文を見てみよう。

> 第93条　②地方公共団体の長，その議会の議員及び法律の定めるその他の吏員は，その地方公共団体の住民が，直接これを選挙する。

首長や地方議会の議員は，その地方公共団体の住民が直接選挙すると定められている。これは先ほど話した**住民自治**の表れだね。市（区）町村長と地方議会議員の被選挙権は**満25歳以上**の者に，また都道府県知事の被選挙権は**満30歳以上**の者に与えられている。選挙権は**満18歳以上**の者に与えられている。

ところで，議院内閣制における国会と内閣の関係とは異なり，地方公共団体の首長と地方議会の議員はそれぞれに独立して住民の選挙によって選ばれているんだ。これは**大統領制**に近いものだね。

「ところで，先生，167ページの図の『条例』って何ですか？」

条例については，次の日本国憲法の規定を見てみよう。

> 第94条　地方公共団体は，その財産を管理し，事務を処理し，及び行政を執行する権能を有し，法律の範囲内で条例を制定することができる。

条例は，その地方公共団体のみに適用される決まりで，地方議会が法律の範囲内で制定することができるんだ。

「あくまでも『法律の範囲内』でということですね。」

そう。地方自治と国政が矛盾しては，「日本国」としての統一が保てないからね。裁判所が地方公共団体によって設置されるのではなく，国によって設置されているのもそれが理由なんだ。

「つまり，裁判は『日本国』として統一を保つことが必要だから，裁判所を国以外は設置できないわけですね。」

　そのとおり。また，国は特定の地方公共団体だけに適用される法律（地方自治の特別法）を制定することができる。この場合，適用される地方公共団体に住む人の意見を反映するために，住民投票を行って，過半数の賛成がなければ制定できないことになっているんだ。

　ところで，さきほど述べたように，地方自治をそれぞれの地域に合ったものにするとともに，民主主義の学校として機能するためには，**住民が直接政治に参加すること**がとても重要だよ。

「国政では，間接民主制が原則でしたよね。」

　そう。国民は選挙によって代表者となる国会議員を選び，国会議員で構成される国会が国民の意思を代行する形で政治を行うのが原則だよね。いっぽう，地方自治では**直接民主制**の要素を取り入れた制度も設けている。住民には，条例の制定や改廃，都道府県知事や市（区）町村長の解職，地方議会の解散などを求める権利である，**直接請求権**が認められているんだ。それは次のようなものだよ。

直接請求		必要な署名数	請求先	請求後の流れ
条例の制定・改廃の請求		有権者の 50 分の 1 以上	首長	首長が地方議会に付議➡地方議会の決議➡結果を公表する
監査請求			監査委員	請求事項を監査➡結果を公表し，報告する
解職請求（リコール）	首長・議員	※有権者の 3 分の 1 以上	選挙管理委員会	住民投票➡過半数の同意があれば職を失う
	その他の役職員		首長	首長が地方議会に付議➡3 分の 2 以上出席➡4 分の 3 以上の同意で職を失う
解散請求			選挙管理委員会	住民投票➡過半数の同意があれば解散

※有権者数が 40 万人を超える場合は，その超える数の 6 分の 1 と，40 万人の 3 分の 1 を足した数以上。

▲住民に認められている直接請求権

「『首長・議員の解職請求』ってどういうことですか？」

首長や地方議会の議員を辞めさせることだよ。

「ひえっ～。住民には強い権限が与えられているんですね。」

うん。そういうことになるね。

「直接請求には，有権者の一定数の署名が必要なんですね。まずは有権者の署名を集めるんですね。議会の解散請求や首長・議員の解職請求といった，人の地位や職業を奪おうとする請求については，有権者の３分の１以上の署名が必要なわけですか…。多くの署名を集めなければならないんですね。」

そのとおり。有権者と首長・地方議会の議員との関係は，解職請求や解散請求ができる点で，有権者と国会議員との関係よりも，有権者の意思をより強く反映しているといえるね。

「首長や地方議会の議員といった，選挙を通じて選ばれた人の解職を求める場合は，全て請求先は**選挙管理委員会**ですね。」

お～。いいところに気がついたね。このように住民には，地方自治がうまくいっているかどうかを監視する強力な力が与えられているんだ。そのほかに，地方公共団体から一定の権限を与えられたオンブズマン（オンブズパーソン）が，地方公共団体などの公的な機関を監視し，これらの機関に対する住民の苦情を処理する制度，すなわち，**オンブズマン（オンブズパーソン）制度**を設けている地方公共団体もある。この制度はスウェーデンで，世界で最初に採用されたものだよ。日本では 1990 年に神奈川県川崎市が初めて導入したんだ。

Point　地方自治のしくみ

- 首長も議会の議員も住民に選ばれる。
- 地方公共団体独自の決まりである**条例**を制定できる。
- 直接民主制が強く，住民に**直接請求権**が認められている。

8-3 地方自治の現実

地方自治の現実とは？

さて，日本国憲法が理想とする地方自治について説明してきたけど，地方自治の現実を見ていこう。次のグラフを見てね。地方公共団体の歳入，つまり１年間の収入を示しているよ。

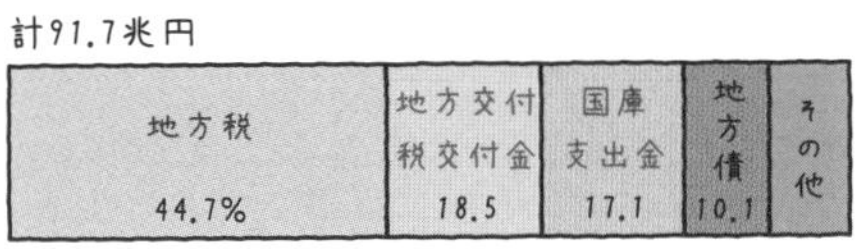

(2020年度)(2020/21年版「日本国勢図会」)

▲地方公共団体の歳入

地方公共団体の収入（財源）は，自主財源と依存財源の２つに分けられる。自主財源は，住民税や固定資産税などの**地方税**で，地方公共団体が自由に使うことができる。地方公共団体の歳入に占める地方税の割合はどのくらいかな？

「約 45%ですね。」

そう。つまり自主財源は 45%程度なんだ。次に，依存財源のうち国からの援助には２種類のお金がある。ひとつは地方財政の格差をできるだけなくすために配分される**地方交付税交付金（地方交付税）**だよ。このお金は地方公共団体が自由に使うことができる。地方公共団体の歳入に占める地方交付税交付金の割合はどのくらいかな？

「約 19%です。」

そう。国からの援助のもうひとつは，**国庫支出金**だよ。これは，国が公

8章

共事業など，使いみちを指定して地方公共団体に交付する支出金なんだ。これはどのくらいの割合を占めているかな？

「約 17%ですね。」

そうだね。次に，グラフの**地方債**は，地方公共団体が足りない財源を補うためにお金を借り入れることだ。地方債はどれくらいの割合になっているだろう？

「約 10%です。自主財源が 45%程度なのに対して，国からの援助は 19%＋ 17%＝ 36%となります。これに借金を加えると 36%＋ 10%＝ 46%で，自主財源を上回りますね。」

そう。現状，ほとんどの地方公共団体は自主財源だけでは，行政を運営していくことはできていない。財源の半分ぐらいは国からの援助と借金で，自主財源は４割程度しかなく,「４割自治」などと呼ばれる理由だよ。そして，国から援助のお金をたくさんもらっているので，国のいうことをきかざるを得ないんだ。

「国からの援助がストップしたら，もはやお手上げになりますね。」

そうなんだ。次に，地方公共団体の１年間の支出，つまり歳出にも注目してみよう。もっとも割合が高いのは何かな？

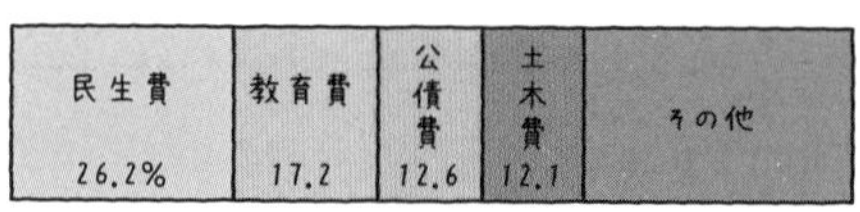

(2018年度)(令和２年版「地方財政白書」)

▲地方公共団体の歳出（目的別）

「**民生費**です。約 26%を占めています。」

民生費とは，老人など社会的に弱い立場の人を助けるための費用だよ。

少子高齢社会を迎えて，今後，ますます増加することが予想される。左ページのグラフ中の**公債費**とは借金の返済のための費用だけど，どれくらいの割合を占めているかな？

「約 13%です。この割合も高いですね。」

うん。これまで見てきた統計は，全ての地方公共団体を合計したものだよ。しかし，大都市圏と地方圏では，歳入と歳出の内訳に大きな違いがあるんだ。大都市圏の代表の神奈川県と，地方圏の代表の島根県の，歳入・歳出のグラフにはどんな違いがあるかな？

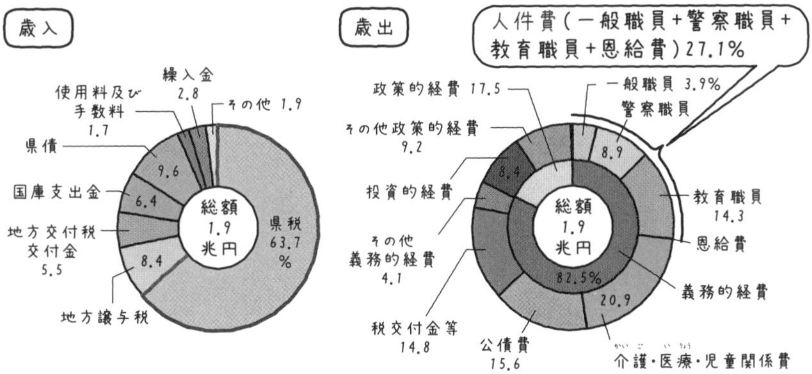

▲神奈川県の歳入と歳出

（2020 年度）（神奈川県資料）

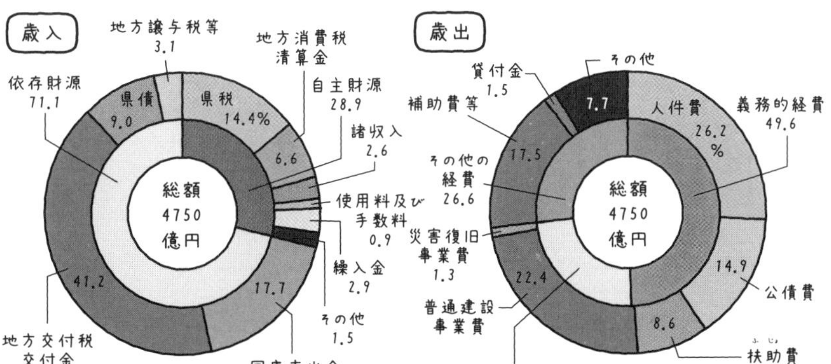

▲島根県の歳入と歳出

（2020 年度）（島根県資料）

「歳出については，人件費（じんけんひ）の割合が大体同じですね。」

うん。そうだね。グラフだと，神奈川県は27.1％，そして島根県は26.2％だからあまり大きな違いは見られないよね。歳入の面はどうだろう？　ケンタさん，何かわかるかな。

「歳入の内容（ないよう）が大きく違います。神奈川県は県税，つまり地方税の収入が63.7％を占めるのに，島根県の県税収入は14.4％を占めるにすぎません。」

そう。地方税収入の割合が神奈川県のほうが島根県よりかなり高いよね。ほかに気づいたことはないかな？

「神奈川県の国庫支出金の割合は6.4％，地方交付税交付金の割合は5.5％で，計11.9％です。いっぽう，島根県の国庫支出金の割合は17.7％，地方交付税交付金の割合は41.2％で，計58.9％。島根県のほうが神奈川県よりも国からの援助の割合がとても高いです。」

つまり，島根県の歳入は，自主財源の中心である地方税の割合が低く，他の都道府県との財政格差をなくすために国から支出される地方交付税交付金の割合が高いことがわかるよね。

さて，次の図は，大都市圏と地方圏の税や行政サービスの動きを示している。大都市圏と地方圏はどんな関係にあるだろうか？

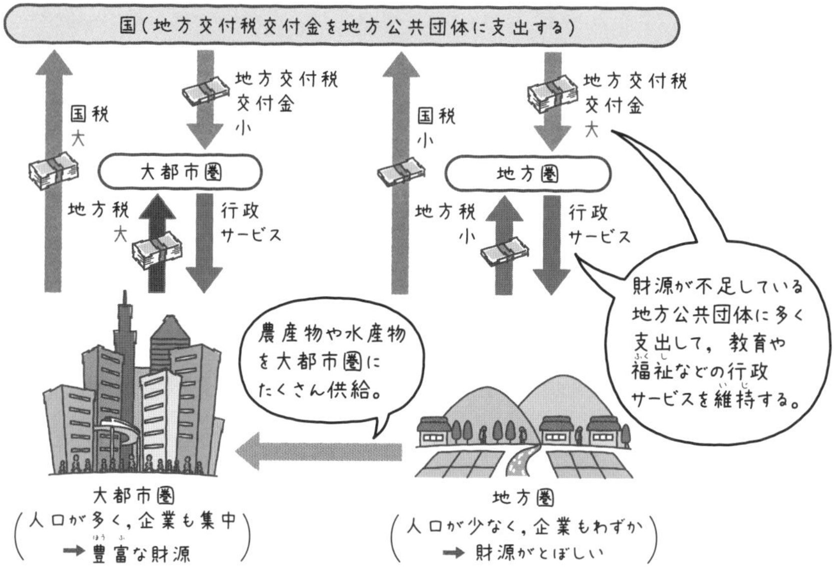

▲国および大都市圏・地方圏の税や行政サービスの動き

「大都市圏は人口が多く，経済的にも豊かだから，たくさんの国税が国に納められます。また，地方税も地方公共団体にたくさん納められているから，住民への行政サービスも地方税でほぼ足りますね。」

「しかし地方圏では人口が少なく，経済的にも豊かではないので，地方税が地方公共団体に十分に納められていません。だから，大都市圏より多くの地方交付税交付金が国から地方圏に支出されて，行政サービスが可能になっているんですね。」

そうだね。大都市圏で国に納められた国税が，国から地方圏に地方交付税交付金として多く支出されているようすがわかるね。結局，大都市圏→国→地方圏とお金が回っているんだ。東京都など，地方交付税交付金をもらっていない地方公共団体もあるよ。

「大都市圏のお金が地方圏に持っていかれているようにも思えますが…。」

8章

図をよく見てごらん。地方圏に支出された地方交付税交付金が，農業や林業，水産業などを支えている。農産物や水産物が大都市圏に供給され，大都市圏の生活を支えているんだ。

Point　地方自治の現実

- 大部分の地方公共団体は，国からの援助である**地方交付税交付金**と**国庫支出金**なしには成り立たない。

これからの地方自治とは？

しかし，大都市圏→国→地方圏というお金の流れがうまくいかなくなってきた。

「先生，なぜですか？」

日本の高度経済成長が終わりを告げたのが1973年，バブル崩壊が1991年。日本経済の右肩上がりの成長は終わり，少子高齢社会の到来が明らかになった。このような社会では，税収はどうなるかな？

「経済成長が止まった上に，少子高齢化により納税する労働者が減るんだから，税収は減りますね。」

そのとおり。税収が減ったため，今までみたいに国が地方公共団体を援助することが難しくなったんだ。

「国庫支出金や地方交付税交付金を減らす必要が生じたわけですね。」

そう。政治権力が国に集中するしくみを**中央集権**というよ。どちらかといえば，今まではこの傾向が強かったわけだね。しかし，今後は，地方公共団体の自主性や自律性を高め，国と地方公共団体が対等の関係で仕事を分担して政治を行う**地方分権**を進める必要が生じたんだ。

「つまり，国としては，『財政が苦しくてもう援助できないから，地方公共団体は自分たちで地方税を集める工夫をしてほしい』ということですか？」

まぁ，そういうことになるね。そこで，政治のしくみを地方分権に変えることを目指して，**地方分権一括法**が 1999 年に成立し，2000 年に施行された。この法律により，多くの仕事を国から地方に移すことになり，地方公共団体がそれぞれの実情に合わせた，特徴ある独自の活動を行えるようになった。また，この法律の影響により，地方公共団体の仕事を効率化して財政を安定させるために，市町村合併が進められたんだ。

「市町村の合併ってどのようなことですか？」

例えば，人口５万人のＡ市と人口 10 万人のＢ市が合併し，新たに人口 15 万人のＣ市となることだよ。

「なるほど。そうすれば，Ａ市とＢ市にそれぞれあった市立病院を１つにまとめて，より大規模な設備の充実した病院にすることができるわけですね。」

そうなんだ。２つの市にあった同じ業務を行う施設をひとつにまとめれば，業務を効率的に行うことができるようになるし，財政の支出を減らすことができるね。

「国からみると，市町村が合併して市町村の数が少なくなると，国庫支出金や地方交付税交付金を出す市町村の数が当然減りますね。」

うん。財政的に弱い市町村を減らして，規模の大きな資金力がある市や町を増やすことで，地方自治を活性化させようとする狙いもある。こうして，市町村合併が進む中，2002 年の地方自治法の改正により，市町村の合併の賛否を問う**住民投票**の実施が可能になった。住民投票を実施した市町村は，その投票の結果に従わなければならないんだ。

「まさに住民自治が強まってきたといえますね。」

うん。さらに，この住民投票の方法は各市町村が独自に決めることができるため，長野県の平谷村では，中学生にも投票権を与えたんだ。これは合併するかしないかで進学できる高校も変わってくるため，中学生の意見も聞こうとするアイデアだった。

「まさしく地方自治が『民主主義の学校』であることの表れですね。」

そうだね。また，地方公共団体は，特定の目的のために，独自で税金を集めて使うことができるようになった。これを法定外目的税といい，主なものに次のようなものがあるよ。

法定外目的税	実施した地方自治体	内容
宿泊税	東京都	1人1泊につき，宿泊料金が1万円以上1万5000円未満の場合は100円の課税。1万5000円以上の場合は200円の課税。
遊漁税	山梨県富士河口湖町	河口湖でつりをするときに，1人200円の課税。
産業廃棄物税	三重県	産業廃棄物を最終処分場などに持ち込むたびに，1tあたり1000円の課税。（年間搬入量1000t未満は免税）
歴史と文化の環境税	福岡県太宰府市	太宰府天満宮周辺の有料駐車場で普通車1台の駐車につき100円，大型車の場合は500円の課税。

▲主な法定外目的税

「地方公共団体が，独自で地方税を増やすための工夫をしているということでしょうか？」

そのとおり。真の意味での地方自治は始まったばかりであるといえるかもしれないね。

Point これからの地方自治

- 中央集権から**地方分権**へ。

CHECK 8

つまずき度 !!!!

➡ 解答は別冊 p.12

次の文の（　）に当てはまる語句を答えなさい。

(1) 地方自治は，住民が直接政治に参加して，政治を学べるということで，「（　　　）の（　　）」と呼ばれている。

(2) 地方公共団体は，（　　）の範囲内で，地方議会によって制定され，地方公共団体だけに適用される決まりである（　　）を制定できる。

(3) 住民には条例の制定や改廃，都道府県知事や市（区）町村長の解職及び地方議会の解散などを求める権利である（　　　）が認められている。

(4) 直接請求権のひとつとして，住民には議会の解散を求める権利が与えられている。これは有権者の3分の1以上の署名を集め，（　　　　）に請求する。

(5) （　　　）は国が使いみちを限定して地方公共団体に交付する支出金である。

9章

経済の三主体

この章ではお金の流れ，つまり経済の観点から日本はどうなっているのかを考えてみようか。突然だけど，経済の話をするとき，主な登場人物は誰がいるかわかる？

「うーん，経済…なんかお金の話っぽいから…，そのお金を使う僕たちとかですかね？」

そう，その通り！ 他にはわかるかな。

「うーん，税金とかがあるから政府とか？ あとはわかりません。」

うん，それも正解！ あとはね，企業さ。

政府（国），企業（生産の担い手），家計（労働，消費の担い手）が経済の話をするときの主役になるんだ。これから，いっしょに経済の概要を勉強していこう！

9-1 経済の三主体

経済の三主体とは何か？

さて，ここからは「経済」について，学習していこう。

「先生。ズバリ経済って何ですか？」

「金は天下の回り物」ということばを知っているかな？ 少し意味は違うけど，経済とは，「お金が世の中を回っていて，それにかかわる人々の行動」といえるかもしれないね。

身近なところから考えてみよう。ケンタさんは，今朝起きて，最初に何をしたかな？

「はい。布団をたたみました。」

なるほど。布団をたたんだ後はどうしたかな？

「はい。顔を洗って朝食を食べました。それから歯を磨いて，着替えてから中学校に行きました。」

中学校は公立の学校？

「そうですよ。」

実はケンタさんの朝の行動の中に，経済の学習につながる要素がたくさんあるんだ。

「布団をたたみ，顔を洗って朝食を食べ，歯を磨いた」ことについて考えてみよう。まずケンタさんの布団はどうやって手に入れたのかな？

「詳しくはわからないけど，きっと父か母が布団屋さんで買ったのだと思います。」

そうだね。では，布団屋さんはどこでその布団を手に入れたのだろうか？おそらくは問屋などの卸売業者か，生産者（メーカー）から買ったんだろうね。図にすると，下のようになる。ほかにも，私たち消費者が生産者から直接買う場合もあるよ。インターネットを利用するオンラインショッピングなどがそうだね。

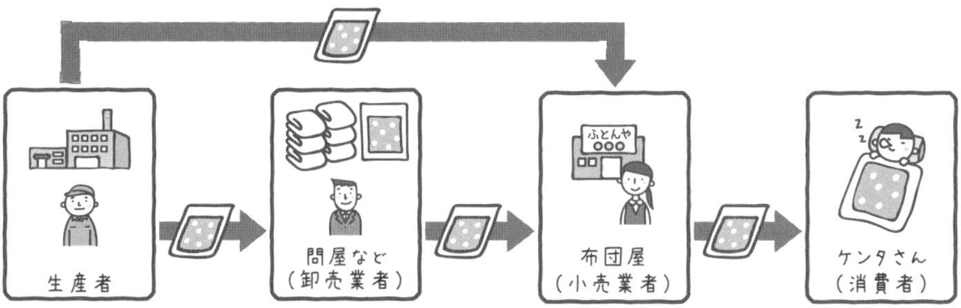

▲**布団がケンタさんのもとに届くまでの流れ（一例）**

布団だけでなく，朝，ケンタさんが使った歯ブラシや歯磨き粉，朝食に出た食べ物なども多くは上のような流れでケンタさんのもとに届いている。このように，商品が生産者から卸売業者，小売業者を経て，消費者に届くまでの流れを**流通**というよ。この流通にかかわる仕事を**商業**という。

ケンタさんは上の図で，消費者にあたるね。布団屋さんは小売業者にあたるよ。

「僕のところへ布団が届くまでに，生産者，卸売業者，小売業者と多くの人がかかわっているんですね。」

そうなんだ。さて，ケンタさんの布団を買ったご両親は布団屋さん（小売業者）に，小売業者は卸売業者に，卸売業者は生産者に対して，布団を手に入れるとき，何かを渡さなくてはいけないよね？

「お金を渡しますよね。」

うん。例えば，ケンタさんのご両親は布団屋さん（小売業者）に 3000 円を支払ったとしよう。布団屋さんは卸売業者から同じ布団を 1 枚 2500 円で，卸売業者は生産者から 1800 円で買ったとする。また，生産者は布団を 1 枚つくるのに 1200 円の費用が必要だとしよう。ここで出てきた 3000 円や 2500 円，1800 円を**価格**というんだ。価格については 11 章で詳しく学習するよ。

さて，布団屋さん（小売業者）はケンタさんのご両親に 3000 円で布団を売った。その布団は卸売業者から 2500 円で買ったものだよね。このとき，布団屋さんはいくらもうけたことになるかな？

「はい。1 枚 2500 円で仕入れた布団を 3000 円で売ったわけだから，3000(円) − 2500(円)で，500 円もうけたわけですね。」

正解。この 500 円のもうけを**利潤**，または**利益**というんだ。同じように卸売業者と生産者，それぞれの利潤を計算してみよう。

「卸売業者は 1 枚 1800 円で仕入れた布団を 2500 円で売ったわけだから，2500(円) − 1800(円)を計算して，利潤は 700 円ですね。」

「生産者は布団を 1 枚つくるのに 1200 円かかっていますよね。その布団を 1 枚 1800 円で卸売業者に売ったわけだから，1800(円) − 1200(円)を計算して，利潤は 600 円です。」

そのとおり。小売業者や卸売業者，生産者はできるだけ利潤をあげようと頑張っているわけだね。小売業者や卸売業者，生産者には布団屋さんや問屋のほかにも，スーパーマーケットやコンビニエンスストア，お父さんやお母さんが勤めている会社（企業）などがあり，どれも利潤をあげるために**財（もの）**や**サービス**をつくったり，売ったりしている。

「先生。財とは，先ほど出た布団などですよね。では，サービスっていったい何でしょう？」

「財」とは形のある商品，「サービス」とは形のない商品ともいえるね。形のない商品というと，ちょっとイメージしづらいかもしれないね。例えば，教育や医療などを「サービス」の例としてあげることができるよ。

「なるほど。身近なものだと，美容室で髪の毛を切ってもらうことが『サービス』の例になるんですかね。」

うん。そういうことだね。また，私たちが毎日の生活を送る中で必要な財（もの）やサービスをつくり出すことを広い意味で**生産**というんだ。この生産の担い手となっているのが，主に**企業**だよ。

「185ページの図の中では，生産者，卸売業者，小売業者が企業にあたるわけですね。」

うん。企業については10章で詳しく学習しよう。さて，企業は生産したものやサービスを販売して利潤をあげるけど，利潤はその後どのように使われると思う？

「企業は，さらなる生産に必要な原材料や設備，商品を運ぶために必要な自動車などの機械を買うのにお金を使うと思います。」

そのとおり。こうして生産の規模を大きくしていくことを**拡大再生産**という。つまり，利潤は企業が次の商売をするためのもとになっているわけだね。また，このとき企業は消費者と同じように生産者などからものを買う立場になっている。

さて，ほかにも企業はお金を使っているんじゃないかな？

「従業員に給料を払いますよね。僕のお父さんやお母さんも企業に勤めていて，働いた分だけ給料をもらっています。」

ケンタさんの家では，お父さんやお母さんがもらった給料などで，食べ物や服など生活に必要なものをまた別の企業から買って暮らしているんじゃないかな。給料をもらったり，商品を買ったりすることなどの家庭の収入と支出の経済活動を**家計**というよ。家計については，11 章で詳しく学習しよう。ところで，先ほど，ケンタさんはとても大事なことを言ってくれたよ。

「えっ。そんなたいしたこと言いましたっけ（笑）。」

「企業に勤めていて，働いた分だけ給料をもらっています。」と言ってくれたね。家計は企業に**労働力**を提供して，その分企業から給料（賃金）をもらっている。企業と労働者の関係についても 11 章で詳しく学習するよ。

さて，利潤の使いみちはまだあるよ。企業が政府などに納めなくてはいけないものといえば何かな？

「わかりました。**税金**です。」

「家計も政府や地方公共団体に税金を納めなくてはいけませんよね。」

そうだね。お金や財産が移動するときに，税金がかかることが多いことを覚えておこう。

さて，さっき「公立の中学校に行った。」とケンタさんはいったけど，政府や地方公共団体が私たちに提供している警察や消防，防衛，教育などの公共性の高いサービスを**公共サービス**というよ。例えば，事故が起こったら警察官が現場にかけつけるし，火事が起こったら消防隊が出動する。

さて，突然だけど，ケンタさんの朝の行動に話を戻そう。ケンタさんが通っている公立の中学校での教育は，政府や地方公共団体が提供する公共サービスのひとつだよ。例えば，中学校には机やイス，黒板などの備品があり，当然買うのにお金がかかるよね。また，電気代や水道代，校舎の維持管理費，教職員の給料，教科書代なども必要で，多くのお金がかかる。なんと，１年間で生徒１人あたりにかかるこれらの費用の合計は 100 万円にもなるそうだよ。

「本当ですか!? 高いお金がかかるんですね。もっとまじめに勉強しなくちゃ。」

そうだよ（笑）。これらの費用は全て**税金**でまかなわれている。もし，公立の中学校がなくなって，私立の中学校だけになってしまったら，中学校に進学するのが難しい人が増えるかもしれない。そうなるとどうなってしまうかな？

「十分な教育を受けられない人が増えてしまいますから，結果的に日本全体の力も落ちてしまうでしょうね。」

うん，そうなると大変だよね…。政府や地方公共団体は公共サービスのほかに，**社会資本**の整備にも税金を使っている。社会資本は，道路や港湾，橋や公園，病院や図書館など多くの人がいっしょに利用する施設のことだよ。これらの施設の整備などを，民間企業に任せるとなかなか利益をあげることが難しいため，どうしてもサービスが十分に行き届かなくなってしまうからね。また，公共サービスとして重要なものに，社会保険や公的扶助，社会福祉などの社会保障制度の整備があることを覚えておいてね。

「警察や消防が機能しないと大変なことになりますよね。考えただけでも恐ろしいです。」

うん，そのとおりだね。

さて，ここで出てきた**家計**，**企業**，**政府**を合わせて**経済の三主体**というんだ。家計，企業，政府はお金を仲立ちとして，財やサービスをやりとりしている。その流れを次の図にまとめてみたよ。この流れを**経済の循環**（じゅんかん）というんだ。

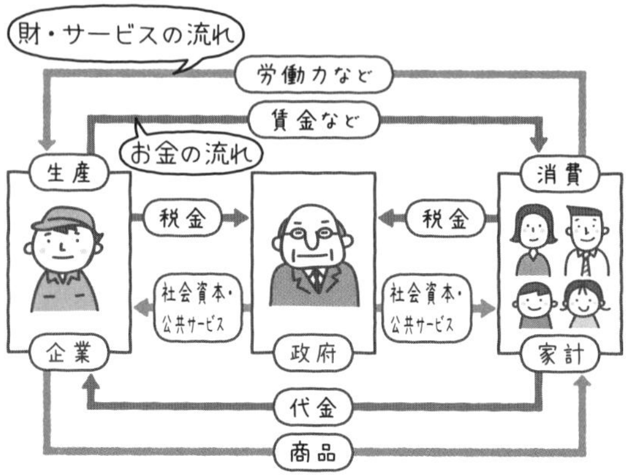

▲経済の流れ（循環）

では，ケンタさんのご両親が布団屋さん（小売業者）に払ったお金はどのように社会を回っていくのだろうか。下の図を見てみよう。①～⑥はそれぞれ何のために使われるお金だろうか？

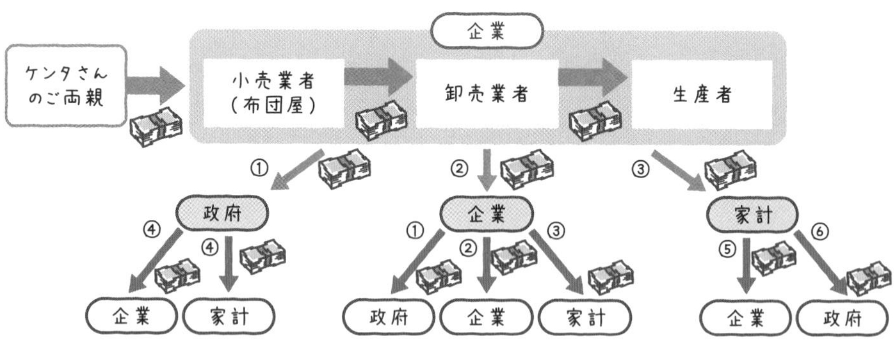

▲ケンタさんのご両親が払ったお金のその後

「一番上の段（だん）は最初に学習しましたよね。僕のお父さんとお母さんが支払ったお金は小売業者に渡り，小売業者はそのお金を新たな商品

の仕入れに回すから，お金は卸売業者に渡ります。卸売業者も新たな商品を仕入れようとして，お金は生産者に渡ります。小売業者と卸売業者，生産者はどれも企業でしたよね。つまり，家計から企業にお金が渡ったわけですね。」

「①は各企業が利潤から政府に支払う税金ですね。②は各企業が原材料や設備を買うためにほかの企業に払うお金だと思います。③は各企業が従業員に支払っている給料ですね。」

「④は政府が企業や家計に対して，社会資本の整備や公共サービスの提供でお金を使っているわけです。⑤は家計が収入から，生活に必要なものを買うために企業に払うお金，⑥は家計が政府に納める税金を表していると思います。」

「あとは同じようにしてお金が家計，企業，政府の間をめぐっていくわけですね。」

「布団代に限らず，財やサービスを買うときに払ったお金は，190ページの図にあるように，多くの家計や企業，政府の間をかけめぐるわけですね。『金は天下の回り物』とはよくいったものです。」

そうだね。190ページの図において，家計，企業，政府の間をたくさんのお金が循環している状態を**好景気（好況）**，あまりお金が循環していない状態，家計，企業，政府があまりお金を持っていない状態を**不景気（不況）**というんだ。好景気，不景気については12章で詳しく学習するよ。

Point　経済の三主体

- **流通**…商品が生産者から卸売業者，小売業者を経て，消費者に届くまでの流れ。
- **生産**…毎日の生活の中で必要な財(もの)やサービスをつくり出すこと。⇒主な担い手は**企業**。
- **家計**…給料をもらったり，商品を買ったりなどの家庭の収入と支出の経済活動。家計は企業に**労働力**を提供して，給料をもらう。
- **経済の三主体**…**家計**，**企業**，**政府**。お金を仲立ちとして，財やサービスをやりとりする(**経済の循環**)。

☑CHECK 9

つまずき度 ！！！！！

➡ 解答は別冊 p.12

次の文の(　　)に当てはまる語句を答えなさい。

(1) 商品が生産者から卸売業者，小売業者をへて，消費者に届くまでの流れを(　　)という。

(2) 毎日の生活を送る中で必要な財(もの)やサービスをつくり出すことを広い意味で(　　)という。この担い手となっているのが，主に(　　)である。

(3) 家計は企業に(　　)を提供して，その分企業から給料(賃金)をもらう。

(4) 政府や地方公共団体は公共サービスのほかに，道路や港湾，橋や公園，病院や図書館などの(　　)の整備に税金を使う。

(5) 家計，企業，政府を合わせて(　　)という。

10章

企業

二人はどんな企業を知っているかな？

「トヨタ，日産，あとはホンダとかですかね。」

おお，全部クルマの会社だね。これらの企業は多くの人が欲しがるような，素晴らしい自動車を作るために努力している。なぜだと思う？

「たくさん売ってもうけるためです。」

そうだよね。もうけがなければ従業員に給料も払えないもんね。

「企業がもうけることは，家計にも大きな影響があるのね。」

そう。企業の存在は，私たちの生活にすごく影響を与えているんだ。この章では企業のことを詳しく学習していこう。

10-1 企業

企業とはどんなものか？

さて，「9-1 経済の三主体」でも話したとおり，企業は財やサービスを生産し，生産した財やサービスを**商品**として販売している。ここでいう財とは形のある商品，サービスとは形のない商品だったね。

「例えば，自動車や布団などが財，美容室で髪を切ってもらったり，塾で授業を受けたりするのはサービスの例ですね。」

そういうこと。そして企業のもうけを**利潤（利益）**といったね。私企業はできるだけ多くの利潤を得ようと生産活動を行っている。では，なぜ私企業はそこまで利潤を求めるのだろうか？

「多くの利潤をあげることができれば，新たにすばらしい商品を開発するためにお金をかけられますよね。新しくつくった商品が売れればさらにもうかります。」

「それだけではありません。従業員の給料を増やすことができて，従業員のやる気が高まるでしょう。それにほかの企業よりも優秀な従業員を雇うことができると思います。結果，さらに強い企業になれますよね。」

「多くの利潤をあげることができれば，いいことづくしですね。」

うん。多くの利潤をあげることができれば，当然ほかの企業との競争で抜きん出ることができるし，さらによい企業に進化できるわけだね。多くの国でとられている資本主義では，このように競争の中でたくさんの進歩が生まれることを理想としているんだ。

さて，企業は利潤の中から，法人税などの税金を国などに納めている。企業が多くの利潤をあげればあげるほど，納めるべき法人税の額は大きくなるね。

「つまり，企業の利潤が増えれば，政府の税収も増えるわけですね。そうなれば公共財や公共サービスのさらなる提供につながります。」

そういうこと。また企業の中には**公企業**と呼ばれるものもあるよ。公企業は，政府や地方公共団体が運営する企業で，利潤を求めるわけではなく，公共の利益を目的としているんだ。

「へぇ～。政府や地方公共団体が運営する企業があるんですね。」

うん。例えば，**市営バス**や**水道局**などがそうだよ。公企業はたとえもうからなくても，住民の生活の向上を目指し，必要な仕事を行っているんだ。

「ということは，公企業は赤字になっても仕方がない場合もあるというわけですか？」

そうだね。例えば，市営バスの路線の中で，住民が少ないため利用者が増えず，赤字となってしまう路線があるとしよう。しかし，地域の住民の移動手段としてバスが絶対に欠かせない場合，市営バスがその路線を廃止することはなかなかできないよね。

「では，赤字が続いた場合は，税金でその赤字を補うことになるんでしょうか？」

そのとおり。税金によって赤字が補われるということは，住民みんなの負担によってその路線が継続しているわけだね。

Point　企業とは？

- **企業**…財やサービスを生産し，生産した財やサービスを商品として販売する。⇒大きく**公企業**と**私企業**に分けられる。
- **公企業**…政府や地方公共団体が運営する。利潤を求めるわけではなく，**公共の利益**を目的とする。市営バスや水道局など。
- **私企業**…民間が経営する。**利潤**を多くあげることを最大の目的として生産活動を行う。

10-2 大企業と中小企業

大企業と中小企業の特徴とは？

さて，企業は資本金や従業者数によって，**大企業**と**中小企業**に分けることもできる。次のグラフは，大企業と中小企業を企業数と従業者数で比べたものだよ。どんなことがわかるかな？

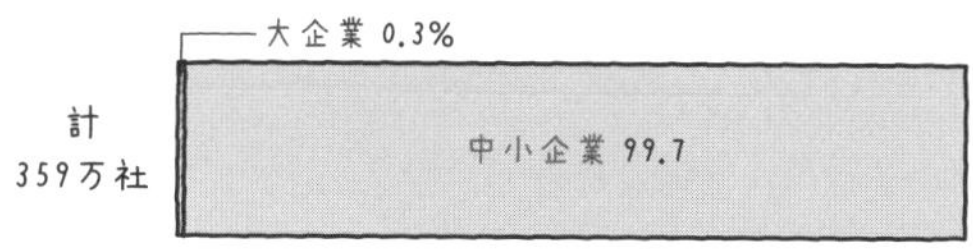

(2016年)(『2021年版中小企業白書』)

▲大企業と中小企業の比較（企業数）

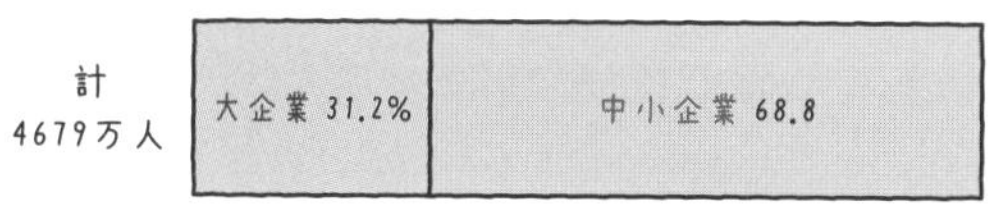

(2016年)(『2021年版中小企業白書』)

▲大企業と中小企業の比較（従業者数）

「中小企業は大企業と比べて，企業数も従業者数も多いですね。」

「そういえば以前，日本の企業のほとんどが中小企業っていう話を聞いたことがある気がします。」

そうだね。ケンタさんが最初に挙げてくれたトヨタや日産，ホンダなどの大企業はほんの一握りであることがわかるよね。次のページにあるグラフを一度みてほしい。

10章

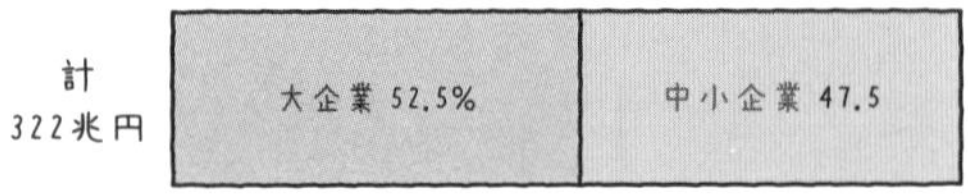

（2017年）（2020/21年版「日本国勢図会」）

▲大企業と中小企業の比較（製造品出荷額）

「製造品出荷額では，差は小さいものの大企業のほうが多いんですね。中小企業は従業者数でも68.8%を占めているのに…。」

「中小企業の生産性は大企業より低いということですね。大企業は設備が充実していますし。中小企業は利潤も多くないですから，従業員の賃金や休日などの労働条件も大企業より恵まれないことが多いのが現実なのかもしれません。」

そのとおり。しかし，中小企業の中には独自の発想や技術をいかして生まれた**ベンチャー企業**が多くあり，新たな産業や雇用を生み出し，日本の経済を活性化させてくれるのではないかと期待が集まっているんだ。ベンチャー企業は，情報通信技術（ICT）やバイオテクノロジーなどの分野を中心に活躍しているよ。

「確かに最初から大企業だったら，苦労なんてないですしね。利潤を増やして，会社を大きくすることで大企業に成長したわけですから。」

うん。実際にベンチャー企業として始まり，事業をどんどん発展させて，短期間で大企業に成長した企業もあるよ。また，独自の高い技術で世界的なシェアを誇る製品をつくっている中小企業や，地場産業として地域と深く結びつき，地域に貢献している中小企業も日本にはたくさんあるんだ。中小企業は大企業の下請けで部品などをつくっているところが多いけど，ほかの企業がまねできない高い技術を持ち大企業と対等な立場で仕事をしている中小企業もある。

Point 大企業と中小企業

- 企業数と従業者数では，**大企業より中小企業の割合が高い。**
  製造品出荷額では，**中小企業より大企業の割合がやや高い。**
  ⇒一般的に中小企業は大企業より生産性が低い。
- 独自の発想や技術をいかして生まれた**ベンチャー企業**も多い。

10-3 株式会社

株式会社はどんなしくみなのか？

日本の大企業の多くは株式会社だ。ここでは株式会社のしくみを説明していこう。会社をつくって，商売をするためにはまず何が必要だと思う？

「先生。それはお金だと思います。従業員を雇うのにも，仕事をするための事務所や商品を運ぶ自動車などを準備するのにもお金がないと始まらないと思います。」

そのとおり。商売を始めるのに必要なものをそろえるためのお金，すなわち**資金**が必要だね。資金がたくさんあればあるほど，大きな商売を始めることができるし，その分もうけも大きくなるかもしれない。

「なるほど。少ない資金をもとに店を1つつくるより，豊富な資金をもとに店を10店舗つくったほうが，たくさんの商品を売ることができて，売上も増えますよね。ただ，店が多いほど従業員の給料や店の家賃などの費用が増えてしまいますが…。」

そういうこと。ただ，大きな資金を用意するのはなかなか難しいよね。そこで，考え出されたしくみが株式会社なんだ。株式会社は，小さな額面を単位とする**株式**を発行して，多くの出資者を集め，会社の運営に必要な資金を集める。証券会社などを通じてその会社の株式を買って，出資した人を**株主**というよ。会社は集めた資金をもとに商売ができるわけだ。

「株式を発行してそれを株主に買ってもらえれば，会社に資金が入ることはよくわかりました。しかし，株主は株式を買うことで，何か

いいことがあるんですか？」

ケンタさん，いい指摘だね。株主にも何かいいことがなければ，誰も株式を買って株主になろうとはしないよね。株式会社においては，会社が利潤をあげたとき，その一部を各株主が持つ株式の数に応じて分配する。株主に分配される利潤を**配当（配当金）**というよ。業績が好調な株式会社では，当然株主への配当が多くなるわけだね。

「多くの利潤をあげている株式会社の株式は，持っていればたくさん配当がもらえるので人気がありそうですね。」

うん。株式の値段（株価）は，**証券取引所**での取引の結果で決まる。証券取引所は株式などを売り買いする場所だよ。当然，買い注文の多い株式の値段は高くなるし，売り注文の多い株式の値段は安くなる。

例えば，Ｘ株式会社が１回充電すれば１週間は使用できるスマートフォンを開発したとしよう。このスマートフォンは売れると思う？ それともあまり売れないと思う？

「大ヒット間違いなしでしょうね。」

となると，Ｘ株式会社は今後多くの利潤を得るだろうし，結果企業の価値が上がり，配当が増えることが予想されるから，Ｘ株式会社の株式はたくさん売れるだろうね。当然株価も上がる。

さて，株式を持つ株主は**株主総会**に出席できるんだ。株主総会は，会社の基本的な経営方針や配当を決めたり，取締役を任命，あるいは解任したりする最高の議決機関だよ。

「やはり議決は多数決制で行われるんでしょうか？ その際，株主は１人１票を持つわけですか？」

原則多数決制で議決されるけど，１人１票ではないよ。株主は，株式の保有数に応じて，議決権を持っているんだ。例えば，株式を１株持つ株主が１票の議決権を持つとき，株式を２株持つ株主は２票の議決権を持つことができる。株式を１株持つ株主が 10 人集まって，株式を 10 株持つ１人の株主と同じ議決権というわけだね。

「株式をたくさん持っていれば持っているほど，つまりその株式会社への出資額が大きければ大きいほど，株主総会で強い力を持つことができるわけですね。」

そう。その株式会社の全株式の過半数を持てば，株主総会で自分の意見を通せるわけだから，その会社を支配できる。最近では，このような株式の取引を通じた **M & A** がさかんに行われているんだ。M & A とは，２つ以上の企業が合併して１つの企業になったり，ある会社が別の会社を買収したりすることだよ。

「先生。株主には不安もあると思います。もし，株式会社がたくさんの借金を抱えたまま倒産した場合などは，株主も責任を負う必要があるんじゃないですか？」

いいや。株主が株式会社の借金を背負う必要はないんだ。ただし，株主が株式会社に出資した金額は失うことになるね。しかし，ほかの責任を負うことはない。まぁ，出資額が戻ってこないのも十分ショックだとは思うけど…。

ここまで見てきたように，企業の中でも株式を発行して，たくさんの人からできるだけ多くの資金を集めて，それをもとに利潤をあげようと生産活動を行っているのが株式会社だよ。

「ところで，株主総会で選出される取締役ってどんな人ですか？」

株主総会で選出された取締役は集まって意見を出し合い，会社の全ての事業について経営方針を決める。この機関を**取締役会**というよ。取締役会で立案された経営方針は株主総会の承認を得たうえで，実行される。

株主，株式会社，株主総会，取締役会の関係を図にすると，下のようになるよ。

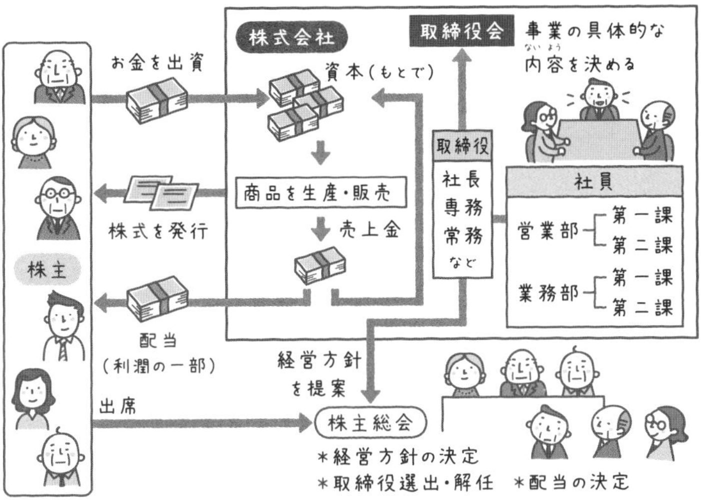

▲株主，株式会社，株主総会，取締役会の関係

「国との比較でいえば，**株主総会が国会**で，**取締役会が内閣**に似ています。」

「確かに。取締役会は会社の基本的な経営方針を立案し，株主総会で提案します。内閣も予算案や法律案を作成して，国会へ提出しますよね。どちらも承認されれば，取締役会や内閣がそれを実行します。」

「株主総会でも国会でもさまざまな議論がされたうえで，採決を行い，可決したり否決したりしますよね。」

そのとおり。ここまで解説したことはあくまでも原則としてであって，例外もあることを頭に入れておいてね。二人も将来は株式会社をつくって，社長になることも夢ではないよ。

Point 株式会社のしくみ

- **株式会社**…小さな額面を単位とする**株式**を発行して，多くの出資者を集め，会社の運営に必要な資金を集める。
- **株主**…証券会社などを通じて株式を買い，出資した人。会社が利潤をあげたとき，その一部を**配当（配当金）**として受け取る。
- **株主総会**…株主や取締役が参加。会社の基本的な経営方針や配当を決めたり，取締役を任命・解任したりする最高の議決機関。
- **取締役会**…会社の基本的な経営方針を立案し，株主総会へ提案する。株主総会で承認された経営方針を具体的に実行する。

CHECK 10

つまずき度 ！！！

➡ 解答は別冊 p.12

次の文の（　）に当てはまる語句を答えなさい。

(1) 企業はできるだけ多くの（　　）（（　　））を得ようと生産活動を行っている。

(2) 企業は大きく2つに分けられ，民間が経営する（　）企業と，政府や地方公共団体が経営する（　）企業がある。

(3) 中小企業の中には独自の発想や技術をいかして生まれた（　　　　）企業が多くあり，新たな産業や雇用を生み出し，日本の経済を活性化させてくれるのではないかと期待が集まっている。

(4) 株式会社は，小さな額面を単位とする（　　）を発行して，多くの出資者を集め，会社の運営に必要な資金を集める。証券会社などを通じてそれを買い，出資した人を（　　）という。

(5) 株主や取締役が参加し，会社の基本的な経営方針や配当を決定したり，取締役を任命，解任したりする最高の議決機関を（　　　　）という。

11章

家計

ここでは家計に関する様々なことを学習しよう。まず家計は企業に労働力を提供しているのだから，労働についてのきまりや考え方を学ぼう。

「先生，家計は消費者でもあります。」

そうだね。だから，消費者として知っておいてほしいきまりや考え方もここで学習しよう。

11-1 家計の収入

労働においてのルールとは？～家計の収入～①

ここでは，私たちが収入を得て，それを支出する行動にかかわるさまざまな社会や経済のしくみを見ていこう。

ケンタさんとサクラさん，そして私も**家計**に属している。では，家計はどうやって収入を得ているかな？

「多くの人は企業などで働いて，給料をもらっていると思います。この給料を**給与収入**（**給与所得**）といいます。中には自分で農家や商店，工場を経営して，収入を得ている人もいます。これを**事業収入**（**事業所得**）といいます。さらに，株式の配当，銀行預金の利子，家賃などによる収入を**財産収入**（**財産所得**）といいます。」

そのとおり。企業については，「10-1 企業」で学習したね。ここでは，収入を得るために企業で働くことについて，詳しく解説するよ。家計は企業に労働力を提供し，その分給料をもらっている。ところで，私企業は何を目的としていたかな？

「はい。利潤（利益）を得ることでした。」

正解。

「給料は高いほうがいいと思います。なぜなら，給料が高ければ優秀な従業員が集まるでしょう。きっと事業も成功します。」

あくまで目先のことを考えるならば，企業にとって，従業員は安い給料でたくさん働いてくれたほうがいいわけだね。言い方は悪いけど…。では，企業と従業員とではどちらのほうが強い立場だと思う？

「それはやっぱり企業のほうが強い立場でしょう。従業員にとっては，企業に『あなたはクビです。』といわれてしまうと，給料をもらえなくなり，生活に困りますよね。」

そう。どうしても弱い立場の従業員は企業の経営者の言いなりになりがちなんだ。極端な言い方になるけど，従業員は企業の奴隷のようになってしまうかもしれない。そこで，企業と従業員との立場を調整するのが政府の役割なんだ。

「まるで政府が正義のヒーローみたいです。」

また，「7-1 統治のしくみ④　裁判所」で少しふれたように，日本の最高法規である日本国憲法に反する法律や命令などは全て無効になるんだったよね。ここもおさえておこうね。

> **第27条　②賃金，就業時間，休息その他の勤労条件に関する基準は，法律でこれを定める。**
> **第28条　勤労者の団結する権利及び団体交渉その他の団体行動をする権利は，これを保障する。**

第27条第②項より，国は「賃金，就業時間，休息その他の勤労条件に関する基準」を法律で定めなくてはいけない。これにもとづき，国が制定した法律を覚えているかな？

「はい。**労働基準法**です。」

そう。労働者が人間らしい生活をしながら働くことができるように，労働時間や休日・休暇，賃金などの労働条件の最低基準を定めている。原則，1日の労働時間は8時間以内とされており，1週間の労働時間が40時間以内ということも覚えておこう。

また企業は，最低でも週に1日は労働者に休日を与えなくてはいけない。ほかにも時間外労働や休日出勤について，労働基準法に決まりがあるよ。

「もし，企業が労働基準法に違反して，従業員を1日8時間以上働かせたり，休日を与えなかったりしたら，どうすればよいのですか？」

従業員は企業を相手どって裁判をおこすことができるんだ。また，国が設けた**労働基準監督署**に申告すれば，企業に対して行政指導を行ってくれる。労働基準監督署は全国に321か所あるよ。

次に，第28条では，**団結権**，**団体交渉権**，**団体行動権**の3つの権利が労働者に保障されている。これを**労働基本権**（**労働三権**）というよ。それぞれどんな権利だったかな？

「団結権は，労働者が自主的に労働組合をつくったり，労働組合に加入したりできる権利です。団体交渉権は，労働者が加入する労働組合などの団体が，使用者または使用者の団体と労働条件の維持・改善のために，団結して交渉できる権利です。団体行動権は争議権ともいい，労働者が使用者に争議行為を行うことができる権利です。」

完璧だね。争議行為には，ストライキ（同盟罷業）やサボタージュ（怠業）などの方法があったね。そして，労働者の地位を向上させること，労働者と使用者とが対等な立場で交渉できるように手助けすることを目的に定められたのが**労働組合法**だった。

「争議行為などを防ぐことや解決を促進することを目的に定められたのが**労働関係調整法**ですね。」

そう。しかし，こうした法律を整備しているにもかかわらず，現在もさまざまな問題が起こっているんだ。例えば，労働基準法を守らず，従業員にサービス残業（残業代が出ない時間外労働）や長時間の労働を強要する企業の問題がある。いわゆる**ブラック企業**だね。

「ニュースでたまに『過労死』が取り上げられているのを見ますが，関係がありますか？」

大いに関係あるよ。過労死とは，長時間の厳しい労働などが原因で亡くなってしまうことだ。厳しすぎる労働などで病気にかかり亡くなる人もいれば，精神的に追い込まれて自殺してしまう人もいる。

「過労死の問題についても，国の介入が必要なんじゃないですか？」

そのとおり。国も2014年に過労死等防止対策推進法を制定して，過労死対策にさらに力を入れるようになったんだ。また，労働者一人当たりの労働時間を短くして，多くの人で仕事を手分けする**ワークシェアリング**の考え方を取り入れる企業もあるよ。

Point　労働においてのルール～家計の収入～①

- **労働基準法**…労働時間や休日・休暇，賃金などの労働条件の最低基準を定める。⇒労働時間は**1日8時間以内，1週間40時間以内**など。
- ほかにも労働者の権利を保障するために**労働組合法**や**労働関係調整法**などが定められている。
- **労働基本権**…**団結権，団体交渉権，団体行動権**。
- サービス残業などを強要するブラック企業などの問題。

正規労働者と非正規労働者の違いとは？〜家計の収入〜②

ほかにも労働にかかわる問題はたくさんあるよ。例えば，**非正規労働者**の増加があげられるね。

「先生。非正規労働者ってどんな人たちですか？ **正規労働者**と呼ばれる人たちもいるんでしょうか。」

うん。まず，正規労働者について説明しよう。正規労働者とは，期間に定めがない雇用契約で，フルタイムで働いている従業員を指すんだ。正社員ともいうよ。日本ではこれまで，ひとつの企業に就職して，その企業で定年まで働くことが一般的だった。これを**終身雇用**というよ。特にそうしなくてはいけないという法律があったわけではないけど…。

「なるほど。そうなんですね。」

いっぽう，非正規労働者は，一般的に期間を定めて，短期契約で雇用される従業員を指すんだ。契約社員やパートタイマー（パートタイム），アルバイトや派遣労働者などがこれにあたり，正規労働者よりも就業時間は短いことが多いよ。企業からすれば，正規労働者を雇用するのと，非正規労働者を雇用するのとではどんな違いがあるだろうか？

「非正規労働者は正規労働者より就業時間が短く，給料も安いだろうから，企業は非正規労働者を雇用すると人件費を抑えられますね。」

「非正規労働者は期間が終われば，その後雇う義務はないわけですよね。」

そのとおり。もちろん企業にとっては，非正規労働者の契約期間が終わったあともその労働者が必要だと考えれば，新たに契約をして続けて雇うこともできる。

「つまり，企業にとってみれば，経営が好調のときは非正規労働者をたくさん雇って，経営が不調のときは，契約期間が終わるのを待って非正規労働者を少なくすることができるわけですね。なんだか企業に都合がいいことばかりの気がしますが，人件費を削(けず)ることができるのは大きなメリットですね。」

うん。ほかにもメリットがあるよ。企業は正規労働者の社会保険(ほけん)の一部を負担(ふたん)しなくてはいけないけど，就業時間が短い労働者の社会保険は負担しなくてもかまわないんだ。この面でも人件費を削ることができる。

「社会保険にはどんなものがありますか？」

健康保険，雇用保険，年金保険などだね。

さて，今度は家計側から見たとき，正規労働者として働くのと，非正規労働者として働くのとではどんな違いがあるだろうか？ まず，非正規労働者として働くときのよいところから考えてみよう。

「働く時間が短いので，家事・子育てと仕事を両立したい人や，アルバイトと勉強を両立したい学生などにとっては，時間の融通(ゆうずう)がきいていいでしょうね。」

確かにそうだね。では，非正規労働者として働くときの悪いところは何だろう？

「雇用期間が終わると，その後は雇ってもらえないかもしれませんよね。これでは収入が安定しないと思います。」

「健康保険や年金保険の負担が大きいし，失業したときに収入がなくなってしまう不安があります。」

そういうこと。失業しても一定のお金が給付される雇用保険にも入れない場合がある。続いて，次ページのグラフを見てみよう。これは年代別雇用形態別に１月あたりの平均賃金を比べたものだよ。どんなことがわかるかな？

「全ての年代において，正規労働者の平均賃金が非正規労働者の平均賃金を上回っていますね。」

うん。これは非正規労働者のほうが正規労働者よりも就業時間が短いことが多いので当然ともいえるけど，中には非正規労働者でも正規労働者と同じ内容の仕事をしているにもかかわらず，正規労働者より安い給料で働かされている場合もあるんだ。ほかに気づくことはないかな？

「正規労働者は年代が上になるほど平均賃金が上がっていますが，非正規労働者は平均賃金があまり変わっていません。」

いいところに気がついたね。正規労働者は長く勤めることが前提になっているのに対して，非正規労働者は雇用期間が定められているので賃金が上がりにくいのは仕方がないといえば確かにそうなんだけど…。

「企業が長く勤めれば勤めるほど給料が上がるシステムをとっていると，正規労働者の賃金は上がるけど，非正規労働者の賃金は上がりませんよね。」

そのとおり。長期にわたって同じ企業で働いているのに給料がなかなか上がらない非正規労働者が多いことが問題となっているよ。

「長く働いてもらうならば正規労働者として雇うべきなのに，人件費を削るために非正規労働者として雇っている場合が多いというわけですか？」

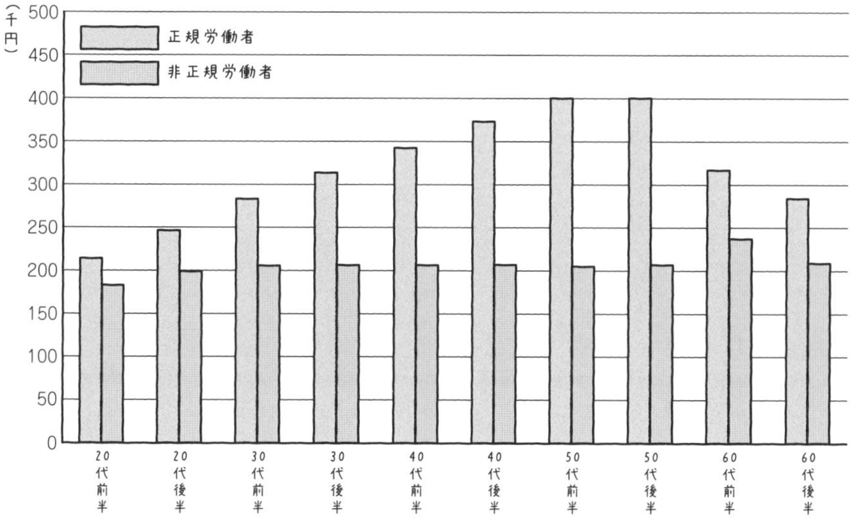

(2018年)(賃金構造基本統計調査)

▲年代別雇用形態別の1月あたりの平均賃金

そう。次のグラフを見てみよう。これは正規労働者と非正規労働者の割合の移(うつ)り変わりを示(しめ)しているよ。どんなことがわかるかな？

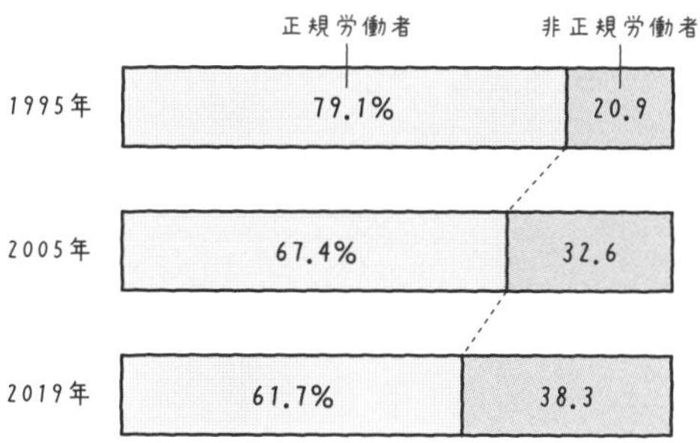

(2020/21年版「日本国勢図会」など)

▲正規労働者と非正規労働者の割合の移り変わり

「非正規労働者の割合が大きく増えましたね。1995年には５人に１人の割合だったのに，2019年には３人に１人を上回る割合になっています。非正規労働者は増え続けているようですね。」

現在，日本の労働者の３分の１以上が契約社員やアルバイト，パートタイマーなどの非正規労働者なんだ。

たとえ，その人に十分な能力があって，企業で正規労働者として長く働きたいと思っていても，それがかなわない人が多いわけだね。現在，非正規労働者として働く人たちのうち，正規労働者の仕事がないために現在の仕事についたという人が男性は約 18%, 女性は約 9%となっている(「2019年（令和元年）労働力調査」)。

「えっ～!? そんなにいるんですね。男性は５人に１人が正規労働者になりたいと思っているのになれないわけですか…。」

うん。また，正規労働者として雇用されたからといって，安定した生活が保障されるとは限らないよ。かつては，その企業で長く働けば働くほど給料が上がる**年功序列型**の賃金体系をとっている企業が多かったんだけど，現在はその人の仕事の結果によって給料を上げるかどうかなどを判断する**成果主義**の賃金体系をとる企業が増えてきたんだ。

「若くても仕事で結果を出す能力の高い人にとっては，高い給料をもらえるわけだからよい制度ですが。」

「成果を出すことができなければ給料が安くなるんですよね？」

そう。労働者の地位が不安定な状況は，別の問題につながっているよ。特に若い人の間では将来の収入に不安を抱き，結婚しない人が増えた。当然子どもの数も減っている。これにより，少子高齢化の進行をまねいているんだ。

「なるほど。将来に安定した収入が見込めないと，結婚して子どもをもとうとはなかなか思えませんよね。子どもを育てるのにもお金がかかるし…。」

合計特殊出生率というデータがある。これは一人の女性が一生の間に産む子どもの平均数なんだ。2018年の日本の合計特殊出生率は1.42人だった。この値は減少傾向にあり，今後子どもの数はますます減っていくと予想されているよ。たぶん，二人もニュースとかでそういう話をきいたことがあるんじゃないかな。

「確かに子どもが少なくなったという話はよく耳にします。」

ほかにも問題はあるよ。出産・育児期の女性は，働きたい気持ちがあってもなかなか仕事に就けない人がたくさんいるんだ。

さて，正規労働者として働いていても，企業から解雇されたり，自分から仕事をやめたりして失業することがある。失業した人の中には，なかなか再就職できない人もいるよ。

「正規労働者は雇用保険に入っていますよね。」

うん。確かに雇用保険に入っていれば，失業した後，一定期間は保険金が給付されるけど，それでも生活が苦しくなる人は少なくない。そこで政府は，国民の雇用機会を安定して確保するために，**ハローワーク（公共職業安定所）**を全国に500か所以上設置しているんだ。

日本国憲法第27条第①項に勤労の権利が決められているから，働きたい気持ちと能力がある人が仕事に就けるようにするのは国の義務だね。

Point　正規労働者と非正規労働者の違い～家計の収入～②

- **正規労働者**…期間に定めがない雇用契約，フルタイムで働く。
- **非正規労働者**…一般的に期間を定めて，短期契約で雇用される。契約社員やパートタイマー，アルバイトや派遣労働者など。
- 非正規労働者の長所は**時間の融通がきく**ことなど。短所は正規労働者よりも賃金が低く，**雇用が不安定な**ことなど。
- 近年，非正規労働者が増え，**全体の3分の1**以上を占(し)めている。
- 企業の賃金体系は**年功序列型**から**成果主義**に変化している。
- 政府は**ハローワーク（公共職業安定所）**を設置。

ワーク・ライフ・バランスとは何か？～家計の収入～③

「先生。ここまで学習したことを振(ふ)り返ると，企業はどうしても目の前の利潤ばかりを求めて，非正規労働者を増やしたり，ブラック企業のように従業員にサービス残業をさせたり，ちょっとひどいですね。これでは家計に十分な収入が入りませんから，商品をたくさん買えないと思います。結果的に，企業がよい商品をつくっても売れなくなって，回りまわって企業も困るんではないでしょうか？」

「そのとおりだと思います。企業は目の前の利潤ばかりを追い求めるのではなく，従業員を大切にするなど視野(しや)を広げるべきです。」

先生も二人の意見に賛成(さんせい)だよ。もちろん利潤の追求も大切だ。しかし，それだけではなく，高品質(こうひんしつ)な商品を安く提供するなどして，消費者の満足度を高めていくことや，環境(かんきょう)面への配慮(はいりょ)などさまざまな社会的責任(せきにん)（CSR(シーエスアール)）を果たすことが今後の企業に求められているといえるね。また，サクラさんが言ってくれたように企業は労働者を守り，安心して働ける環境を整備するのはもちろんのこと，労働者が仕事と家庭生活を両立して，やりがいをもって働けるように配慮することが重要だよね。

「もし，それができたらすばらしいと思います。」

働く人が仕事と子育てや介護(かいご)などの仕事以外の生活をバランスよく両立できるように，職場環境や社会のしくみを整備することを**ワーク・ライフ・バランス（仕事と生活の調和）**というよ。近年，企業にもワーク・ライフ・バランスをさらに意識(いしき)することが求められているんだ。

「例えば，従業員に長時間の残業をさせないことなどですね。」

そう。それだけではなく，できるだけ子育てや介護をサポートしてあげることなども大事だね。

Point　ワーク・ライフ・バランス～家計の収入～③

- **ワーク・ライフ・バランス（仕事と生活の調和）**…働く人が仕事と仕事以外の生活をバランスよく両立できるように，職場環境や社会のしくみを整備すること。

11-2 家計の支出

家計の支出はどう変化したのか？ ～家計の支出～①

では，ここからは家計の支出にかかわることを見ていこう。次の円グラフを見てごらん。家計（2人以上の世帯）の財・サービス支出の割合を1970年と2019年で比較しているよ。どんなことがわかるかな？

※赤字はサービスの支出，黒字は財の支出。

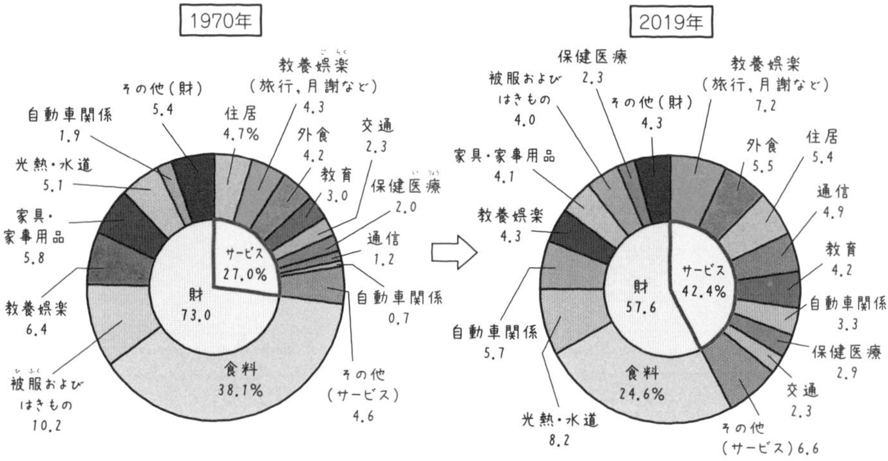

（2人以上の世帯）（令和3年版「消費者白書」など）

▲家計の財・サービス支出の割合の変化

「1970年も2019年も**食料**の割合が高いですね。しかし，38.1%から24.6%に減っています。」

うん。家計の財・サービス支出における食料費の占める割合が低いほど，一般的には生活水準が高いといえる。つまり，生活水準が高くなったと考えられるわけだから，喜ぶべきだろうね。

「財への支出とサービスへの支出で見てみると，サービスへの支出が大きく増えていますね。」

いい指摘だよ。財（もの）とは形のある商品，サービスとは形のない商品だったね。1970年に27.0%だったサービスへの支出は，2019年には42.4%まで増えている。家計が財からサービスへ支出するようになったことがわかるね。サービスではどんなものが割合を増やしているかな？

「サービスのうち，通信が1.2%から4.9%に増えていますね。これにはインターネットや携帯電話の普及が影響していると思います。」

そのとおり。ほかにも，サービスでは教養娯楽が4.3%から7.2%になるなど，割合を増やしているものが多いね。これも生活水準が高くなったことを表しているといえるだろうね。さて，サービスでは自動車関係が0.7%から3.3%に，財では自動車関係が1.9%から5.7%に割合を増やしている。いっぽう，財では食料とともに，被服およびはきものも10.2%から4.0%に大きく割合を減らしている。これからどんなことがわかるだろうか？

「自動車関係の支出が財・サービスの両方で増えているということは，人々が自動車を利用することが多くなったわけですよね。つまり，あまり歩かなくなったともいえるでしょう。食料の割合が減ったのは生活水準が高くなっただけでなく，単に食べる量が減ったことも関係しているのではないでしょうか。しかし，被服およびはきものの割合が減ったのはなぜでしょう？ 若い人は服などにお金をかけそうなものですが…。高齢者は服などにあまりこだわりがないかもしれませんね。」

「わかりました。もしかして，**高齢化**が進んだことを表しているのではないでしょうか。移動は自動車などに頼るようになり，食料や服などにかけるお金は若い人に比べて少ないと思います。」

確かにそうかもしれないね。

Point　家計の支出の変化～家計の支出～①

- 家計が**財（もの）からサービスへ**支出するようになった。財（もの）とは形のある商品，サービスとは形のない商品。
- 家計の財・サービス支出のうち，自動車関係の割合が増え，食料や被服およびはきものの割合が減る。

価格はどのように決まるのか？ ～家計の支出～②

下のイラストを見てごらん。家の近くのスーパーマーケットで買ったコロッケだよ。何か気づくことはないかな？

「あっ。コロッケの価格が半額になっていますね。閉店時間が近づくと安くなることがありますよね。」

「お母さんが安くなる時間を狙って，スーパーマーケットに買いものに行くときがあります（笑）。」

そうなんだね。さて，ここで疑問に思わないかな？ なぜ，スーパーマーケットは閉店時間が近づくとお惣菜などの価格を下げるのだろうか？ そもそも価格はどうやって決まるのだろうか？ ひとつひとつ解説していこう。まず，スーパーマーケットの閉店時間が近づくとお惣菜などの価格が下がる理由について。

「閉店時間が近づくとお惣菜などの価格が下がる理由は，安くしてでも売ってしまいたいからですよね。お惣菜などはそのうち腐ってしまうので，売れ残ったら，捨てるしかありません。スーパーマーケットとしては，捨てるぐらいなら安くしてでも売って少しでもお金にかえたいところです。」

そういうこと。つまり，閉店時間が近づくと，スーパーマーケットはどうしても売りたい商品が増えるわけだ。生産者などが商品を売りたい量を**供給量**というよ。

「閉店時間が近づいて，供給量が増え，価格が下がったわけですね。」

「さらに閉店間際だからお客さんも少ないですよね。」

いいところに気づいたね。消費者が商品を買いたい量を**需要量**というよ。需要量が多いものは人気があるということだね。

「ということは，需要量が少なければ少ないほど，供給量が多ければ多いほど価格は安くなるということですね。」

そのとおり。いいかえれば需要量が多ければ多いほど，供給量が少なければ少ないほど価格は高くなる。ここで重要なのは，価格は需要量と供給量の関係で決まるということなんだ。

次の図を見てみよう。これは市場における，需要量と供給量および価格の関係を表したものだ。縦軸は価格，横軸は量（需要量と供給量）だよ。市場とは，商品を買いたい人と商品を売りたい人が出会い，価格を目安に商品の取り引きを行う場所のことだよ。

さて，商品の価格が安くなれば安くなるほど，商品を買いたい人はどんな行動をとるだろうか？

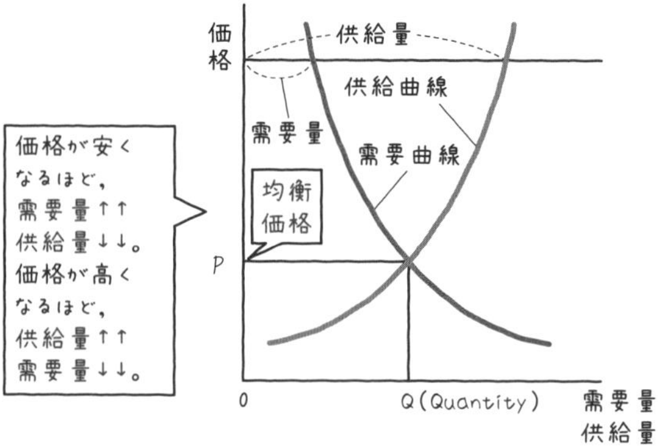

▲需要量と供給量および価格の関係

「多くの人が商品を買うでしょうね。」

そうだよね。商品の価格が安くなれば安くなるほど，需要量が増えるわけだ。しかし，商品の価格が高くなると買うのをためらう人が増えるよね。つまり，商品の価格が高くなれば高くなるほど，需要量は減る。逆に商品を売りたい人の立場から考えるとどうかな？

「商品の価格が高くなれば高くなるほどもうけが出ますから，もっと商品をつくりたくなりますよね。つまり，商品の価格が高くなれば高くなるほど供給量は増えるはずです。」

「商品を売りたい人にとっては，価格が安いと商品を作ってももうかりませんよね。つまり，商品の価格が安くなれば安くなるほど供給量は減るはずです。」

そう。このように需要量と供給量の関係だけで商品の価格が決まる**自由競争**において，商品の売買が行われる経済のしくみを**市場経済**というんだ。需要量と供給量の関係により移り変わる価格を**市場価格**といい，需要量と供給量が一致（いっち）したときの価格を特に**均衡（きんこう）価格**というよ。上の図で確認（かくにん）しておこう。

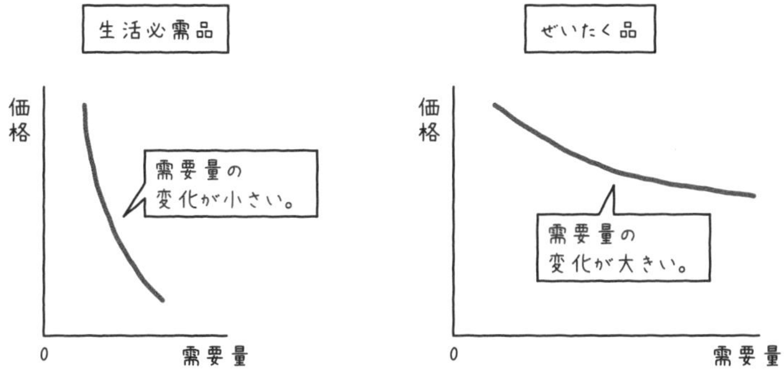

▲生活必需品とぜいたく品の需要曲線の比較

生活していくうえで欠かせないものを生活必需品という。例えば，日本人の主食である米などがそうだね。

生活必需品は値上がりしてもそれほど需要量に変化はないはずだよ。

娯楽などのぜいたく品に関していえば，価格が上がれば需要量は減るんだ。たばこの値上げとかを考えると分かりやすいね。

ところで，今までは自由競争ということが前提だった。自由競争に任せるとよくないものもあるよ。

「えっ!? それはどんなものですか？」

国民の生活に深くかかわり，大きな影響を与える価格だよ。例えば，**水道料金**や**電気料金**，**鉄道やバスの運賃**などがそうだね。

「あ～。確かに。水道料金が 1 ℓで 1 万円とかになってしまうと，私たちはとても生活できませんね。」

うん。水道料金や電気料金，鉄道やバスの運賃などは政府や地方公共団体が決めたり，認可したりしている。例えば，水道料金は各地方公共団体が決めているよ。ここで挙げた価格を**公共料金**というよ。

また，企業の行動によって，自由競争がなくなってしまう場合もある。

「それはどんな場合ですか？」

１つの大企業によって，商品の生産やその市場が支配されている状態である**独占**の場合や，少数の大企業によって市場が支配されている状態である**寡占**の場合だね。独占や寡占状態になると，価格などの面で企業間の競争がなくなり，消費者にとって不利益な価格になってしまう可能性が高まる。また，独占している企業はつくった商品を売る小売店や，商品の部品または原材料をつくっている下請け企業に不利な条件を押しつけるようになるかもしれない。

「結局は消費者や下請け企業などが損をすることになるわけですね。」

うん。独占している企業は，商品の品質の向上よりも広告や宣伝に力を入れるようになるともいわれているよ。これはなぜだろうか？

「品質面で競う相手がいないわけだから，あとはたくさんの消費者に商品をアピールして買ってもらえばいいだけですものね。」

そういうこと。

「独占は本当に困ったものです…。」

そうだね。そこで，国は不公正な取り引きや市場の独占を禁止あるいは制限し，企業どうしの自由競争を確保して，消費者の利益を守ろうと**独占禁止法**を制定している。この独占禁止法にふれる行為がないかを調査し，命令などを出して企業の行動を規制しているのが**公正取引委員会**なんだ。公正取引委員会は国の行政委員会だよ。

「つまり，公正取引委員会が独占禁止法の運用を担当しているわけですね。」

Point　価格の決まり方～家計の支出～②

- **供給量**…生産者などが商品を売りたい量。
- **需要量**…消費者が商品を買いたい量。
- **自由競争**が行われ，価格は需要量と供給量の関係で決まる。
- **均衡価格**…需要量と供給量が一致したときの価格。
- 需要量が供給量を上回ると，**価格は上昇**する。
- 供給量が需要量を上回ると，**価格は下落**する。
- 価格が上昇すると，**供給量は増え**，**需要量は減る**。
- 価格が下落すると，**供給量は減り**，**需要量は増える**。
- **公共料金**…国民の生活に深くかかわる価格。政府や地方公共団体が決めたり，認可したりする。**水道料金**や**電気料金**，**鉄道やバスの運賃**など。
- **独占**…1つの大企業によって商品の生産やその市場が支配されている状態。少数の大企業による支配は**寡占**。
- **独占禁止法**…不公正な取り引きや市場の独占を禁止あるいは制限し，企業どうしの自由競争を確保して，消費者の利益を守る。
- **公正取引委員会**…独占禁止法の運用を担当。

現金以外で商品を買う方法とは？ ～家計の支出～③

ここからは，実際に消費者が商品を買うときの話をしていこう。どんなしくみで商品を買っているのかを知っておかないと損をするかもしれないよ。商品を買うには，さまざまな方法がある。二人はお店で商品をレジに持っていって，どうするかな？

「お店の人にお金を渡します。」

なるほど。ケンタさんは現金で支払うわけだね。

「ほかにも支払いの方法はありますよね。私はSuicaを使ってお金

を支払ったことがあります。レジで機械にカード（Suica）を読み取らせるだけで，お金を支払うことができました。」

おっ。サクラさんは**電子マネー**を使ったわけだね。

「先生。電子マネーって何ですか？」

電子マネーは，現金のかわりに使うことができるデジタル化したお金だよ。それまで現金でやり取りしていたところを，電子的なデータのやり取りで決済するわけだね。例えば，サクラさんが利用したSuicaはあらかじめ機械を使ってお金を入金し，ICカード（Suica）に前払いした金額の情報をもたせておく。そして，店や駅の改札などでICカードを機械に読み取らせて，電子的なデータをやり取りし，料金の支払いをするしくみなんだ。このようなしくみで使えるカードを**プリペイドカード**というよ。SuicaやPASMOはその代表例だね。ケンタさんも何かプリペイドカードを持っているかな？

「僕はPASMOを持っています。電車に乗るときだけ使ってたけど，今度お店でPASMOを使って支払いをしてみようかな。」

「SuicaやPASMOは自動販売機などでも支払いができますよね。」

そうだね。現金で支払うのと比べて，どんなところが便利かな？

「なんといっても現金を持ち歩かなくてもすむことだと思います。現金を持ち運ぶと，紙幣はかさばるし，硬貨は重いし…。」

「確かに。でも，カードをなくしたら大変だから注意が必要ですね。プリペイドカードは切符を買う手間や，コンビニエンスストアなどで現金を支払っておつりを受け取る手間がはぶけるから，かなり楽ですよね。」

先生もそう思うよ。図書カードやQUO（クオ）カードなどもプリペイドカードだね。カードの代わりにスマートフォンを使う，スマホ決済がさかんになってきているよ。

「先生。PayPay（ペイペイ）やLINE Payなどが有名ですよね。」

うん。さて，現金やプリペイドカードで支払う以外の方法に，**クレジットカード**を利用した支払いがある。二人は，お父さんやお母さんがお店でクレジットカードを使って代金を支払っているのを見たことがあるかな？

「あります。店員さんに代金を伝えられて，お父さんがクレジットカードを出し，その後紙にサインをしていました。」

だいたいそんな手順だと思うね。次ページの図を見てみよう。クレジットカードのしくみを表しているよ。消費者はまず，カードの発行会社に契約を申し込んで，クレジットカードを発行してもらう。カード会員となった消費者がデパートやショッピングセンターなどの小売店でクレジットカードを使って支払いをすると，カードの発行会社がその代金を立て替（か）えて支払ってくれる。小売店などはカードの発行会社と加盟店（かめいてん）契約をしていて，手数料を支払っているんだ。

「えっ!? 小売店などはなぜ，カードの発行会社に手数料を支払っているのですか？」

消費者にとっては手持ちの現金がなくてもクレジットカードで商品が買えるため，その分消費が生まれやすくなる。だから小売店などにとっては，「クレジットカードがあるおかげで商品が売れた。」ともいえるわけだね。だから，小売店は売上に応（おう）じて手数料を支払っているんだ。

「なるほど。カードの発行会社が立て替えた代金はどうなるんですか？」

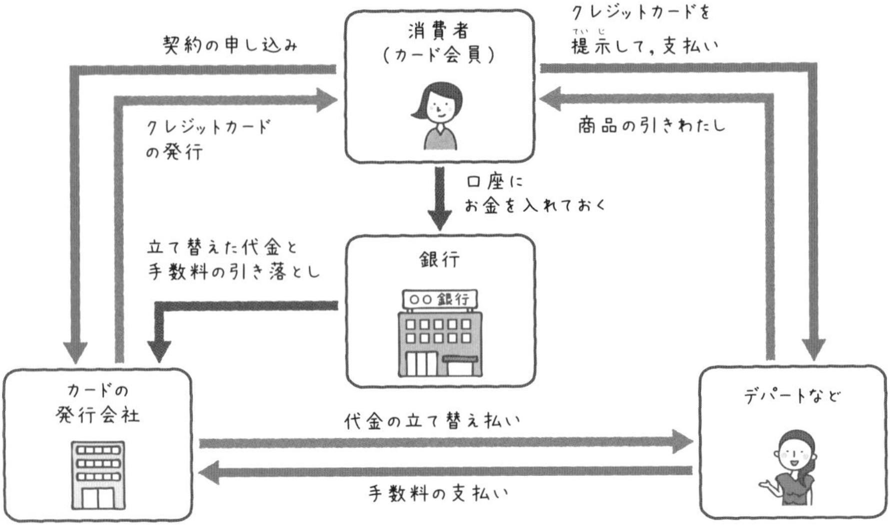

▲クレジットカードによる支払いのしくみ（例）

カードの発行会社が立て替えた代金は，消費者が持つ銀行の預金口座から引き落とされ，カード会社にお金が入る。

「なるほど。でもクレジットカードを利用すれば，小売店などで手持ちの現金がなくてもほしい商品を買うことができるから，ついつい買いすぎちゃうかもしれませんね…。」

そうだね。現金を使わないキャッシュレス決済により景気が良くなるという考え方もあるね。でも，自分の収入や預金をしっかり考えて，計画的にクレジットカードを利用しなくてはいけないよ。

Point　商品を買う方法～家計の支出～③

- **電子マネー**や**プリペイドカード**，**スマホ決済**や**クレジットカード**で支払いできる。⇒現金を持ち歩かなくてすむことなどが利点。

商品を買うときに起こりうるトラブルとは？ ～家計の支出～④

さて，二人もものを買ったり，サービスを利用したりするときは，消費者としての自覚を持って，責任が伴うことを理解しておくことが重要だよ。

「ものを買ったり，サービスを利用したりしてから後悔することがないように，あらかじめそれが本当に自分に必要かどうかなどをしっかり考えなくてはいけないということですね。」

いい心がけだね。しかし，世の中には人をうまくだまして，多くのお金を奪おうと悪いことを考える人たちがいる。例えば，次のようなトラブルがあるよ。

インターネットでのトラブル

Aさんはスマートフォンでインターネットを楽しんでいたところ，間違ってフィッシングサイトに入ってしまった。写真をクリックすると，画面に「自動登録が完了しました。」という文章と「あなたの個体識別番号」なる番号が表示された。Aさんは自分が開いたページをもう一度よく見てみると，ページの一番下に目立たない小さな文字で，このサイトはお客様が利用しやすいように自動入会・後払いシステムを採用していること，写真をクリックした時点で自動入会の扱いになること，利用料金として22000円を入会した日から4日以内に振り込まなくてはいけないことなどが記してあった。これらの内容はとても重要なのに見る人が気づきにくいところに記してあり，料金の支払いについての確認もなかったので，請求に応じたくない。しかし，「支払いがない場合は，スマートフォンの個体識別番号からあなたの住所などを調査する。」と記してあったのでとても不安である。

さて，この場合，Aさんは22000円を支払わなくてはいけないだろうか？二人はどう思う？

もちろん，大前提として不審なサイトにアクセスしてはいけないよ。では，結論を言おう。この場合は利用料金を支払う必要はない。お金を支払う必要があるのは，契約が成立している場合だけなんだ。契約が成立するには，商品やサービスを売りたい人と，買いたい人の意思の一致が必要になる。つまり，この場合は利用者の「入会しよう」「入会していいですよ」という意思がないと，契約が成立したとはいえないということだね。

「契約とはそういうことなんですね。」

この場合，Aさんは写真をクリックするときに，写真をクリックした時点で自動入会の扱いになることを知らなかったわけだ。知らなかった以上は，少なくとも「入会しよう」という意思はAさんになかったはずだよね。

「つまり，契約は成立していないということですか。」

そういうこと。契約が成立していないわけだから，当然利用料金は支払わなくてもかまわない。

「しかし，Aさんのスマートフォンの個体識別番号がフィッシングサイトの運営者に知られてしまっています。『個体識別番号からあなたの住所などを調査する。』とも記してありました。フィッシングサイトの運営者が家や職場に来ることはないんでしょうか？」

心配することはないよ。個体識別番号から利用者の住所や勤務先などの個人情報が，フィッシングサイトの運営者に伝わることはないので，安心してかまわない。

次のようなトラブルもあるよ。

訪問販売でのトラブル

Bさん一家は，新築のマンションを購入して引っ越した。引っ越して間もなく，作業員風の男性が「水道などの設備について，説明は受けられましたか?」と訪問してきた。Bさんの奥さんは，マンションの管理会社の関係者だと思い，男性を家の中に入れて話を聞いた。作業員風の男性は蛇口からコップに水を入れ，それに薬品を加えると水が黄色くなった。作業員風の男性はBさんの奥さんに，「水の中に塩素が残っているために色が黄色く変わってしまいました。これではプールの水などを飲んでいるのと変わりませんよ。」と言い，数十万円もする浄水器を買うようにすすめた。Bさんの奥さんが悩んでいると，作業員風の男性は「同じマンションの人はみんな契約していますよ。」と言った。Bさんの奥さんはしぶしぶ浄水器を買う契約をしたが，翌日マンションの管理会社に確認すると，訪れた作業員は管理会社と無関係であることがわかった。そのため，すぐにでも契約を解約したいと思っている。

電話を使った勧誘販売でのトラブル

Cさんのおばあさんは，高齢で耳が遠くなってしまっている。おばあさんはある業者から電話を受け，カニなどが入った魚介類のセットをすすめられ，注文した。数日後，商品がおばあさんのもとに届いたが，その代金は7万円もすることがわかった。おばあさんは商品が届くまで代金が7万円であることを知らなかったが，そのまま支払ってしまった。家族がおばあさんに話を聞くと，耳が遠いので電話で代金を聞きそこなってしまったようだ。魚介類のセットは手をつけることなく，冷凍庫にしまってある。家族とおばあさんは，支払ったお金を返金してほしいと考えている。

２つのトラブルを取り上げたね。二人はこれを見てどう考えるかな？

実は，訪問販売は突然業者が何も知らない消費者のもとを訪れるため，消費者にとって不利な状況になりやすいものなんだ。

「電話を使った勧誘販売でも同じことがいえますね。」

そのとおり。このようなトラブルから，消費者を救(すく)うために国は動いているよ。訪問販売や電話を使った勧誘販売などにおけるトラブル対策として，**クーリング・オフ制度**がある。二人もいつかこの制度を利用するかもしれないので，しっかり覚えておいてね。クーリング・オフ制度では，商品を購入したあと，一定期間内は，消費者がその契約を無条件で解約することができるんだ。

「一定期間内って具体的にはどれくらいですか？」

訪問販売の場合などは，消費者が契約内容などを記した契約書を業者からもらった日から８日以内と定められているよ。

「先ほどの電話を使った勧誘販売でのトラブルで，もし，魚介類のセットを食べてしまった場合はどうなりますか？」

魚介類のセットを全部食べてしまった場合も，商品を使った場合なども，クーリング・オフすることはできるよ。しかし，食べた分や使った分の料金は業者に支払わなくてはいけないね。

「魚介類などは腐りやすいから，早めに食べてしまうかもしれませんね。」

食べてしまった場合は，しぶしぶお金を払う人が多いだろうね。まさにそれが業者のねらいでもあるわけだ。クーリング・オフ制度は，原則訪問販売や電話を使った勧誘販売などで契約をした場合に限られる。自分で小売店などに行って商品を購入した場合や通信販売などには適用(てきよう)されないので，注意してね。

では，次のようなトラブルではどうなるだろうか？

製品の欠陥によるトラブル

Dさんはジーンズの後ろポケットに携帯電話を入れたまま，数時間家でゆっくりしていた。すると，携帯電話が異常に発熱し，Dさんはお尻にやけどを負った。Dさんは携帯電話をつくった企業に対して，損害賠償を請求したい。

Dさんは損害賠償をしてもらえると思う？

「これは損害賠償をしてもらえるでしょう。どう考えても携帯電話のせいでDさんはやけどを負ったわけですから。」

お～。なるほど。確かにそのとおりなんだけど，かつてはなかなか損害賠償をしてもらえなかったんだよ。

「えっ!? それはなぜですか？」

消費者が企業のつくった製品によって損害を受けた場合，賠償を請求するには高いハードルがあったからだよ。消費者は，企業が製品の欠陥を認識していたことなど，つまり企業の「過失」を証明しなくてはいけなかった。「過失」は，注意が足りないという意味だよ。

「過失を証明するのは難しすぎますよね。消費者は製品に関する専門的な知識などありませんし，企業の人に『ミスがあったのではないですか？』と聞いて，『はい。』などと答えることはないでしょう。」

そのとおり。ひどいことに，証拠となる資料を処分するような企業もあったようだね。これは日本だけでなく，世界でも同じようなことが起こっていた。どうしても企業のほうが消費者よりも強い立場にあることが多かったんだ。そこで，「このままではダメだ!! 消費者の権利をもっと大切にしなくてはいけない。」と訴えた人物がいた。アメリカ合衆国の**ジョン・F・**

ケネディ大統領だよ。

ジョン・F・ケネディ大統領は，消費者の４つの権利を示したんだ。

消費者の４つの権利

①安全を求める権利（安全である権利）
②知らされる権利（知る権利）
③選ぶ権利（選択する権利）
④意見を反映させる権利（意見が反映される権利）

この考え方はアメリカ合衆国だけでなく，世界中に広まり，消費者の権利が保障されるようになった。

「ということは，日本の行政にも影響を与えたわけですね。」

そのとおり。日本では，**製造物責任法（PL法）**が1995年から施行された。この法律により，消費者は製品の欠陥によって被害を受けた場合，企業に過失がなくても，つまり消費者が企業の過失を証明しなくても，企業は消費者が受けた被害を救済しなくてはいけなくなったんだ。

「へえ～。PL法によって，被害者は製造業者らに対して，損害賠償を請求できるようになったわけですね。」

そういうこと。先ほどのDさんの例では，携帯電話の異常な発熱によってお尻にやけどを負ったことが証明できれば，企業から治療費などを支払ってもらうことができる。さて，このPL法は消費者の４つの権利のうち，どれにもっとも関係があると思う？

「はい。①安全を求める権利（安全である権利）だと思います。」

正解。当然，残りの３つの権利も保障しなくてはいけない。そこで，2004年には消費者保護基本法を改正して，**消費者基本法**が制定された。この法律では消費者の権利をはっきりさせるとともに，企業と行政の責任や，消費者保護を進める政府の方針などが定められているよ。

「国は消費者のためにさまざまな法律をつくったんですね。」

うん。さらに，2009年には消費者行政をとりまとめて扱う**消費者庁**をつくった。では，消費者行政がどんなしくみとなっているか，簡単な図で解説しよう。下を見てみよう。

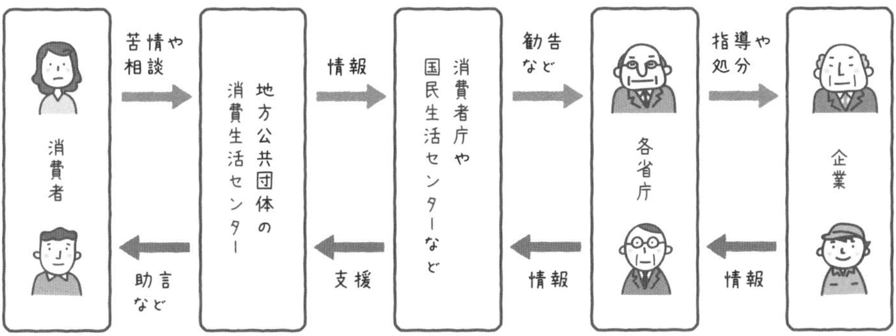

▲**消費者行政の大まかなしくみ**

消費者からの苦情や相談は，各地方公共団体が運営する消費生活センターに寄せられる。寄せられた情報は消費生活センターから消費者庁や国民生活センターに送られ，その後指示を受けた各省庁が企業に指導を行ったり，処分を下したりする。例えば，「安全な商品をつくりなさい。」とか，「商品の情報を偽ることなく表示しなさい。」とかだね。

「訪問販売でだまされたり，製品の欠陥でケガをしたりして困ったときは，まず消費生活センターに相談するとよいわけですね。」

そう。では，近年，消費者から寄せられた相談件数はどうなっているだろうか。そこにはある特徴があるよ。右のグラフを見てみよう。

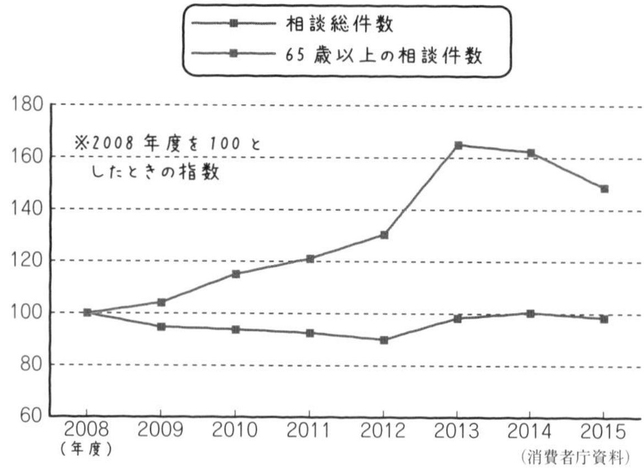

▲消費者からの相談件数の移り変わり

「全体の相談件数はあまり変わっていないようですね。しかし，65歳(さい)以上の高齢者の相談件数は2008年度と比較して増加(ぞうか)傾向にありますね。」

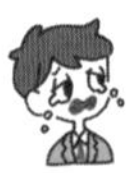

「Cさんのおばあさんが電話を使った勧誘販売で魚介類のセットを買わされた例がありましたが，高齢者をねらった詐欺まがいの行為が増えているんでしょうか…。」

そういうことだね。高齢者は一般に3つの大きな不安を持っているといわれる。「これから生活していくうえで，はたしてお金は足りるのか。」というお金の不安。「いつまで元気な体でいられるか。」という健康の不安。「家族などと離(はな)れて一人きりになってしまうのではないか。」という孤独(こどく)の不安。詐欺をはたらくような業者は，まさにその不安につけこもうとするわけだね。

「うまく心に入り込み，高齢者が病気に不安を感じるようにさせ，高い値段の健康食品を売りつけるなどしているのでしょう…。」

許せないよね。詐欺まがいの商法による高齢者の被害を防ぐためには，高齢者を社会の中で孤立させないようなしくみをつくることなども重要といえるね。

Point 商品を買うときのトラブル～家計の支出～④

- 契約の成立には，売りたい人と買いたい人の意思の一致が必要。
- 訪問販売や電話を使った勧誘販売などでは**クーリング・オフ制度**を利用できる。⇒一定期間内においては，契約を無条件で解約できる。
- **消費者の4つの権利**…①安全を求める権利②知らされる権利③選ぶ権利④意見を反映させる権利。
- 消費者は製品の欠陥によって被害を受けた場合，**製造物責任法(PL法)**によって，企業に損害賠償を請求できる。
⇒**企業の過失を証明しなくてもよい。**
- **消費者基本法**…消費者の権利をはっきりさせて，企業と行政の責任や，消費者保護を進める政府の方針などを定める。
- **消費者庁**を設置。まず，消費生活センターに相談する。

☑CHECK 11

つまずき度 !!!!

➡ 解答は別冊 p.12

次の文の(　　)に当てはまる語句を答えなさい。

(1) 労働時間や休日・休暇，賃金などの労働条件の最低基準を定めているのは(　　　　)法である。

(2) 働く人が仕事と仕事以外の生活をバランスよく両立できるように，職場環境や社会のしくみを整備することを(　　　)・(　　　)・(　　　　)という。企業はこれをさらに意識することが求められている。

(3) 需要量が供給量を上回ると，価格は(　　)する。供給量が需要量を上回ると，価格は(　　)する。

(4) 不公正な取り引きや市場の独占を禁止あるいは制限し，企業どうしの自由競争を確保して，消費者の利益を守る法律は(　　　　)法である。この運用を担当しているのが(　　　　　　)である。

(5) 訪問販売や電話を使った勧誘販売などでは，商品を購入したあと，一定期間内は，消費者がその契約を無条件で解約することができる(　　　　　　　　)制度が設けられている。

12章

景気と政府の役割

1929年に何が起きたか知っているかい？

「世界恐慌です。」

そう，第二次世界大戦の原因にもなった出来事だね。起点となったアメリカは，いたるところが失業者であふれかえっていたそうだ。当時の様子を写真で見ても，その衝撃は伝わってくる。

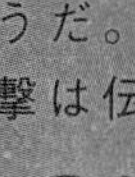

「どうやってそこからアメリカは立ち直っていったんでしょうか？」

いい質問だね，その理由は本章を読めばわかるよ。政府と景気のかかわりに注目して，しっかり学習しよう。

12-1 景気と政府の役割

景気とは？

二人は「景気がよい」とか，「景気が悪い」といったことばを聞いたことがあるかな？

「たまにお父さんが『景気が悪くて…。』とぼやいています。しかし，その意味はよくわかりません。景気っていったいどんなものなんでしょう。」

ここまで学習したことを思い出してみよう。経済の三主体を覚えているかな？ 家計，企業，政府だったよね。この家計，企業，政府の間を多くのお金がめぐっているときが**「景気がよい」**状態なんだ。**好況（好景気）**ともいうよ。逆にお金があまりめぐっていないときが**「景気が悪い」**状態だね。**不況（不景気）**ともいうよ。

「1929 年の**世界恐慌**は，第二次世界大戦にもつながってしまいました。」

不景気は，戦争につながってしまうほど重大なことなんだ。

Point 景気とは？

- **好景気**…家計，企業，政府の間を多くのお金がめぐっている状態。
- **不景気**…家計，企業，政府の間をあまりお金がめぐっていない状態。

好景気と不景気の特徴は何か？

では，なぜ景気がよくなったり，悪くなったりするのかについて詳しく学習していこう。人は誰でも豊かな生活を送りたいと思っている。二人にとって，豊かさとは何だろうか？

「生活の中で楽しいことがたくさんあると満たされる感じがします。」

「いろいろ考えられますが，やっぱり十分なお金ですかね…。」

サクラさんは現実的だね（笑）。確かに，豊かさとは十分にお金があることと考える人は多いだろうね。「10-1 企業」などで学習したように，企業は基本的に「何とかして商品をたくさん売りたい＝多くの利潤を得たい＝お金がたくさんほしい」という考え方で動いている。企業が生産した商品が消費者の需要を呼び起こし，たくさん売れたとしよう。すると，次の図のように「商品がたくさん売れる→企業は生産量を増やす→企業は従業員の給料を上げたり，従業員を増やしたりする→消費者（従業員）の消費活動が活発になる→商品がたくさん売れる」というサイクルが生まれるんだ。

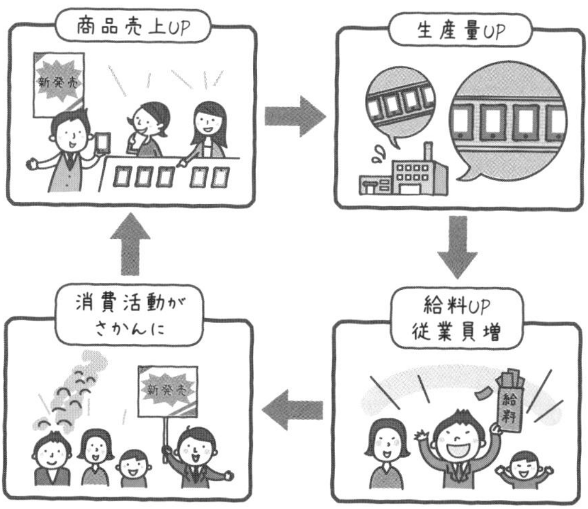

▲好景気のときのサイクル

「理想的なサイクルですね。」

そのとおり。給料が上がった人たちは，さまざまな商品を買ったり，サービスを利用したりするだろうね。つまり，ある企業の業績が好調になると，それはほかの企業にもよい影響を与えるわけだ。

「みんながハッピーになるわけですか。」

そうだね。商品がたくさん売れるので，企業は生産量を増やしたり，新商品を開発したりするために，新しい機械の購入や新しい工場の建設などにもお金をかけるようになる。当然，それによって関係する企業の仕事が増えるわけだね。

「ハッピーがどんどん広がっていきますね。」

いいことだよね。これが好景気だよ。好景気のときは，企業の生産活動が活発になり，従業員の増員などを行うため，社会全体の雇用状況もよくなるんだ。さて，好景気のとき商品の価格は上がると思う？ それとも下がると思う？

価格は需要量と供給量の関係で決まったよね。

「はい。好景気のとき，需要量と供給量がどうなるかを考えればいいわけですね。多くの消費者が商品をほしいと思っているわけだから，需要量は増えています。需要量の増加に対して，企業が急に生産を増やすことは難しいので，供給量はなかなか追いつかないでしょう。つまり，価格は上がると思います。」

正解。好景気のときは需要量が供給量を上回り，価格は上がる。このように価格（物価）が上がり，お金の価値が下がることを**インフレーション（インフレ）**というよ。

「例えば，100円だったお菓子が120円になるわけですね。」

そう。好景気に伴って起こる緩やかなインフレーションは大きな問題にはならないんだ。

「しかし，インフレーションが起こったとき，労働者の賃金が上がらないと，人々の生活は苦しくなるでしょうね。」

確かにそうだね。

「決まった額の年金で生活している高齢者などは，経済的に損をすることになりますね。」

そのとおり。

「先生。今まで100円で買えたお菓子が120円になって，100円では買えなくなってしまいました。つまり，お菓子を買うのにそれまでより多くのお金が必要になったわけです。これがまさにお金の価値が下がったということですね。」

そういうこと。あとで解説するけど，日本では紙幣（お札）は日本銀行，硬貨は造幣局が発行している。私たちは貨幣（お金）に価値があると思っているよね。しかし，さまざまな理由により「日本がなくなってしまうのではないか？」と国が信用を失うと，貨幣も当然信用をなくし，価値がなくなってしまうんだ。

「貨幣の価値が大きく下がって，ものすごいインフレーションが起こるということですか？」

そう。ハイパーインフレーション（ハイパーインフレ）というよ。

これは，戦争に負けたときなどに起こるんだ。例えば，第一次世界大戦終結後のドイツがそうだね。ドイツは戦争に負けて領土を失っただけでなく，とてつもない額の賠償金を課せられた。そしてハイパーインフレーションが起き，物価は３～４日ごとに倍になっていったそうなんだ。荷車一台にのせたお金で，ようやくパンが１つ買えるほどだった。

「それは大混乱だったでしょうね。」

普通，これほどのハイパーインフレーションは起きないよ。

では，景気の話に戻ろう。好景気のとき，借金はしやすいと思う？　それともしにくいと思う？

「具体的に考えてみます。例えば，銀行から 1000 万円を借りて，1000 万円の土地を買ったとしますよね。好景気ですから，土地の値段は上がっていくでしょう。その後，土地の値段が 1200 万円になったとしたら，借金分を差し引いても 200 万円近くもうかることになります。お金を貸す銀行も，お金が返ってくる可能性が高いので，お金を貸しやすいでしょう。借金はしやすいと思います。」

そのとおり。そこまで土地の値段が上がるかはわからないけど…。

さて，ここまで好景気のときの話をしてきたけど，好景気がずっと続くわけではない。当たり前だけど，ものには限りがある。

「どういうことでしょうか？　何かよくない話が始まりそうですが…。」

ケンタさんのことばを借りると，ハッピーが無限に広がっていくことは不可能なんだ。いつかは供給量が需要量を上回るときがくる。また，価格が上がり続けると，いずれ消費者は商品の価格が高すぎると感じ，買わなくなる。そうすると，何が起こるだろうか？

「供給量が増えたのに消費者は商品をあまり買わなくなるから，企業にとっては商品が期待したほど売れず，在庫をたくさん抱えることになりますね。」

「もしかして，好景気のときと逆のサイクルが生まれるのではないでしょうか？『商品があまり売れない→企業は生産量を減らす→企業は従業員の給料を下げたり，従業員を減らしたりする→消費者（従業員）の消費活動が低調になる→商品があまり売れない』というサイクルです。」

そう。これが不景気だよ。不景気のときは，商品が売れないため，企業は生産を縮小し，新しい機械の購入や新しい工場の建設などにもお金をかけなくなる。当然，関係する企業が潤うこともないよね。企業は商品が売れないとどうしようもないため，最悪の場合倒産してしまうこともある。労働者は給料が減るだけでなく，解雇されることさえ出てくる。こうして，それまで拡大してきた経済は縮小に向かうんだ。次の図が不景気のときのサイクルだよ。

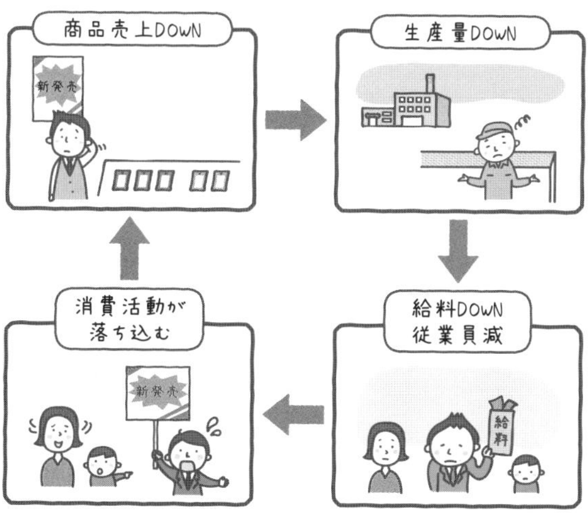

▲不景気のときのサイクル

「最悪の流れになっていますね…。」

「1929年の世界恐慌では，このサイクルがとても大きなレベルで起こったわけですね。」

そう。では，不景気のとき，商品の価格は上がると思う？　下がると思う？

「商品をほしいと思っている消費者が少ないわけだから，供給量が需要量を上回り，価格は下がると思います。」

正解。このように価格（物価）が下がり，お金の価値が上がることを**デフレーション（デフレ）**というよ。

「例えば，100円だったお菓子が80円になって，それまでより少ないお金で買えるようになったわけですね。これはお金の価値が上がったといえます。」

そのとおり。

「デフレーションのときは，インフレーションのときと逆で，決まった額の年金で生活している高齢者などは，ほかの人より経済的に得をするといえますね。」

よく理解できているね。
では，不景気のとき，借金はしやすいと思う？　それともしにくいと思う？

「えっ～と。不景気のとき，銀行から1000万円を借りて，1000万円の土地を買ったとします。しかし，不景気ですから土地の値段は下がっていくでしょう。その後，土地の値段が800万円になったとしたら，借金をしているにもかかわらず，さらに200万円ほ

ど損をしたことになりますよね。銀行にとっては，お金を貸しても返ってこない可能性が高いので，お金を貸しにくいでしょう。借金はしにくいと思います。」

正解。

「インフレーションのときは貨幣の価値が下がり，借金の重みが減る。デフレーションのときは貨幣の価値が上がり，借金の重みが増すといえるでしょうか？」

そうともいえるね。

さて，不景気になって企業が生産を縮小し供給量が減ると，今度はまた需要量が供給量を上回るときがくる。つまり，人々がまた「ものを買いたい」と思う時が来るんだ。

「再び商品がたくさん売れる時期がやってくるわけですね。」

うん。商品があまり売れない不景気のときにこそ，企業は本気になって知恵をしぼり，新しい商品を開発するだろうね。そんな中で革新的な商品が生まれ，多くの消費者に受け入れられることで爆発的にヒットする。このような流れで不景気が好景気に移り変わっていくこともあるんだ。

「今は不景気でも，いつかまた好景気になるわけですか？」

そう。資本主義経済においては，好景気と不景気が交互にやってくる。ちょうど次の図のような形だね。これを**景気変動（景気の循環）**というよ。

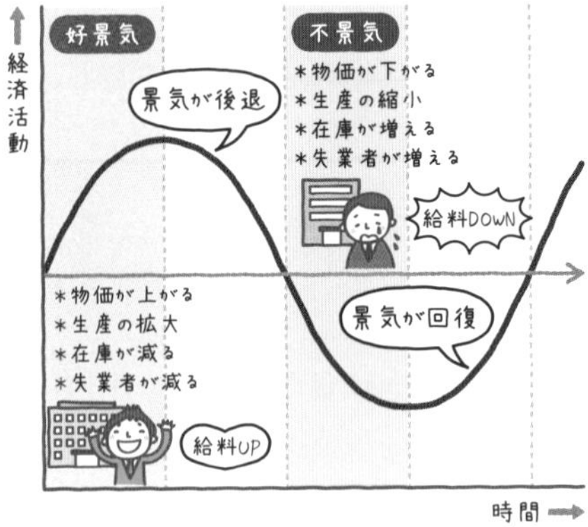

▲景気変動（景気の循環）

「好景気のときは給料 UP などいいことがいっぱいですが，不景気のときは失業者の増加など悪いことがいっぱいあります。この繰り返しが私たちの生活なわけですね。」

「なんだかジェットコースターに乗っているような感覚です。」

また，1929 年の世界恐慌のような不景気が起こってしまうと，恐ろしいよね。

Point　好景気と不景気の特徴

- **好景気（好況）**…商品売上 UP→企業の生産拡大→家計の収入 UP→消費活動活発化。物価が上がり貨幣の価値が下がる**インフレーション（インフレ）**。借金はしやすい。
- **不景気（不況）**…商品売上 DOWN→企業の生産縮小・倒産→家計の収入 DOWN→消費活動低調。物価が下がり貨幣の価値が上がる**デフレーション（デフレ）**。借金はしにくい。
- **景気変動（景気の循環）**…好景気と不景気が交互にくる。

政府と日本銀行による景気対策とは？

幸いなことに，1929 年の世界恐慌以降，世界大戦につながるような恐慌は起きていないよ。もちろん国・地域によっては，戦争や紛争などの影響で経済が大きく混乱したことはあるけど…。

「確かにそうですね。」

私たちは世界恐慌のような経済の混乱を避けることができるようになった。これには偉大な経済学者**ケインズ**の功績が大きいといえるだろうね。

▲ケインズ

「ケインズは何をしたのですか？」

ケインズや彼の考えに影響を受けた人たちは，不景気を避けて経済を成長させるためには，政府と中央銀行が大きな役割を果たさなくてはいけないことを明らかにした。政府と中央銀行が果たすべき役割とは，家計や企業だけでは解決できない経済の問題に取り組み，全体の調整役として経済活動を行うことだよ。

「先生。日本の中央銀行ってどこですか？」

日本の中央銀行は**日本銀行**だよ。中央銀行ではない一般の銀行にはどんな銀行があるか，知っているかな？

「はい。駅前などにたくさんありますよね。三菱 UF J 銀行，三井住友銀行，みずほ銀行などです。」

よく知っているね。銀行は**金融機関**の代表例だよ。**金融**とは，お金に余裕のある人と，お金が足りずにお金を必要としている人との間で行われるお金の貸し借りのことで，その仲立ちをするのが金融機関なんだ。一般の銀行はお金に余裕がある企業や家計からお金を預かり，お金が足りずにお金を必要としている企業や家計にお金を貸しつけている。これを**間接金融**というよ。

「間接金融があるということは，直接金融もあるわけですね。」

サクラさん，鋭いね。**直接金融**とは，金融機関を通さずに企業が株式や社債などを通じて，市場から直接お金を集めるしくみのことだよ。間接金融と直接金融について，次ページの図にまとめてみたよ。

「確かに直接金融では，企業は銀行などを仲立ちにせず，株式の売り買いなどを通じて，投資家（個人など）からお金を集めていることがわかります。」

そうだね。間接金融において，お金の借り手は銀行（金融機関）からお金を借りると（融資を受けると），定期的に元金（借り入れ額）と利子（利息）を銀行に払う。利子はお金の借り賃といえるね。また，お金の貸し手は銀行にお金を預けると，お金の預け賃として利子を受け取る。

「例えば，銀行にお金を預けるときの年利が 5%であれば，100 万円のお金を預けて 1 年経つと 105 万円になるわけですね。」

そう。お金の貸し手は銀行から 5 万円もらえるわけだ。

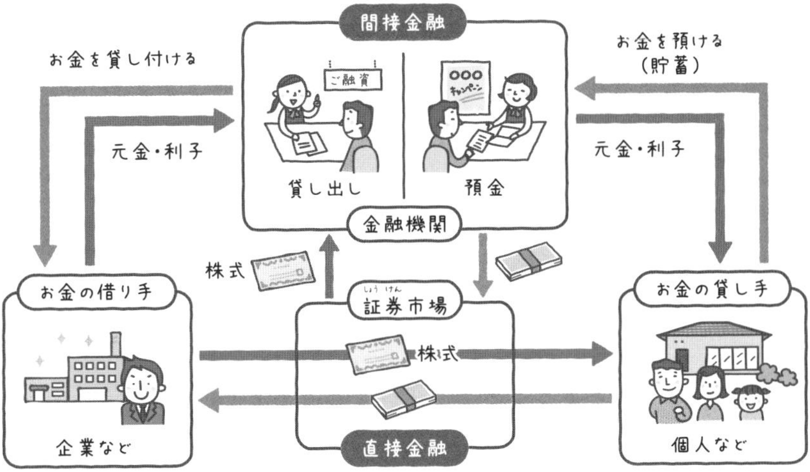

▲直接金融と間接金融のしくみ

「銀行からお金を借りるときの年利が5%であれば，100万円のお金を借りて1年経つと，105万円を銀行に返さなくてはいけなくなるわけですね。」

そういうこと。では，問題。銀行がお金を預かるときの利子率（金利）と，銀行がお金を貸すときの利子率（金利）ではどちらのほうが高いと思う？

「もし，銀行がお金を預かるときの金利が，お金を貸すときの金利よりも高ければ，銀行は損をすることになってしまいますよね。ですから，次のようにするべきです。ある銀行は，Aさんから年利5%で100万円を預かりました。そして，その100万円を年利10%で企業Bに貸し付けました。1年後，銀行はAさんに5万円の利子を払わなくてはいけませんが，企業Bからは10万円の利子を受け取ることができます。この場合，10万円－5万円で，銀行は5万円の利益（りえき）が出ますね。」

そう。普通，銀行はお金を預かるときの金利よりも，お金を貸しつけるときの金利を高くして，その差額で利益を得ているよ。

さて，政府，日本銀行，一般の銀行，企業や家計の関係はどうなっているのだろうか？　次の図を見てみよう。

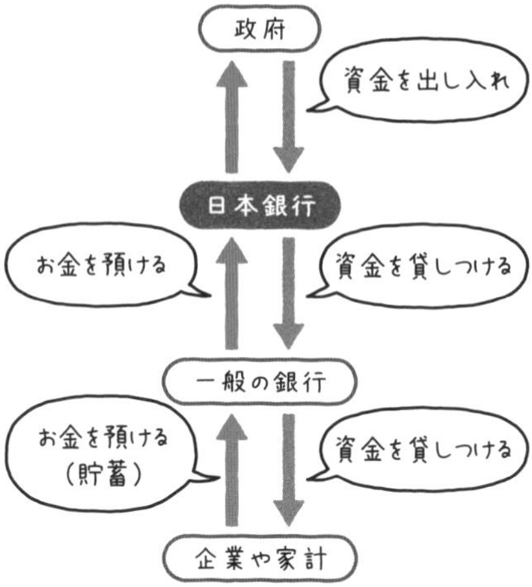

「企業や家計は一般の銀行にお金を預けたり，一般の銀行からお金を借りたりしています。一般の銀行は日本銀行にお金を預けたり，日本銀行からお金を借りたりしていますね。しかし，企業や家計が日本銀行にお金を預けたり，日本銀行からお金を借りたりすることはできないわけですね。」

そのとおり。中央銀行である日本銀行は，家計や企業とは取り引きせず，一般の銀行にお金を貸しつけたり，一般の銀行からお金を預かったりする**銀行の銀行**なんだ。図を見ると，日本銀行にはほかにも仕事があることがわかるよね。

「**政府の資金の出し入れ**を担当しています。」

そう。いわば，日本銀行は**政府の銀行**でもあるよ。また，日本銀行は千円札や一万円札などの日本銀行券（紙幣）を唯一発行する**発券銀行**なんだ。この日本銀行のような中央銀行はほとんどの国にある。しかし，最近，中央銀行が発券しないお金が現れた。**仮想通貨（暗号資産）**と呼ばれているよ。

これはインターネット上で電子的にやりとりされるデジタル通貨だ。最近色んな種類を耳にするよね。偽造や不正に使用されないために情報通信技術（ICT）が使われているんだ。

「国家の制約を受けない財産ということですか？」

まぁ，規制する法律ができてきてはいるね。送金などが速く，安い手数料で行うことができる利点がある反面，まだセキュリティなど様々な課題があるよ。

「先生。中央銀行である日本銀行の役割はわかりましたが，不景気にならないようにどんな対策をとっているんですか？」

うん。ケインズや彼の考えに影響を受けた人たちが生み出した理論を簡単に説明しよう。まず，好景気がずっと続かないのは，インフレーションが起こり，物価が上がることで消費者が商品を買いたいとあまり思わなくなることが大きな原因だよ。

「ということはインフレーションを抑制できれば，好景気が長く続くのではないのでしょうか。」

そうなんだ。インフレーションのときは，家計や企業，政府の間にお金が出回りすぎている状態だね。

そこで，インフレーションのときや，インフレーションが起こりそうなときは，その抑制に一般の銀行などが持つお金を減らすことが有効なんだ。お金の価値が下がっているわけだから，出回るお金の量を減らせば，自然とお金の価値は上がり，インフレーションを抑制することができる。

では，具体的に日本銀行はどんなことをしているのだろうか。日本銀行は主に国債などの売り買いを通じて，市場に出回るお金の量を調整しようとする。好景気によるインフレーションが起こりそうなとき，日本銀行は一般の銀行に国債などを売る。すると，一般の銀行が持つお金は日本銀行にわたるよね。

「なるほど。そうすれば，企業や家計は一般の銀行からお金を借りにくくなりますよね。市場に出回るお金の量は減り，お金の価値が上がります。そして，物価が下がって，インフレーションを抑制できるわけですね。」

うん。このように日本銀行が一般の銀行と国債などを売り買いすることで，市場に出回るお金の量を調整して，景気の安定を目指すことを**公開市場操作（オープンマーケットオペレーション）**というんだ。公開市場操作のように，日本銀行が景気や物価の安定を目指して行う政策を**金融政策**というよ。

では，景気が悪いとき，日本銀行はどのような金融政策をとればよいと思う？

「好景気のときに行う政策と逆のことをすればよいと思います。」

うん。不景気のときはデフレーションが起こりやすく，物価が下がりお金の価値が上がっている。お金が十分に出回っていない状態だから，一般の銀行が持つお金の量を増やすように調整すればよいはずだね。

「つまり，日本銀行は一般の銀行から国債などを買い上げるわけですね。そうすれば，市場に出回るお金の量が増えます。」

そうだね。日本銀行は，そのほかにも金融システムの安定を図っている。例えば，銀行が倒れたら経済が大混乱するからその銀行にお金を貸して救うことがあるよ。

「先生，日本銀行の役割はよくわかりました。では，政府はどんなことをするのでしょうか？」

政府が景気の安定を目指して行う政策を**財政政策**というよ。財政政策の基本的な考え方は，日本銀行が行う金融政策と同じといえる。好景気のときはお金が出回りすぎている状態なので，出回るお金の量を減らすように調整するんだ。

「不景気のときはその逆で，出回るお金の量を増やすようにしているわけですね。」

そのとおり。不景気のときは，お金が十分に出回っていない状態なので，出回るお金の量を増やそうとする。

財政政策として，政府が主に行うのは増税や減税，公共事業への支出の増減だよ。

「公共事業って何ですか？」

国や地方公共団体がおおやけの利益のために行う事業のことだよ。例えば，学校や公園，図書館や病院などを建設したり，道路や上下水道，ダムなどを整備したりすることだね。「9-1 経済の三主体」のところでも少し解説したよね。

「公共事業を行うと，大きなお金が動くことになりそうですね。」

そうなんだ。ダムを１基つくるのに数千億円はかかるといわれる。つまり，ダムを１基つくるとなると，数千億円のお金が市場に出回ることになるわけだね。

では，好景気のとき，政府は税金や公共事業への支出をどうすればよいだろうか？

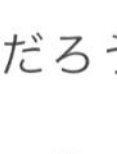
「出回るお金の量を減らす必要があるから，**増税**するべきです。また，**公共事業への支出を減らす**ことになるでしょう。」

正解。不景気のときはどうするだろうか？

「不景気のときは出回るお金の量を増やす必要があります。ですから，政府は**減税**をして，**公共事業への支出を増やす**でしょう。そうすることで，消費活動や生産活動を活発にしようと考えると思います。」

そのとおり。政府が公共事業へ支出することを**公共投資**というよ。覚えておいてね。

Point　政府と日本銀行の景気対策

- **金融**…お金に余裕のある人と，お金を必要としている人との間で行われるお金の貸し借りのこと。⇒**直接金融**と**間接金融**。
- **日本銀行**…日本の**中央銀行**。3つの役割を持つ。
  ①**銀行の銀行**…一般の銀行にお金を貸し出したり，一般の銀行からお金を預かったりする。
  ②**政府の銀行**…政府の資金の出し入れを行う。
  ③**発券銀行**…日本銀行券（紙幣）を唯一発行する。
- 景気対策…好景気のときは，お金が出回りすぎている状態なので，**出回るお金の量を減らす**。不景気のときは，お金が十分に出回っていない状態なので，**出回るお金の量を増やす**。
- **公開市場操作（オープンマーケットオペレーション）**…日本銀行が一般の銀行と国債などを売り買いすることで，市場に出回るお金の量を調整して，景気の安定を目指すこと。
- 日本銀行の**金融政策**…好景気のときは，一般の銀行に**国債などを売る**。不景気のときは，一般の銀行から**国債などを買い上げる**。
- 政府の**財政政策**…好景気のときは**増税して，公共事業への支出を減らす**。不景気のときは**減税して，公共事業への支出を増やす**。

12-2 国際金融

為替相場とは？

経済は国内の活動だけでなく，貿易などを通じて世界とつながっている。

「先生，1-1で学習した『グローバル化』ですか。」

そう。経済活動は国境を越（こ）えつつあるね。これを経済のグローバル化という。

「でも，国ごとにお金が違いますよね。たとえば，日本は『円』だけど，アメリカは『ドル』です。」

「ヨーロッパは『ユーロ』だし，中国は『人民元』です。」

二人ともよく知っているね。確かに国ごとにお金が違う。ドルを持っているアメリカ人が日本に来たら，ドルを円に交換（こうかん）しなきゃいけないね。そこで，ある国のお金と別の国のお金を交換する比率が必要になる。これを**為替相場（かわせそうば）**というんだ。

「為替相場はどのように決まるんですか。」

色々な原因があるけど，基本的にはその国の経済の強さにより市場が決める。これを**為替市場**という。たとえば，日本経済が強いなぁと人々が思えば，みんな円を買うよね。すなわち，需要（じゅよう）が増える。すると円が値上がりする。また，アメリカ経済は弱いなぁと思えば，ドルを売る。これはドルの供給が増えるということだ。だから，ドルが安くなる。つまり，**円高・**

ドル安となる。たとえば，100円＝1ドルから80円＝1ドルという為替相場になることを円高・ドル安というよ。

「ちょっと待ってくださいよ。100円から80円だなんて，円が安くなっていませんか？」

いやいや，「～円」の数字だけ見ないでよ。100円で1ドルのものが買えるのと，80円で1ドルのものが買えるのとどっちが円の価値が高い？

「80円です。」

ということは100円＝1ドルより80円＝1ドルの方が円の価値は高いよね。だから，円高・ドル安というんだ。逆に80円＝1ドルから100円＝1ドルになることを**円安・ドル高**という。

「ドルと比べて円高であっても，ユーロと比べて逆に円安ということが起こることもありますか？」

もちろん。為替相場は基本的にはその国の経済の強さを人々がどう見るかで決まるんだから。

為替相場の影響

「先生，たとえば，為替相場が円安になったら，日本にはどういう影響があるんですか？」

輸入と輸出について考えてみよう。円安ということは，80円＝1ドルから，100円＝1ドルになることだ。つまり，80円で1ドルの物を買えていたのに，100円出さなければ買えなくなったのだから，実質的な値上げになる。**輸入には不利**だね。輸出はどうなる？

「アメリカ人の立場からいえば，今までは1ドルで80円の物しか買えなかったのに，1ドルで100円の物を買えるようになるということだから，実質的値下げになるので，買いやすくなります。つまり，**輸出には有利**です。」

そうだね。逆に円高ではどうなる？

「100円＝1ドルから80円＝1ドルになることだから，日本人は今まで100円出さなければ1ドルの物が買えなかったのに，80円で買えるようになったということですね。これは実質的な値下げだから，**輸入に有利**ということになります。」

正解。輸出については？

「アメリカ人からすれば，今まで1ドルで100円の物が買えたのに，80円の物しか買えなくなるということ。これは実質的な値上げですよね。だから，日本製品は売れなくなるはずなので，**輸出には不利**です。」

そうだね。この為替相場の経済に与える影響は大きいんだよ。たとえば，2019年は円高になり，自動車会社など輸出が多い企業は大損失だった。トヨタは1円の円高が一年続くと約400億円の損失が出るそうだよ。

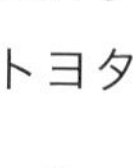
「それは大きな影響がありますね。」

だから為替相場が急激に変動する場合，政府・日本銀行は為替相場に介入することがある。たとえば，円高が急激に進む場合は，政府や日銀が円を売り，円高を防ぐんだ。

Point 国際金融

- 円高＝輸入有利，輸出不利　円安＝輸入不利，輸出有利

12-3 日本の景気

日本の景気はどう移り変わってきたのか？

「ケインズや彼の考えに影響を受けた人たちの生み出した理論によって，私たちが世界恐慌のような不景気を避けられるようになったことはよくわかりました。しかし，その理論を実践するためには，現在の景気がよいのか悪いのかを正しく判断しなくてはいけませんよね。いったいどうやって判断するんでしょうか？」

「確かに好景気なのに不景気だと間違った判断をして，日本銀行が一般の銀行から国債などを買い上げまくったら，さらにインフレーションが進んで取り返しのつかないことになるかもしれません。」

二人とも経済について，とてもよく理解できているね。大変よいことだよ。好景気か不景気かを判断する基準のひとつに **GDP** がある。

「GDP って，ニュースでよく聞きますよね。」

うん。GDP は英語の Gross Domestic Product の頭文字をとったもので，日本語では**国内総生産**というんだ。GDP は，1 年間にその国で生産された財（もの）やサービスの総生産額から，原料や材料などの額を引いたものだよ。例えば，ラーメン屋さんが肉や野菜，小麦などの材料を 1 杯あたり 300 円で仕入れて，ラーメンをつくり，それをお客さんに 1 杯 700 円で提供したとしよう。この場合，700(円) − 300(円) を計算し，400 円が GDP に加算される。

「先生。会社員の給料は GDP に入りますか？」

会社員の給料は GDP に入るよ。

では，日本の GDP はいくらぐらいなのだろうか？ 2018 年の日本の GDP は約 5.0 兆ドルで，世界第 3 位。世界の GDP の約 5.8％を占めているんだ。

「世界第 3 位ですか。すごいですね !! 1 ドル＝ 110 円と考えると，およそ 550 兆円です。大人はみんな頑張って働いているのですね。私も将来頑張らないと。」

いい心がけだね。ちなみに 2018 年の GDP で，世界第 1 位は約 20.6 兆ドルのアメリカ合衆国，第 2 位は約 13.6 兆ドルの中国だよ。

さて，GDP はその国の経済活動の規模を表す数値だね。よって，今年度の GDP と前年度の GDP を比べれば，今年度が前年度よりもどれだけ経済活動がさかんになったかをはかることができ，好景気か不景気かを判断できるんだ。GDP を基準とした**経済成長率**は「(今年度の GDP − 前年度の GDP) ÷前年度の GDP × 100」で求める。次の折れ線グラフを見てみよう。日本の経済成長率の移り変わりを示したものだよ。

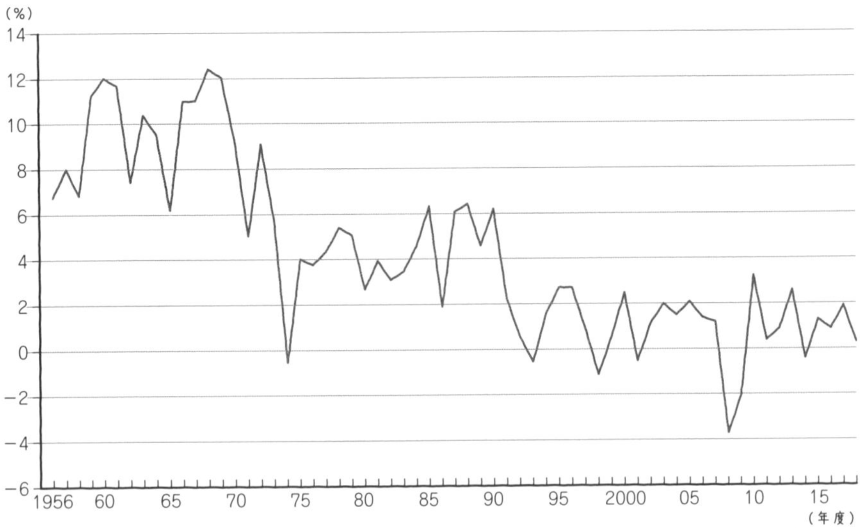

▲日本の経済成長率（実質国内総生産）の移り変わり

グラフからどのようなことが読み取れるかな？

「1950年代後半から1970年代初めまでは**高度経済成長期**と呼ばれ，日本の経済が飛躍的に成長しましたよね。グラフを見ても，その期間の経済成長率がとても高いことがわかります。日本の経済活動の規模がどんどん大きくなったわけですね。」

そう。特に1965年11月から1970年7月までの57か月間は，第二次世界大戦後の日本において当時としてはもっとも長く好景気が続いた期間だよ。これを**いざなぎ景気**というんだ。

「しかし，1974年には経済成長率が第二次世界大戦後で初めてマイナスになっていますね。日本経済の急成長もここで一度小休止という感じでしょうか。」

そうだね。これは何の影響を受けたからだろうか？

「1973年に起きた**石油危機（オイルショック）**の影響を受けたからです。第4次中東戦争により，石油輸出国機構（OPEC）が石油の生産を制限し，価格を大幅に値上げしたことが原因でした。」

そのとおり。当時の日本は不景気にもかかわらず，物価が上がる最悪の経済状態だった。この状態を**スタグフレーション**というよ。

「しかし，1975年以降はしばらく経済成長率が2～6％ぐらいで落ち着いていますね。安定した経済成長を続けたようです。」

そうだね。これはエネルギーの節約を徹底することなどで，石油危機をなんとか乗り切ることができた。1980年代後半から1990年代初めにかけては，経済の実態から大幅にかけ離れて，株価や地価などが上昇する**バブル経済（景気）**となった。このころも経済成長率は高い数値を示しているね。

「しかし，バブル経済が崩壊して景気が悪化し，1993 年には再び経済成長率がマイナスになってしまっていますね。」

うん。この時期はデフレーションが起こって物価が下がっているのに，なかなか需要量が増えなかった。そのため，「企業の売上が減る→従業員の給料が下がったり，従業員が解雇されたりする→家計の収入が減り，消費活動が落ち込む→需要量がますます減り，物価はさらに下がる」という事態になってしまったんだ。

「需要量がますます減って物価も下がれば，企業の売上はもっと減少しますよね。まさに最悪の循環といえるでしょう。」

そうだね。この状態を**デフレスパイラル**というよ。ちなみにスパイラルはらせんとか，らせん状といった意味だね。

「それでも次年度にはまた経済成長率がプラスに変わっていますね。日本の底力を感じます。やっぱり日本人は勤勉ですね。」

ところが，2008 年に経済成長率が大きくマイナスになってしまっているね。これは何の影響だろうか？

「アメリカから**世界金融危機**が広がったからです。日本も大きな影響を受けました。」

そのとおり。「日本の経済成長率の移り変わり」のグラフから，バブル経済が崩壊したあとは，日本でそれまでのような大きな経済成長が見られなくなったことがわかるよね。つまり，景気があまりよくない時期が続いたわけだ。この時期を「失われた 20 年」，あるいは「失われた 10 年」と呼ぶんだ。

さて，不景気を脱(だっ)して，再び経済成長を図ろうと，政府が 2012 年以降に進めた経済政策を何というかな？

「はい。**アベノミクス**です。」

Point　日本の景気の移り変わり

- 景気がよいか悪いかは**経済成長率**などで判断する。
- **高度経済成長期**→安定成長期→バブル経済→失われた 20 年(失われた 10 年)。

日本の財政状況とは？

さて，最後に現在の日本の財政状況について押(お)さえておこう。次の円グラフを見てごらん。国の歳入(さいにゅう)と租税(そぜい)の割合(わりあい)だよ。歳入とは，1 年間の財政の収入(しゅうにゅう)のことだ。

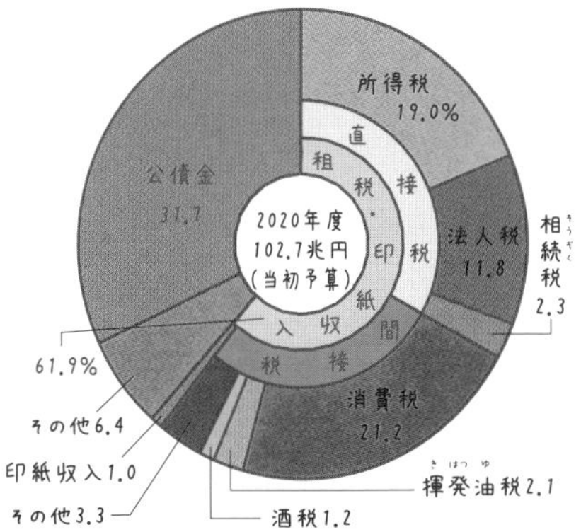

(財務省資料)　◀**国の歳入の内訳と税収入の割合**

「税金による収入が約 60％なんですね。**公債金(こうさいきん)**は，国の借金ですよね。これが約 32％ですか。」

うん。集めた税金だけでは足りないお金を，**国債**などの発行で借金をして集めているわけだね。これが全体の約３～４割を占める。続いて，国の歳出の割合を見てみよう。歳出とは，１年間の財政の支出だよ。

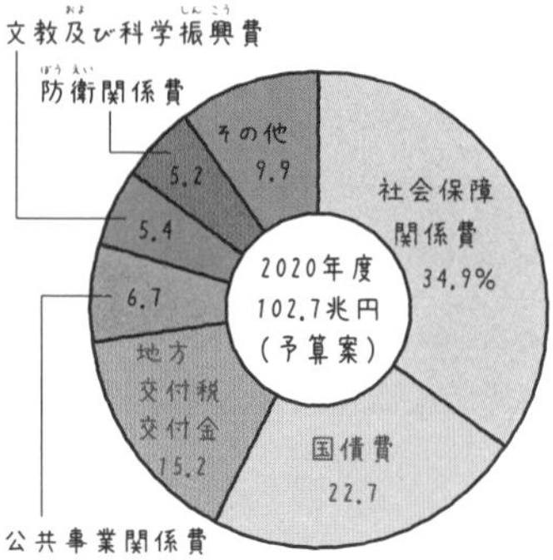

(2020/21年版「日本国勢図会」)　◀**国の歳出の割合**

「先生。国債費は，国が借金の元金や利子の支払いにあてるお金ですよね。計算すると，これが 23 兆円ほどです。歳入のグラフから公債金，つまり国の借金を計算すると，33 兆円ほどになります。ということは，借金を返すのにあてるお金より新しい借金のほうが多くなってしまっています。これでは日本の借金がどんどん増えていくんではないでしょうか？」

それが問題なんだ。次のグラフを見てみよう。国の歳出総額と税収の移り変わりを示しているよ。どんなことがわかるかな？

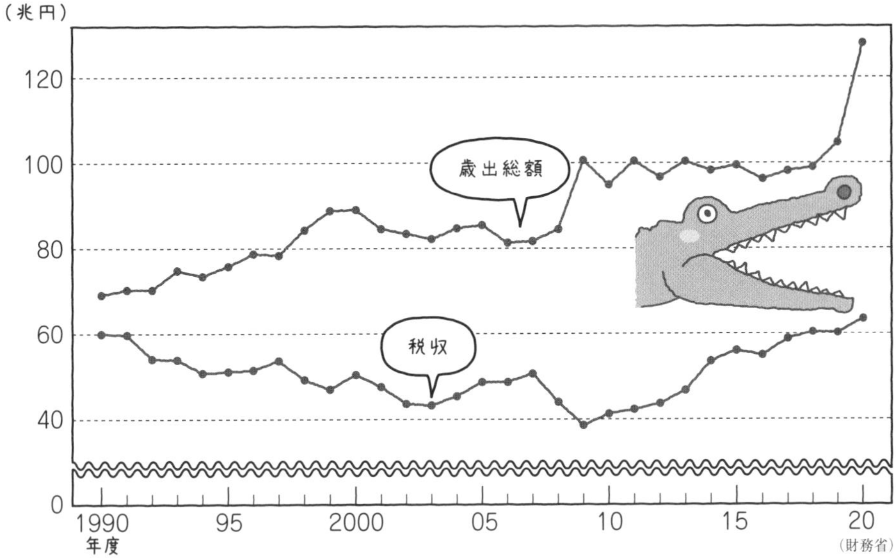

▲国の一般会計における歳出総額と税収の移り変わり

「1990年代初めから，歳出総額が税収を大きく上回るようになっています。つまり，日本の借金は急速に増えているわけですね。」

うん。この歳出総額と税収の差は「ワニの口」と呼ばれている。まるで，ワニが口を開いているかのようにその差がどんどん広がっているからだね。

「このままでは，日本の財政赤字がどんどんふくらんで日本はワニに食べられてしまいますね。とても危険だと思います。」

そのとおり。では，財政赤字を減らすためにはどうすればよいだろうか？

「やっぱり歳出を減らさなくてはいけませんね。さらに税収を増やす必要もあります。」

うん。まず，具体的にどうやって歳出を減らすかについて考えていこう。「国の歳出の割合」の円グラフを見てごらん。もっとも高い割合を占めているものは何かな？

「もっとも割合が高いのは**社会保障関係費**ですね。全体の約３分の１を占めていることがわかります。」

うん。社会保障関係費は社会保障制度のために使われるお金だよ。ここで社会保障制度について説明しよう。

この制度は憲法第 25 条にもとづくものだよ。25 条はどんなものだったかな？

「憲法第 25 条は

①すべて国民は，健康で文化的な最低限度の生活を営む権利を有する。

②国は，すべての生活部面について，社会福祉，社会保障及び公衆衛生の向上及び増進に努めなければならない。

ということでしたね。」

そう。国民には，たとえ病気・けが・失業・高齢などによって生活が困難な立場になったとしても，**「健康で文化的な最低限度の生活」**，つまり日本の水準からして，人としての生活を国が保障するというのが①項の意味だ。また，②項では「すべての生活部面について」生活に配慮する義務を国は負っている。この「健康で文化的な最低限度の生活」を保障し，また「すべての生活部面について」生活に配慮するためのしくみを**社会保障制度**というんだ。

「『日本国は君が困っていても見捨てはしない』と，言われているようで，心強いです。」

そうだね。社会保障制度は次の４つの柱で構成されている。**「社会保険」**「公的扶助」「社会福祉」「公衆衛生」だ。次の表を見てごらん。

社会保険	医療保険	健康保険。病気やけがをしたときに給付。
	年金保険	高齢になって，収入がなくなったときなどに給付。
	雇用保険	失業保険。職を失ったときに，決まった期間だけ給付。
	介護保険	介護サービスを受けられる。満40歳以上の国民が加入。
	労災保険	勤務中や通勤中に発生した病気・ケガに対する補償。
公的扶助	生活保護	生活保護法にもとづき，収入が一定額以下の人を援助。
社会福祉	障がい者福祉	体が不自由な人など，障がいのある人の生活を援助。
	高齢者福祉	老人ホームを運営するなどして，高齢者の生活を援助。
	児童福祉	保護者のいない児童のための福祉施設の建設など。
	母子父子寡婦福祉	母（父）と子だけの家庭の生活を援助。
公衆衛生	感染症予防	予防接種や感染症予防などを行う。
	公害対策	公害の発生の予防，公害の解消など。

▲日本の社会保障制度

それぞれについて説明しよう。

社会保険とは国民が保険料を支払い，各種のリスクに関し保障する制度だ。社会保険にも種類があって，医療保険というのは，医療費の一部を支払えば治療を受けられる制度。年金保険は，高齢になった時などに，年金などの給付を受けられる制度。それから，失業した場合などに生活や再就職を支援する雇用保険。40歳から加入が義務づけられ，高齢になって介護が必要になった時に支援が受けられる介護保険。そして，仕事中の病気やケガへの補障をする労災保険がある。

「これらはきちんと保険料を納めないと給付を受けられない制度であるということですね。」

そのとおり。次に社会福祉とは，社会において弱い立場にある人々を援助する制度だ。

「前ページの表によると『障がい者』『高齢者』『児童』『母子家庭』『父子家庭』を援助する制度ということですよね。ところで，表の『寡婦』ってどういう意味ですか？」

夫と離婚をしたり死別したりした女性のことだよ。次に公的扶助とは，貧困者に対して経済的援助をおこなう制度だ。いわゆる生活保護のことだね。最後に公衆衛生とは感染症対策や下水道の整備など国民全体の健康を増進させ，生活環境を整えることだ。

では，社会保障関係費の内訳（うちわけ）を見てみよう。次の円グラフだよ。どんなことがわかるかな？

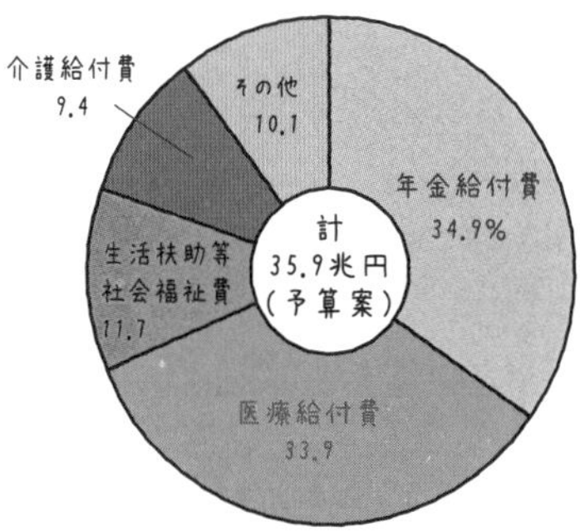

(2020年度) (2020/21年版「日本国勢図会」)　◀**社会保障関係費の内訳**

「年金給付費（きゅうふひ）と医療（いりょう）給付費の割合が特に高くなっていますね。どちらも約35%で，合わせて70%ほどを占めています。」

そうだね。実は年金給付費，医療給付費ともに少し前よりはるかに増加しているんだ。

「年金は一定の年齢（高齢）になってから受け取りますよね。また，高齢になると，体が弱くなって病院に行くことも多くなるでしょう。もしかして，歳出の中で年金給付費や医療給付費が増加しているのは，日本の高齢化の進行が影響しているのではないでしょうか？」

そのとおり。

「先生。働く世代の人たちは，年金保険や医療保険に加入して，保険料を支払っていますよね。しかし，年金給付費や医療給付費ばかりがどんどん増加すると，集めた保険料だけでは足りなくなってしまうんではないでしょうか？」

いいところに気がついたね。下のグラフを見てみよう。社会保障給付費は，社会保険や公的扶助などの社会保障制度にかかわるものとして，実際に国民に支出されたお金やサービスの合計額だよ。

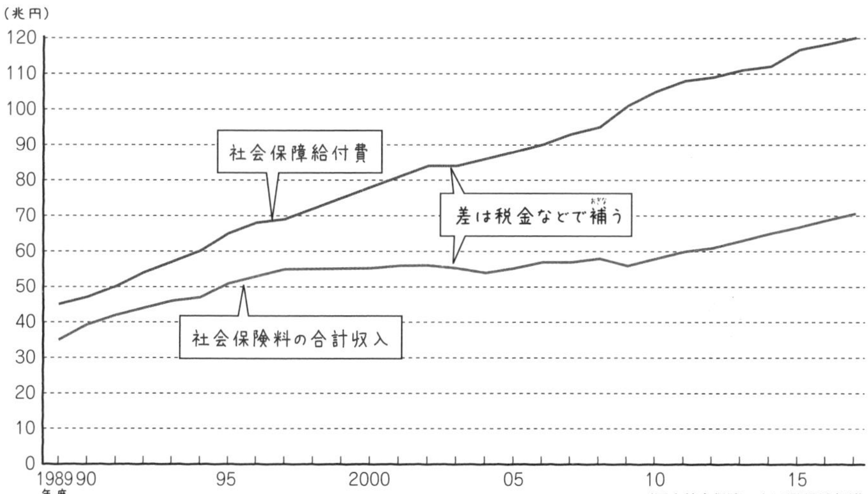

（国立社会保障・人口問題研究所）

▲社会保障給付費と社会保険料の合計収入の移り変わり

「社会保障給付費と社会保険料の合計収入との差がどんどん大きくなっていますね。先ほど出てきたワニの口みたいです。」

「集めた社会保険料だけでは足りない分を税金などで補っているわけですね。」

そういうこと。さて，先ほどサクラさんが言ってくれたように，働く世代の人たちが中心となって，社会保険料を支払っている。しかし，次のグラフを見てごらん。日本の将来人口の推計（年代別）だよ。

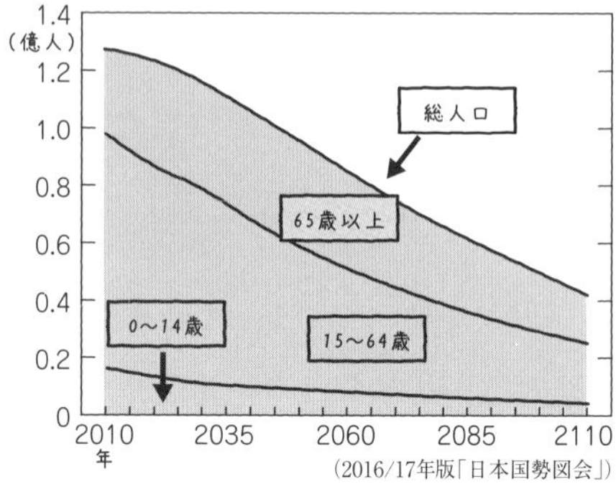

(2016/17年版「日本国勢図会」)　◀日本の将来人口の推計（年代別）

「日本では今後ますます高齢化が進むわけですね。全体に占める65歳以上の割合が高くなるいっぽうで，15〜64歳や0〜14歳の割合はどんどん低くなっていきます。」

うん。2060年には，65歳以上の人口が全体の約40%を占めるようになると予測されているよ。高齢化が進めば進むほど社会保障給付費はさらに増加するだろうね。しかし，15〜64歳の働く世代の人口は減るから，社会保険料の合計収入も減り，社会保障給付費の財源が不足する恐れがある。これは大きな課題だね。

さて，266ページの国の歳出で2番目に割合が高いものは何かな？

「**国債費**です。」

そうだね。国債費は国の借金を返すためにあてるお金だった。全体の約23%を占めているね。3番目に割合が高いものは何だろう？

「**地方交付税交付金**です。」

そう。地方交付税交付金がどういうものだったか以前説明したけど覚えているかな。

「確か地方交付税交付金っていうのは，地方財政の格差をできるだけなくすために国が支出するお金だったかと思います。地方財政に関してちょっと思ったことがあるんですが，**財政難に苦しむ地方公共団体が多いこと**も日本の課題のひとつではないですか。」

そうだね。少子高齢化に対応した社会のしくみをつくること，地方を活性化させることが現在の日本に求められているといえるね。具体的にはどうしたらいいと思う？

「ある程度国民の負担が増えるのは仕方がないでしょうね。まだまだ元気で働きたい高齢者の方も多いと思うので，その人たちが働ける環境をつくり，もらった給料から税金を納めてもらうことも必要かもしれません。例えば，定年制度をなくすとか…。医療費などの自己負担分を増やすことも考えられるでしょう。」

「予算がとれないのであれば，住民が無償で高齢者のサポートをしてはどうでしょうか？ 例えば，地域で当番を決めて，高齢者の身の回りの生活を助けるとか…。」

そうかもしれないね。日本でも江戸時代までは，地域で助け合う意識がとても強かったようなんだ。今，私たちに求められているのはそのような意識を取り戻すことなのかもしれないね。

「地方を活性化するには，地域の住民が中心となって，町おこし・村おこしに取り組んでいくことが大事だと思います。特産物を全国にアピールするとか，新たな観光名所をつくるとか…。」

いいね。地方にもいいところはたくさんある。自然が豊かだったり，土地代や家賃，物価が安かったりするからね。

「地域の魅力を自ら発信して，若い人に移り住んでもらえれば，きっと活性化するでしょう。」

二人ともいい意見がいっぱい出てくるね。

続いて，歳入の中の租税に注目しよう。265ページのグラフをもう一度見てごらん。割合が高い税金から順に3つ挙げてみて。

「もっとも割合が高いのは**消費税**です。次いで**所得税**，**法人税**となっています。」

うん。税金は税を納める先によって，２つに分けられる。国に納める**国税**と，都道府県や市（区）町村に納める**地方税**だよ。また，税金は税を納める形によって，**直接税**と**間接税**の２つに分けられる。直接税は，税金を納める納税者と，実際に税金を納める税負担者が同じ税金のことだ。直接税には所得税や法人税などがある。所得税は個人が納める税金で，法人税は企業などの法人が納める税金だね。間接税は，税金を納める人と，税金を負担する人が異なる税金のこと。間接税には消費税や揮発油税などがあるよ。

「なるほど。私がコンビニエンスストアで買い物をしたとき，消費税を負担するのは私ですが，消費税を納めるのはコンビニエンスストアですね。」

そう。では，次のグラフを見てみよう。所得税，法人税，消費税の税収の移り変わりを示しているよ。どんなことがわかるかな？

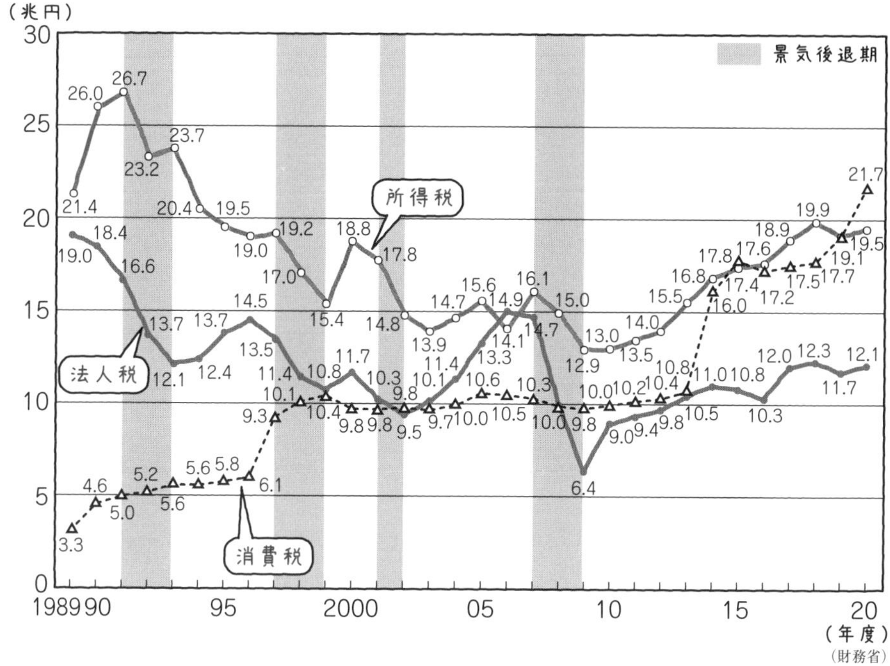

▲所得税，法人税，消費税の税収の移り変わり

「直接税である所得税や法人税は，景気の後退期に必ずといっていいほど税収が減っています。いっぽう，間接税である消費税は，景気の変動に関係なく安定した税収があることがわかりますね。」

そうなんだ。所得税は個人の所得にかかり，法人税は企業の所得にかかるので，景気の後退期に税収が減るのは当然といえるね。所得税は，所得が多ければ多いほど税率も高くなる**累進課税制度**がとられている。所得が多い人の税率を高く，所得が少ない人の税率を低くすることで所得の差をできるだけ減らしているんだ。

「つまり，税収を増やすためには景気をよくして，個人や企業の所得を増やす必要がありますね。」

そのとおり。次の表は所得税の税率をまとめた表だよ。段階的に税率が高くなっていることがわかるね。

課税される所得	税率
195 万円以下	5%
195 万円超　330 万円以下	10%
330 万円超　695 万円以下	20%
695 万円超　900 万円以下	23%
900 万円超　1800 万円以下	33%
1800 万円超　4000 万円以下	40%
4000 万円超	45%

◀所得税の税率（2020 年）

「所得がすごく多い人にとっては，ちょっとつらい制度のような気もします…。」

「所得の少ない人は税率が低く，所得の多い人は税率が高い…。ある意味で平等といえるかもしれません。」

確かに…。いっぽう，消費税は商品を買った全ての人に同じ税率でかかるんだ。所得が多いか少ないかは関係ないよ。

「ということは，所得の少ない人ほど負担が重くなってしまいますね。」

逆進性というんだ。消費税の税率は 2014 年 4 月に 5% から 8% に，さらに 2019 年 10 月からは，食品と新聞以外は 10% に引き上げられた。これには先ほど出てきた社会保障に関する財源を確保（かくほ）するねらいがあるんだ。

「なぜ，所得税や法人税ではなく，消費税を引き上げることにしたのでしょうか？」

日本は急速に少子高齢化が進み，働く世代の社会保険料の負担はどんどん増している。そんな中で所得税や法人税の引き上げを行えば，働く世代に負担が集中しすぎてしまうよね。消費税の引き上げであれば，全ての世代で公平に負担してもらうことができる。

「消費税の税収は，景気に左右されにくいことも関係があるのではないですか？」

もちろん。

「まだまだ予算が足りなくて税収を増やさなくてはいけないなら，消費税の税率をさらに上げればよいのではないでしょうか？」

なるほど。しかし，消費税を上げると消費は急速に落ち込んでしまうんだ。消費税が上がる直前は一時的に消費が跳(は)ね上がるけどね…。

「それは当然ですよね。消費者としては消費税が上がる前に，少しでも安く買えるうちに商品を買おうとするでしょう。しかし，消費税が上がると同じ商品でも前より高いお金を支払わなくてはいけないわけですから，買うのをためらいますよね…。」

「消費が落ち込むということは，もしかすると消費税を上げたことがきっかけで景気が悪くなってしまう可能性がありますね。」

そうなんだ。消費税を上げると不景気をまねく可能性もあるので，慎重(しんちょう)に判断しなくてはいけない。

最後に税金にはどんなものがあるかを表にまとめてみたよ。どんな税金が国税なのか地方税なのか，あるいは直接税なのか間接税なのか，次の表で確認(かくにん)しておこう。

		直接税	間接税
国税		所得税 法人税 相続税 など	消費税 関税 揮発油税 たばこ税　など
地方税	都道府県	道府県民税 （都民税） 自動車税 事業税	地方消費税 道府県たばこ税 （都たばこ税）
地方税	市町村	市町村民税 軽自動車税 固定資産税	市町村たばこ税 入湯税

◀さまざまな租税

Point　日本の財政状況

- 国の**歳出**…**社会保障関係費**，**国債費**，**地方交付税交付金**の順で多い。
- **高齢化**の進行で，年金給付費や医療給付費などが著(いちじる)しく増加。
- 公債金が国債費を上回り，**借金がふくらんでいる状態**。
- 国の**歳入**…**租税**と**公債金**の割合が高い。
- 税金は**国税**と**地方税**，**直接税**と**間接税**に分けられる。所得税は所得が多いほど税率が高くなる**累進課税制度**がとられる。

12-4 環境の保全

公害対策

政府の役割といえば，環境の保全も大切な仕事だ。経済活動による環境悪化を**公害**というよ。平成の中頃ぐらいまでは大気汚染が大きな問題になっていたけど，今は**騒音**が一番問題となっているんだ。公害の種類別に苦情受付件数の多さで並べると，騒音＞大気汚染＞悪臭＞水質汚濁＞振動の順になる。土壌汚染や地盤沈下もあるけど，件数としてはかなり少ないんだ。

「せっかく経済が発展しても，そのせいで公害が発生しちゃうのは困りますね。」

うん。1950 年代半ばから 1973 年までは，日本の経済が飛躍的に成長した時期であり, 高度経済成長期と呼ばれている。しかし, 工業が盛んになったのはいいけど，公害が深刻化したんだ。**四大公害病**といわれる被害が大きい公害も発生したよ。四大公害病がそれぞれ何か，わかるかな？

「はい。**四日市ぜんそく**（三重県四日市市，大気汚染），**水俣病**（熊本県・鹿児島県，八代海沿岸，水質汚濁），**イタイイタイ病**（富山県神通川流域，水質汚濁），**新潟水俣病**（新潟県阿賀野川流域，水質汚濁）です。」

	場所	原因物質
水俣病	熊本県・鹿児島県八代海沿岸	チッソの化学肥料工場が排出した有機水銀
イタイイタイ病	富山県神通川流域	三井金属鉱業神岡鉱山が排出したカドミウム
四日市ぜんそく	三重県四日市市	石油化学コンビナートが排出した硫黄酸化物
新潟水俣病	新潟県阿賀野川流域	昭和電工の化学工場が排出した有機水銀

※四日市ぜんそくは大気汚染，ほかは水質汚濁。

▲**四大公害病**

よく勉強しているね。訴訟ではいずれも原告側が勝利しているよ。

「こんな公害を許していては，工業が盛んになっても，人々が死んだり病気になったりしてしまいますね。」

そのとおりだね。そこで，1967 年，**公害対策基本法**をつくり，また 1971 年には環境庁を設置（2001 年に**環境省**に再編）し政府も本気で対策に乗り出したんだ。そして，1993 年には**環境基本法**が制定され，公害対策基本法は廃止，統合された。

近年，良好な環境を求める権利としての**環境権**が提唱されるようになっているよ。その権利を保障するため，1997 年には大規模な工事などにあたって，事前に環境への影響を調査する**環境アセスメント（環境影響評価）**が制度化されたんだ。

国民の環境への責任

次の条文を読んでごらん。何が分かるかな？

※環境基本法第３条

環境の保全は，（略）現在及び将来の世代の人間が健全で恵み豊かな環境の恵沢を享受するとともに人類の存続の基盤である環境が将来にわたって維持されるように適切に行われなければならない。

「環境を守るためには『現在及び将来の世代の人間』，つまり国や企業だけでなく，国民も環境に責任を負うべきだということですかね。」

「たしかに国民には自分で選んだことには自分で責任を負う心構えが必要ですよね。」

そうだね。そこで，環境基本法や，2000 年に制定された**循環(じゅんかん)型社会形成推進基本法**では，政府や企業とともに，国民にも環境の保全や，循環型社会の形成に努める責務があることが定められている。今日の国民は，自分のライフスタイルを見直し，環境に配慮した消費生活をすることが求められているんだ。

「先生，循環型社会って何ですか？」

天然資源の消費が抑制(よくせい)され，環境への負荷ができる限り低減された社会のことだよ。具体的には３R を推進することで循環型社会を実現することが大切だね。

「先生，その 3R ってなんですか？」

３R というのは，次のようなものだ。

① **Reduce（リデュース）…………廃棄物の発生抑制**

② **Reuse（リユース）　　…………再利用**

③ Recycle（リサイクル）…………再資源化

3R は，環境と経済が両立した循環型社会を形成していくためのキーワードだといえるね。

「レジ袋をもらわずに，マイバッグを活用するのはリデュースに入りますよね。」

そう。レジ袋という廃棄物の発生を抑制しているね。

「それじゃあ，段ボールを重ねてひもでくくり，地域で決められた収集日に出すのはリサイクルですね。」

その通り。段ボールは 95％が回収され，新しい段ボールに生まれ変わっているよ。

☑CHECK 12　つまずき度 ！！！！！　➡ 解答は別冊 p.13

次の文の（　　）に当てはまる語句を答えなさい。

(1) 価格（物価）が上がり，お金の価値が下がることを（　　　　　　）（（　　　　））という。

(2) 一般の銀行はお金に余裕がある企業や家計からお金を預かり，お金が足りずにお金を必要としている企業や家計にお金を貸しつけている。これを（　　）金融という。

(3) 日本銀行が一般の銀行と国債などを売り買いすることで，市場に出回るお金の量を調整して，景気の安定を目指すことを（　　　　）（（　　　　　　　　　　　　））という。このように，日本銀行が行う政策を金融政策という。

(4) 政府が景気の安定を目指して行う政策を（　　）政策という。

(5) 日本の歳出で最も多いのは（　　　　　）費である。続いて，（　　）費，（　　　　　　）となっている。

(6) 所得税は，所得が多ければ多いほど税率も高くなる(　　　　　)制度がとられている。

13章

私たちと国際社会の課題

いよいよ公民の最後になったね。ここでは私たち，そして世界が抱える課題について学んでいくよ。国連のしくみや環境問題を中心に見ていこう。ところで二人は，現代の課題に関連する言葉を何か思いつくかな？

「最近SDGsってよく耳にしますよね！」

「うんうん，テレビのコマーシャルとかで企業がよく，『うちの会社はSDGsを～』って言ってるよね！」

君たちがしっかり社会に関心を持っていてうれしいね。私たちの現代の課題を考えるうえで，SDGsの17の目標は大いに参考になるよ。それでは学習を始めていこう！

13-1 国家と国際社会

国家とは？

グローバル化が進んだ現代では，政治・経済・文化・環境・資源などの面で国と国は強く結びついている。

「そもそも国とは何なのかはっきり知りたいです。」

なるほど。ここで国家とは①領域②主権③国民を持つ団体としておこう。

領域とは？

領域とは，その国に所属する土地・空・海のことだ。国家の統治権が及ぶ範囲といってもいいね。また，その国に所属する土地を**領土**，その国に所属する空を**領空**，その国に所属する海を**領海**という。そして領土＋領空＋領海＝領域というわけだ。

領域というのは，いわば「自分の家」。他人が自分の家に入ってくるのをお断りできるのと同じように，他国の飛行機や船が領域内を通ることを拒否できる。これを**領土不可侵の原則**と呼ぶんだ。下が，領域のイメージだよ。

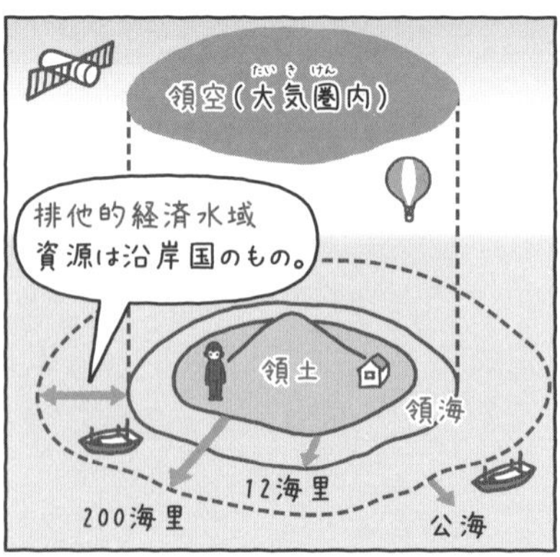

◀国の領域のイメージ図

「領海というのは海岸線から**12海里**（約22キロメートル），領土と領海の上空が領空ということなんですね。」

そのとおり。

「先生，海岸線から**200海里**（約370キロメートル）の範囲の部分に『**排他的経済水域**（はいたてきけいざいすいいき）』とありますけど，これはどういう意味なんですか？」

うん。単に**経済水域**ともいうよ。領海と違って統治権は及ばないが，**資源，たとえば石油・天然ガス・魚などは独占（どくせん）して自国のものにできる海域**をいう。他国の船は自由に航行できるけど，たとえば，漁業はできないし，資源もとれない。その外側の「公海」とは，どこの国にも属さない海だよ。

「公海はどこの国の船も自由に航行できるし，漁業もできるということですね。」

そう。そのことを**公海自由の原則**というんだ。

主権と国民とは？

「先生，主権ってどんな意味ですか？」

ここでいう主権とは国家が国民や領域を治める権限という意味だよ。主権には他の意味もあって，他の国に属さない最高のもの，でもある。「主権国家」という場合の主権だね。

「他の国の植民地は『主権国家』ではないんですね。」

そういうこと。ここでの「主権」という意味は，権力の根拠（こんきょ）という意味ではないから注意してね。

「つまり国民主権の『主権』と国家の要素としての『主権』とは違う意味なんですね。」

そう。また，国民とは国家を構成する人々のことだよ。ちなみに国家は国旗や国歌をもっているのが通常だ。その国の国旗や国歌には敬意を払わねばならないとされているよ。

「日本の国旗は日章旗（にっしょうき）（日の丸），国歌は『君が代』ですね。」

そうだね。これらは法律で決まっているんだ。

国際法とは？

国際社会では，国家は**国際法**にもとづいて行動しなければならない。国際法とは国際慣習法（国家間の長年のならわしがきまりになったもの）と**条約**（国家間の文書による合意）のことだよ。

「先生，もし国際法を破ったらどうなるんですか？」

難しい問題だね。まずは粘（ねば）り強く話し合いをすべきだと思う。

「もし話し合いがうまくいかなかったら戦争ですか？」

短絡（たんらく）的に決めてはいけないよ。例えば，解決策のひとつとして，**国際司法裁判所**を利用する手もあるね。ただし，裁判をするには当事国の合意が必要で，また判決に拘束力がある。

日本の領土問題

ここでは，領域をめぐって日本と他国に争いがあることを学習しよう。

①北方領土問題

次の地図を見てみよう。

ロシアは**歯舞群島**，**色丹島**，**国後島**，**択捉島**は自国の領土であるとしている。今日に至るまで，そこにはロシア人が住んでいて，ロシア人による開発が進んでいる。

「先生，日本が北方領土を自国の領土とする根拠としてはなにがあるんですか？ また，ロシアの北方領土に対する主張は正当なものなんでしょうか？」

まず日本の主張はサンフランシスコ平和条約で，日本が放棄した「千島列島」には，北方領土は含まれておらず，ロシアは不法に占拠をしているというものだよ。一方，ロシアの主張は「いや含まれる」というものだ。

「つまり，ロシアの主張によると，北方領土はサンフランシスコ平和条約で日本が放棄したということですね。」

そう。また，第二次世界大戦で占領（せんりょう）した領土なので合法的だとしている。北方領土には地下資源があることが分かっていて，また，ロシアの国防上でも重要な地点なんだ。ここに自衛隊の基地でもできれば，ロシアは太平洋に出にくくなるよ。

②竹島問題

北方領土と同様，他国に不法に占拠されている領土としては竹島（たけしま）（島根県）がある。他国とは韓国（大韓民国）を指す。現在竹島は，韓国が灯台，見張場，兵舎（へいしゃ）等を築き，警備員を常駐（じょうちゅう）させている。

「先生，なぜ，竹島は日本の領土といえるんですか？」

そもそも，1910 年の韓国（大韓帝国）併合（へいごう）により，朝鮮半島は日本の領土だった時期がある。しかし，太平洋戦争に敗北したため日本は朝鮮の人々に土地を返還したんだ。どの土地を返還したのかがさきほど挙げたサンフランシスコ平和条約に書かれているけど，放棄（ほうき）するものの中に竹島は入っていない。だから，竹島は明らかに日本領土であるというのが日本の主張だ。日本としては国際司法裁判所に判断を仰（あお）ごうと韓国（大韓民国）に提案しているけど，韓国はそれを拒否しているんだ。

③尖閣諸島

尖閣諸島（せんかくしょとう）は中国などが一方的に領有権を主張している島だ。次の地図を見てみよう。沖縄島から西に約 410 キロの位置にある。

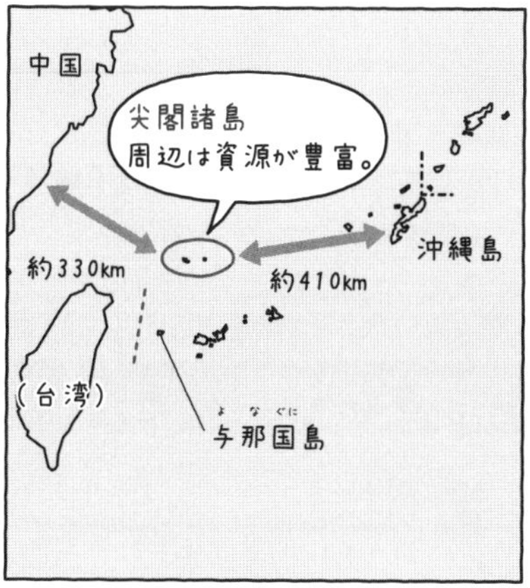

◀尖閣諸島の位置

サンフランシスコ平和条約でも日本の領土と認められていて，1895 年以来，日本が実効支配しているんだけど，1970 年代になって突然，中国などが領有権を主張し始めた。

「ええっ，なぜですか？」

1969 年と 1970 年に行われた国連の調査によって，尖閣諸島の周辺の海底に大量の石油・天然ガスが埋蔵されている可能性が指摘されたからだよ。イラクの埋蔵量にも匹敵（ひってき）するといわれているんだ。

「それが事実なら日本の悲願であった石油の自給自足が可能になるということじゃないですか？」

「日本が太平洋戦争をしたのも，日本で石油がとれなかったことが大きな原因のひとつでしたよね。」

「もし，技術のある日本が石油を手に入れれば，アメリカ合衆国のような超大国になれるかもしれませんね。」

そういう可能性もあるかもしれないね。

「結局，尖閣諸島は日本の領土なんですよね？」

そうだね。日本政府は，法的には「日本固有の領土であることは明白で，領土問題は存在しない」という見解を明言しているよ。

Point　主権国家と国際社会

- **主権国家=領域+主権+国民**
- 国家は国際法にもとづいて行動→争いがある場合は国際司法裁判所へ。

13-2 私たちと国際社会の課題

国際連盟はなぜ第二次世界大戦を防げなかったのか？

ここでは世界の平和を目指す国際的な動きに目を向けるよ。少し時代をさかのぼってみよう。

1914年に始まった第一次世界大戦の戦死者は900万人を超え，負傷者も2000万人を超えた。一般の国民も600万人以上が亡くなったといわれているよ。この第一次世界大戦では，それまでの戦争よりもはるかに大きな被害が出てしまったんだ。

「誰もが二度と戦争は起こってほしくないと思ったでしょうね。」

そうだね。そこで，第一次世界大戦のあと，二度と悲惨（ひさん）な戦争を起こすことがないように，アメリカ合衆国大統領ウィルソンの提案で，国際連盟が設立された。1920年のことだよ。でも，この国際連盟には，侵略国などに対して，武力制裁を行うことができないなど，いろいろな問題点があった。結局，1939年に始まる第二次世界大戦を防ぐことができなかったんだ。

なぜ国際連合がつくられたのか？

第二次世界大戦での死者数は軍人が約2500万人，一般の国民が約3700万人と推定（すいてい）されているよ。

「第一次世界大戦より犠牲者（ぎせいしゃ）数が増えていますね。」

そうだね。

そこで，アメリカ合衆国を中心とする連合国は，第二次世界大戦中から，戦争が終わったら，世界の平和と安全を守るための新しい国際組織（そしき）を設立しようと話し合った。そして，第二次世界大戦終結後の1945年10月，**国際連合憲章**にもとづいて**国際連合（国連）**が設立されたんだ。下の図は国際連合の旗だよ。

アフロ

◀国際連合の旗

「世界地図を何かが囲んでいますね。」

これはオリーブの葉だね。オリーブは平和の象徴なんだ。国際連合が世界の平和を目指して活動する組織であることを示している。国際連合の本部はアメリカ合衆国の**ニューヨーク**に置かれ，支部は世界各地に設置されているよ。

Point 国際連合の設立

- **国際連合（国連）**…1945年10月，**国際連合憲章**にもとづいて設立。本部はアメリカ合衆国の**ニューヨーク**。
  ⇒国際連盟の反省をいかし，戦争を防ぐため。

国際連合における重要な機関とは？

国際連合は重要な主要機関と，多くの専門機関などから構成されている。次ページの「国際連合の構成」の図は，国際連合の構成を表しているよ。重要な主要機関とはどれだろうか？ 図を見て答えてみよう。

「総会，安全保障理事会，経済社会理事会，国際司法裁判所，事務局などがあてはまるんですかね。」

そうだね。では，それぞれの主要機関について説明していこう。まずは，**安全保障理事会（安保理）**について。世界の平和と安全を維持するために強い権限を持つ国際連合の中心機関だよ。国際連合の中でもっとも重要な仕事を果たしているともいえるだろうね。二人は以前4-4平和主義で国連の**PKO（平和維持活動）**という言葉を聞いたことがあるよね。PKOは，国際連合が紛争などで治安が悪化している地域に，紛争が起こっている国の同意を得たうえでPKF（平和維持軍）を派遣するなどして，停戦や選挙の監視など，平和維持のための活動を行うことなんだ。PKOも安全保障理事会の担当だよ。

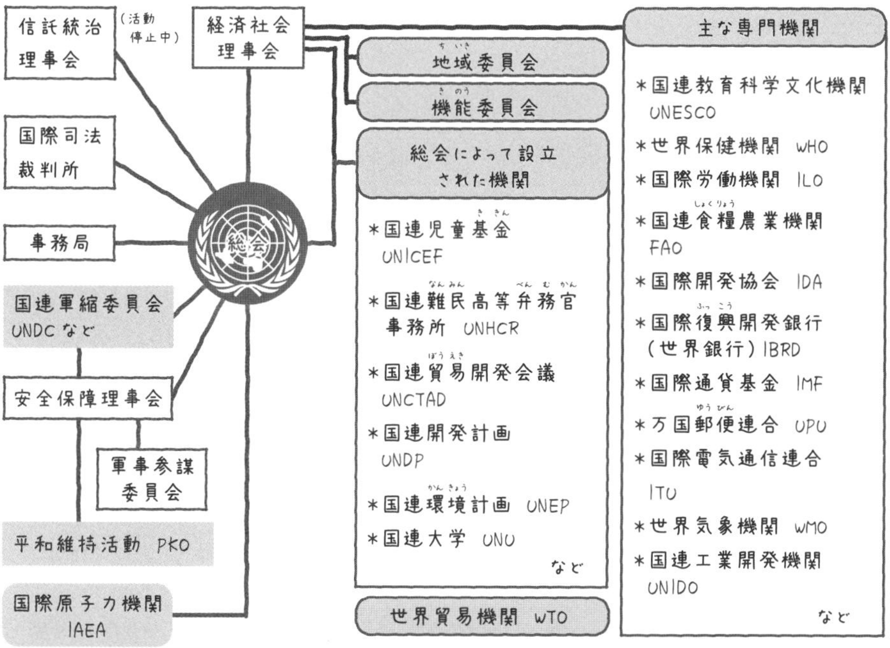

▲国際連合の構成

「安全保障理事会には，軍事参謀委員会が付属していますね。」

うん。侵略などをした国に武力制裁を加えるためだよ。軍事参謀委員会は国連軍の指揮をとるなど，まさに参謀として活動することが期待されているんだ。しかし，加盟国が戦力を提供する形での国連軍はこれまでに一度も組織されておらず，軍事参謀委員会は実際には活動していない状態だよ。

さて，安全保障理事会は5か国（五大国）からなる**常任理事国**と，10か国からなる**非常任理事国**で構成されている。非常任理事国は選挙で選ばれ，任期は**2年**。日本は1950年代から計11回も非常任理事国に選ばれているんだ。11回という数字については多いと思う？ ケンタさん，どうかな？

「なんとなくですけど，多いと思います。」

うん。これは加盟国中最多なんだ。

「すごいですね。」

常任理事国の5か国は，**アメリカ合衆国**，**フランス**，**ロシア連邦**，**中国**，**イギリス**だよ。しっかり覚えておこう。

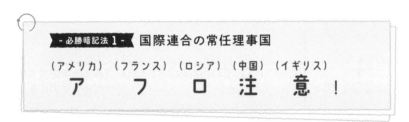

- 必勝暗記法 1 - **国際連合の常任理事国**

（アメリカ）（フランス）（ロシア）（中国）（イギリス）
ア フ ロ 注 意 ！

常任理事国の任期は無期限であることも押さえておいてね。

さて，安全保障理事会では，15か国中9か国以上の賛成で初めて議決される。

さて，次の表を見てみよう。これは近年の安全保障理事会の議決を，いくつかピックアップしたものだよ。

時期	決議案の内容	決議案に反対した国	採決の結果
2010 年 6 月	イランに対する制裁	ブラジル，トルコ（レバノンが棄権）	可決
2011 年 2 月	イスラエルに対する非難	アメリカ合衆国	否決
2012 年 7 月	シリアに対する制裁	中国，ロシア連邦（パキスタンと南アフリカ共和国は棄権）	否決

「イランに対する制裁は賛成が 12 か国，反対が 2 か国，棄権が 1 か国ですから，当然可決ですね。しかし，イスラエルに対する非難は賛成が 14 か国で，反対はアメリカ合衆国の 1 か国だけなのに否決ですか…。シリアに対する制裁も賛成が 11 か国で，反対が中国とロシア連邦の 2 か国，棄権が 2 か国なのに否決です。おかしくないですか？」

いいところに気がついたね。では，アメリカ合衆国，中国，ロシア連邦に共通することは何かないかな？

「全て**常任理事国**です。」

正解。つまり，安全保障理事会の常任理事国の 5 か国は**拒否権**を持ち，1 か国でも反対すれば，その議案は否決される。これを**五大国一致の原則**といい，議案の可決には常任理事国の 5 か国を含む 9 か国以上の賛成が必要なんだ。

「ということは，他の全ての国が賛成しても，常任理事国の 1 か国が拒否権を行使すれば，議案は否決されるわけですね。」

そういうこと。

「これでは常任理事国の権限がすごく強すぎではないでしょうか？任期は無期限だし，拒否権もあるわけですよね。」

うん。さまざまな意見があるとは思うよ。続いて，**総会**について説明しよう。総会は全加盟国の代表で構成され，国際連合の活動範囲におけるさまざまな問題について討議し，その改善のための勧告を行う。**1国1票制**で，原則として議決は多数決制なんだ。加盟国の承認などの重要議題については，投票国の3分の2以上の賛成で議決される。

しかし，総会の決議には拘束力がないんだ。拘束力があるということは，決議に反した場合に罰則が与えられることを意味するよ。

「話は変わりますが，『国際連合の構成』の図を見ると，**経済社会理事会**は**国連教育科学文化機関（UNESCO）**や**世界保健機関（WHO）**など，多くの専門機関と協力して活動しているんですね。」

そのとおり。経済社会理事会は国連の専門機関だけでなく，**NGO（非政府組織）**とも協力して，人権を守る活動などを行っている。NGOは人権や開発，貧困や難民など世界的な規模でのさまざまな問題を解決するために国境を越えて活動している民間の組織だよ。基本的人権を守ることも国際連合の重要な仕事のひとつなんだ。

「国際司法裁判所，事務局，信託統治理事会はどんな機関ですか。」

信託統治理事会は，現在活動停止中なんだ。**国際司法裁判所**は，国際法に従って，国家間の争いごとを裁判で解決する機関だよ。オランダのハーグに置かれている。日本は，島根県の竹島を日本固有の領土であると主張しているけど，現在韓国が不法占拠している。これを平和的な手段で解決するために，竹島の問題について国際司法裁判所に判断をお願いしようと，日本は韓国に提案したことがあるよ。

「それで韓国からはどんな回答があったんですか？」

日本は韓国に３回申し込(こ)み，韓国は３回ともこれを拒否しているんだ。

最後に**事務局**について。事務局は，国際連合の運営(うんえい)に関する事務を担当する機関なんだ。事務局の最高責任者は事務総長だよ。2021 年現在(げんざい)の事務総長は，ポルトガル出身の**アントニオ・グテーレス**だね。

AP／アフロ

▲アントニオ・グテーレス事務総長

Point　国際連合の主要機関

- **安全保障理事会（安保理）**…5 か国の**常任理事国**（**アメリカ合衆国，フランス，ロシア連邦，中国，イギリス**）と 10 か国の**非常任理事国**で構成。常任理事国は**拒否権**を持つ。決議に拘束力がある。
- **総会**…全加盟国の代表で構成。**1 国 1 票制**。決議に拘束力がない。
- **経済社会理事会**…**UNESCO** や **WHO** などの専門機関と協力して活動。
- **信託統治理事会**…活動停止中。
- **国際司法裁判所**…国家間の争いごとを裁判で解決する。
- **事務局**…最高責任者は事務総長。

国際連合の主な専門機関にはどんなものがあるのか？

ここでは，国際連合の**専門機関**などについて説明しよう。世界の平和と安全を維持するためにはどうしたらよいだろうか？

「『個人(こじん)の尊重(そんちょう)』を守ることができれば戦争は起きないのではないでしょうか？」

うん。まずは，世界中から貧困をなくすことが必要だね。貧しさから食料を手に入れられず，「食料がないなら他から奪(うば)うしかない」と考え，戦争が起こってしまうこともあるからね。**国連児童(じどう)基金（UNICEF(ユニセフ)）**は，発展(はってん)途上国(とじょうこく)や紛争地域で飢(う)えや病気に苦しむ子どもを長期的に援助(えんじょ)する活動などをしている。UNICEF は，総会で設立された国連の専門機関なんだ。下の図は，UNICEF のマークだよ。

ロイター／アフロ

▲ UNICEF のマーク

「子どもを高く抱(だ)き上げているのがわかります。UNICEF が世界中の子どもを守る機関であることが上手に表現されていると思います。」

そうだね。UNICEF は子どもの権利条約（児童の権利に関する条約）にもとづいて，子どもたちに予防接種(せっしゅ)を行ったり，栄養状態の改善に取り組んだりして，世界中の子どもたちの命と健康を守るとともに，必要な教育が受けられるように活動している。

さて，二人は**難民**という言葉をニュースなどで聞いたことがあるかな？難民とは，宗教や民族，国籍(こくせき)や政治上の理由によって迫害(はくがい)などを受け，住んでいるところを離(はな)れざるをえなくなった人たちだよ。

「難民となった人たちは生活できませんよね。」

うん。そこで難民を救うための国際連合の機関として，**国連難民高等弁務官事務所（UNHCR）**がある。この機関の最高責任者である高等弁務官を日本人が務めたことがあるよ。1991～2000年の間，右の**緒方貞子**が高等弁務官を務めたんだ。

「私と同じ日本人が国際連合で活躍していたことはとてもうれしいです。」

ロイター／アフロ

▲緒方貞子

そうだよね。ほかにもさまざまな機関があるよ。**国連貿易開発会議（UNCTAD）**は，発展途上国と先進国との間の経済格差をなくし，貿易を拡大させようと活動している。また，食料難だけでなく，病気なども貧困の原因になるよね？ 世界中の人たちの健康を維持し，その増進を図ることを目的に活動している専門機関が**世界保健機関（WHO）**だよ。

さらに世界の平和と安全を維持するためには，貧困から人々を救うだけでなく，十分な教育の普及も重要になる。教育や文化は創造のためのものであり，戦争による破壊とはまったく逆の位置にあるものといえるね。次の資料を見てごらん。

ユネスコ憲章前文（一部）

戦争は人の心の中に生まれるものであるから，人の心の中に平和のとりでを築かなければならない。

このユネスコ憲章が採択された翌年の1946年に，**国連教育科学文化機関（UNESCO）**が設立されたんだ。

「教育や科学，文化の面で国と国が協力して，人々の心の中に『平和のとりで』を築こうとしているわけですね。」

「世界中の人たちが仲良く共存するためには，国際的な交流をさらに

深めるとともに，自国の文化だけでなく他国の文化も尊重することが大切だと思います。このような心がけも『平和のとりで』といえるんではないでしょうか。」

二人ともいいことを言ってくれたね。そのとおりだと思うよ。UNESCO は**世界遺産**の登録などを行っている。これは世界的な価値をもつ自然や建造物，町並みなどを保護し，未来まで残していくことを目的にしているんだ。UNESCO はこのような活動を通して，世界の平和と安全を図ることを目指している。

また，世界の平和を守るためには，核兵器の廃絶を目指すことも重要だね。

「核兵器こそ人類を滅亡させる恐れがあると思います。」

そうだね。**国際原子力機関（IAEA）**は，原子力の平和的利用を推進するために研究・開発を行っている国際機関だよ。IAEA は原子力エネルギーが軍事目的に利用されることを防ぐために，非核保有国の原子力施設を査察するなどの活動をしている。査察とは現地で状況を調べて，そのようすを見極めることだよ。2009～19 年の間，右の**天野之弥**が IAEA の事務局長を務めたんだ。

ロイター／アフロ
▲天野之弥

Point　国際連合の主な機関

- **国連児童基金（UNICEF）**…飢えや病気に苦しむ子どもを援助。
- **国連難民高等弁務官事務所（UNHCR）**…難民を救う。1991～2000年の間，**緒方貞子**が高等弁務官。
- **国連貿易開発会議（UNCTAD）**…発展途上国と先進国との間の経済格差をなくし，貿易を拡大させようと活動する。
- **世界保健機関（WHO）**…人々の健康を維持し，増進を図る。
- **国連教育科学文化機関（UNESCO）**…教育や科学，文化の面で国際的な交流を深め，世界の平和と安全を図る。**世界遺産**の登録。
- **国際原子力機関（IAEA）**…原子力の平和的利用を推進。原子力エネルギーの軍事目的への利用を防ぐ。事務局長は**天野之弥**（任2009～19年）。

国際連合加盟国の変化と日本の立場とは？

2020年9月の国連加盟国数は，**193か国**。次のグラフを見てみよう。国際連合が設立された1945年の加盟国数は何か国かな？

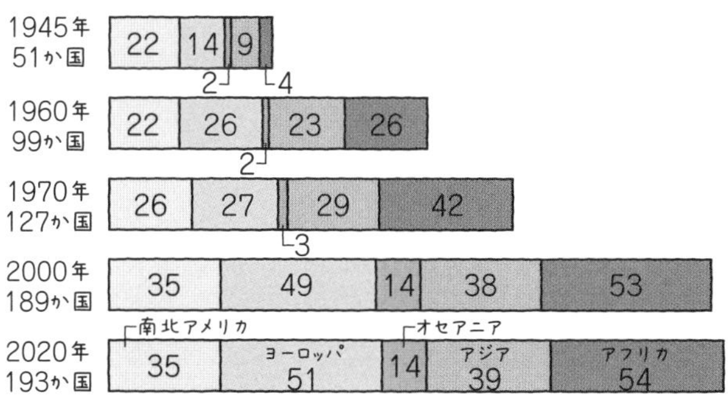

▲国際連合の加盟国数の変化

「51か国です。」

正解。1945年から1960年の間では，どの地域の国連加盟国数が最も増えているかな？

「南北アメリカは22→22で変わらず，ヨーロッパは14→26で12か国増え，オセアニアは2→2で変わらず，アジアは9→23で14か国増え，アフリカは4→26で22か国増えています。ということは，アフリカで最も加盟国数が増えていますね。これはなぜでしょうか？」

アフリカは第二次世界大戦後に独立が進んだ。特に1960年は17か国が独立し，「アフリカの年」と呼ばれているよ。独立した国々が国際連合に加盟したので，アフリカの加盟国数が一気に増えたんだ。

「1960年から2000年にかけても，アフリカの国々の国際連合加盟が目立ちますね。27か国も増えています。」

1960年から2000年の間で，アフリカの次に国連加盟国数が増えているのはどの地域かな？

「ヨーロッパですね。23か国増えています。これはなぜでしょう？」

1991年，ソビエト連邦が解体し，ロシア連邦を含む15の国に分裂(ぶんれつ)した。これらの国々が新たに国際連合に加盟したんだ。また，旧(きゅう)ユーゴスラビアが6か国に分裂し，ボスニア・ヘルツェゴビナやクロアチアなどの新たな国々として国際連合に加盟したことも影響(えいきょう)しているよ。

「なるほど!!」

さて，話は変わるけど，今度は次ページのグラフを見てみよう。国際連合の活動に必要なお金をどの国がどれだけまかなっているかを示している。日本は第何位だろう？

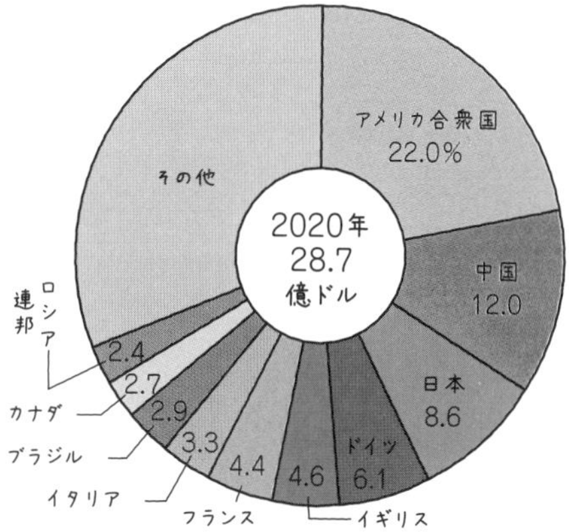

(国際連合資料)

▲国際連合の通常予算の分担率

「第３位です。日本は国際連盟では常任理事国でした。これだけ資金面で国際連合に貢献しているなら，今後日本が常任理事国になる可能性もあるのではないでしょうか？」

実は日本，ドイツ等は常任理事国入りを目指して活動しているんだ。しかし，先ほども話したように常任理事国には無期限の任期や拒否権などがあり，とても強い力を持っている。そのため，自国の権益が侵されるのではないかと近隣の国が不安に思い，賛成してくれないんだ。日本の常任理事国入りは，中国や韓国などの近隣国が賛成してくれるかどうかにかかっているといえるだろうね。

Point　国際連合における日本

- 日本は国際連合の通常予算の分担率で加盟国中第３位。
- 日本は常任理事国入りを目指している。

13-3 国家を超えた動き

地域主義とは？

グローバル化の進展により，世界の各地で近隣諸国間の経済や軍事を中心とした地域的な協力関係が生まれてきているよ。これを**地域主義（地域統合）**というんだ。

▼EU加盟国

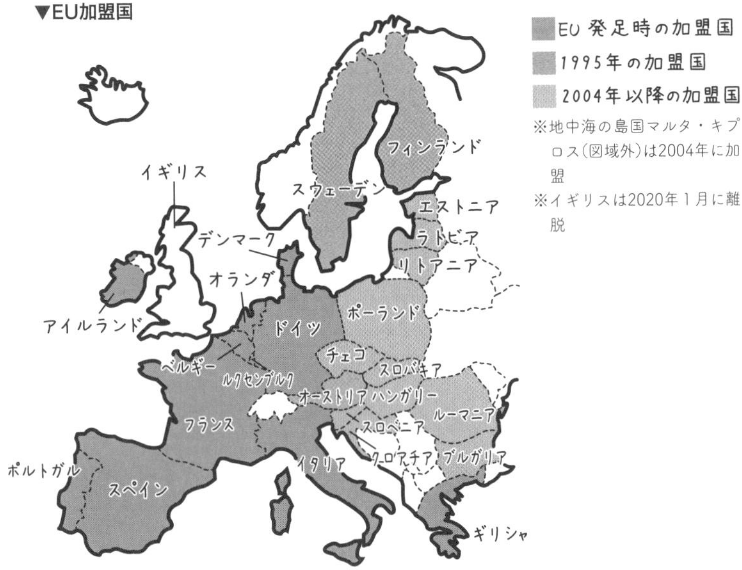

「国境がなくなりつつあるんですね。」

そう。たとえば，ヨーロッパでは1993年に**ヨーロッパ連合（EU）**が発足した。これはヨーロッパの政治的・経済的な統合を図り，アメリカや日本の力に対抗していこうというものだ。

「共通の通貨であるユーロも導入されていますよね。」

そう。軍事的にもアメリカと協調して，北大西洋条約機構（NATO）を結成し，ヨーロッパの平和を守ろうとしている。またアジアでは，**東南アジア諸国連合（ASEAN）**があるね。これは，東南アジア諸国が政治・経済の分野で協力を進めている。そして**アジア太平洋経済協力会議（APEC）**もアジア･太平洋地域の貿易自由化･経済協力を進めているよ。これにはオーストラリア，ブルネイ，カナダ，チリ，中国，香港，インドネシア，日本，韓国，マレーシア，メキシコ，ニュージーランド，パプアニューギニア，ペルー，フィリピン，ロシア，シンガポール，台湾，タイ，米国，ベトナムの 21 の国と地域が参加している。

「太平洋に面している多くの国と地域が参加しているんですね。」

そう。他にも地域の結びつきとして**アフリカ連合**（AU）や**南米南部共同市場**（MERCOSUR（メルコスール））があるよ。

EPA と FTA とは？

さて，自国のものを輸出したいなら，他国のものの輸入を妨げてはならないことを自由貿易の原則という。これを推進するための国際機関として**世界貿易機関（WTO）**があるんだ。しかし貿易ルールを決めるには 164 の国と地域の「全会一致」が原則になっている。

「すこし効率が悪いですね。」

そうなんだ。そこで国と国，あるいは国と地域で WTO より進んだ関税の撤廃（てっぱい）など貿易の自由化などを決める条約として **FTA** がある。また，**貿易の自由化にとどまらない**投資や知的財産の保護なども含む共通ルールを定めた協定を **EPA** というよ。

「日本も FTA や EPA を結んでいるんですか？」

もちろん。日本はFTAやEPAを世界各国と結び，自由な経済活動を目指しているんだ。日本に大きな影響があるEPAには**TPP（環太平洋経済連携協定）**がある。

地域主義の利益と不利益

資源の少ない日本にとって貿易はまさに屋台骨。自由貿易は日本にとって大事なことだよ。

「日本の強い産業，たとえば自動車産業などにとって，自由に商品を売れるのは利益ですよね。」

そう。関税が安くなるか，なくなるわけだからね。このように国内の強い産業には利益がある。

「でも，農業はどうなるんですか？ 安い農産物が入ってきたら日本の農業は壊滅しちゃうんじゃないでしょうか？」

たしかに関税をかけなくなると日本には安い米が出回ることになるね。自由貿易になると国内の弱い産業がダメージを受けるという不利益がある。

「品質を上げたり，価格を安くしたりする努力をするしかありませんよね。」

そう。見方によっては，こういう競争が生まれ，国内産業が，より強くなるという利益が生まれるかもしれないね。

非政府組織とは？

同じく国家を超えたものとして，**非政府組織（NGO）**や**非営利団体（NPO）**の活躍も目立ってきている。これらの団体には国際連合に協力するのもあるよ。そして世界平和のために尽くしたり，環境問題，貧困などの問題に対処したりしているんだ。

Point 国家を超えた動き

- 地域主義への動き（EU，ASEAN，APEC など）
- EPA と FTA
- 非政府組織（NGO），非営利団体（NPO）の台頭

13-4 新しいタイプの戦争と世界平和のために

地域紛争とは？

「国際連合のおかげで第三次世界大戦は起きていませんね。」

確かに世界大戦は起きていないけど，**地域紛争**はかなり起きているよ。

「そういえば，テレビで地域紛争のニュースを見ることがあります。なぜこうした紛争はなくならないんでしょうか。」

紛争の理由は様々だ。領土・資源の奪い合い，民主化を求める運動，民族・宗教の違い，経済格差，あるいはそれらが複雑に絡(から)み合ったもの，など。ここでは特に現在でも続く紛争を紹介しよう。まずはパレスチナ問題。これは1948年に始まったものだよ。

「そんなに前から続いているんですか!?」

そう。現在まで断続的に続いているよ。もともとパレスチナに住んでいたイスラム教徒であるパレスチナ人と後から入植してきたユダヤ教を信じるユダヤ人との争いなんだ。この対立は第一次中東戦争（1948～1949），第二次中東戦争（1956～1957），第三次中東戦争（1967），第四次中東戦争（1973）の直接の原因，少なくとも遠い原因にはなっている。

「パレスチナ問題をめぐって多くの血が流されたんですね。」

うん。中東は不安定な地域なんだ。さらにシリア内戦というものが

2011年から続いている。これは政府と反政府組織との戦いなんだ。

「民主化を求めての紛争ですか？」

そうだね。現在までおよそ50万人が亡くなり，国民の半数以上が住むところを失った。紛争には化学兵器まで使われたと言われるよ。住むところを失った者は国外に逃れるしかない。このような人を**難民**というんだ。

テロとは？

2001年9月11日にアメリカで同時多発テロが起こり，テロリストにハイジャックされた飛行機が，ニューヨークの高層ビルに突っ込むなど世界中で様々なテロが起きている。

「先生，テロとは何ですか？」

政治的目的を達成するために，暗殺・暴行・破壊活動など直接的な暴力やその脅威に訴えることをいうよ。それを実行するのがテロリストだよ。テロでは一般市民が犠牲になるのが特徴だといえるね。

平和への道

では世界を平和にするにはどうすればいいかな？

「紛争の理由は領土・資源の奪い合い，民主化を求める運動，民族・宗教の違い，経済格差などでした。まずは，これらの問題を解決することですよね。」

確かにそのとおりだね。領土・資源については徹底的に話し合う，民主政治を実施する，民族・宗教による差別は止める，貧困を救うなどで，争いの原因は無くなる。貧困をなくすためにはたとえば**政府開発援助（ODA）**

という方法があるよ。

「先生，政府開発援助って何ですか？」

先進国の政府が貧困などに悩む国に資金を援助することだよ。これには知識や技術を教えることも含む。次のグラフを見てごらん。

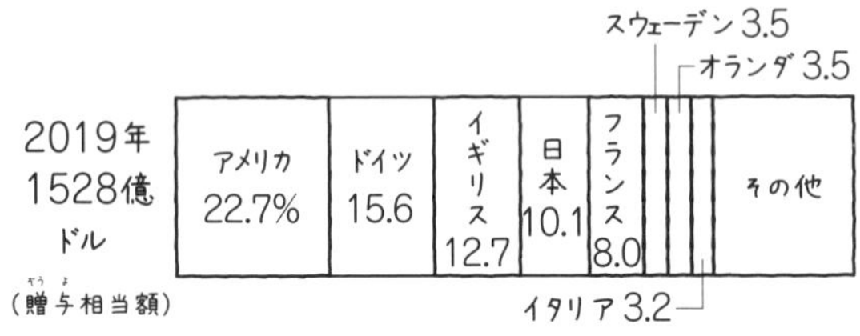

(2020/21年版「世界国勢図会」)

▲主要先進国のODA総額の割合

「やはりアメリカが多いですね。」

「日本は４位です。」

さて，平和な世界にするために，他にはどんな方法があるだろうか？

「武器をなくせばいいんじゃないですか？」

そうかもしれない。でも，それは本当に可能なんだろうか？　たとえば，世界で武器をなくすことが合意されたとする。それは確かめられる？

「難しいと思います。」

武器をなくす合意にしたがったふりをして，いくつかの国は武器を隠し持つんじゃないかな？

「そして，武器を隠し持っていた国が世界を支配するとか？」

「まさに悪夢ね。」

武器の制限

とはいえ，武器の制限は当然考えられているよ。まず，核兵器についてだけど，1968 年に**核拡散防止条約**が結ばれ，核兵器を持っていいのはすでに核を保有していた**国連の常任理事国だけ**となったんだ。

「それって不平等じゃないですか？ すべての国が廃止すべきですよね。」

そう思った国は核拡散防止条約に入っていない。たとえば，核拡散防止条約に入っていないイスラエル，インド，パキスタン，北朝鮮などは核兵器を保有している。核兵器については 1996 年に包括的核実験禁止条約という，あらゆる核兵器の実験を禁止する条約が国連で採択されたけど，一部の国が批准していないため発効していない。さらに，2017 年には**核兵器禁止条約**が国連で採択され 2021 年には発効したんだ。

「日本も核兵器禁止条約には当然参加してますよね。」

いや，それが参加していないんだ。核保有国や NATO 諸国も参加していない。

「なぜですか？」

核兵器を持っていれば，報復として核兵器で攻撃されることを恐れて，相手国は先制核攻撃をしないという考え方がある。これを**核抑止論**というんだ。核保有国はこの考え方ということだね。本当に核兵器が全廃されな

ければ，相手から核攻撃されてしまうので，核兵器を捨てられないと思っている。

「日本は核保有国でもないのに，なぜ核兵器禁止条約に参加しないんですか？」

日本が核攻撃をされたらアメリカが日本の代わりに，相手国を核攻撃してくれることになっているからだよ。これを「日本はアメリカの**核の傘**の下にいる」と表現する。つまり，日本は立場上アメリカに守ってもらっているので，参加できないと考えられているよ。

「核兵器廃絶は当分出来そうもないですね。」

ただし，他の兵器では廃止が進んでいるものもあるよ。対人地雷がそうだ。

「先生，対人地雷って何ですか？」

地面の下に埋めてあり，そこを人間が踏んだりすると爆発するものだ。紛争が終わってもなお，威力を保つので，一般市民にも大きな被害を与えることになる。だから「悪魔の兵器」といわれているんだ。たとえば，エジプトのサハラ砂漠には 1940 年代にドイツ軍が埋めた地雷が約 2000 万発埋まっている。この地域に住む遊牧民は第二次世界大戦が終わった 1945 年以降，1000 人以上が地雷を誤って踏んで死亡したんだよ。

「戦争が終わったのにですか？」

そう。しかもテロリストがその地雷を掘り返して再使用しているとのことだ。このように危険な兵器なので，1997 年に**対人地雷全面禁止条約**が結ばれ，対人地雷の使用，開発，保有などが禁止されたよ。

「日本も参加していますか？」

うん。日本は，百万個もの地雷を持っていたんだけど，すべて廃棄した。また，核兵器禁止条約も対人地雷全面禁止条約も実現したのはNGOがこれらの運動を盛り上げたおかげなんだ。NGOの力が大きくなっているね。

軍隊の派遣

平和を守るためには紛争地域に軍隊を派遣するというのも一つの方法だよ。国連もこのような活動をしていて，これを**平和維持活動（PKO：Peacekeeping Operations）**というんだったね。このPKOに基づいて派遣される軍隊や警察官などを**平和維持軍（PKF：Peacekeeping Force）**というのも覚えているかな。

「日本もPKOに参加したことがあるんですか？」

あるよ。カンボジアなどに派遣されたよ。これについては4-4のほうも読んでみてね。

Point　新しいタイプの戦争と世界平和のために

- **新しいタイプの戦争＝地域紛争＋テロ**
- 平和への道…①**ODA**　②**武器の制限**（核兵器禁止条約，対人地雷全面禁止条約）　③**PKO**　などの取り組み。

13-5 私たちの課題

ひとりひとりの違いを尊重できるようになろう

私たちが民族や文化，宗教の違いを乗り越えて生活できない限り，紛争が絶えない世界になるだろうね。自分と違うものを受けいれ，認め，大切にしなくてはならない。キーワードは「多様性の尊重」だ。

「先生，どういうことですか？」

自分の考え方ややり方を他人に強要したり，他人の考え方ややり方を否定したりしないこと，そして自分のもののように大切にすることだよ。このような姿勢で臨むことで，初めて紛争のない，みんなが共生できる社会が実現するんだ。たとえば，自分と違う宗教の儀式を強制されるのも，『多様性の尊重』というキーワードからはずれる行為だね。

さて，ここでジェンダー（Gender）について取り上げよう。ジェンダーとは，社会，文化的に形成された性別のことを言うんだ。ここで押さえておいてほしいのは，生物学的な性別とは違うという点だよ。ここはしっかり覚えておこうね。このジェンダーによって，ひとりひとりのあり方や生き方まで決めつけられてしまうことがあるんだ。考え方ややり方を含めた個性，つまり多様性の尊重が求められていると思うよ。

「たとえば，『女の子なのだから，おしとやかでなければなりません』とか『男の子なんだから，めそめそしてはいけません』ということですか？」

そうそう。だって，よく考えたら，「おしとやか」「めそめそしない」ということは女の子や男の子であることとは本来関係ないよね。

「『男性は外で仕事をすべきで，女性は家庭を守るべきだ』というのもジェンダーによる決めつけなんですか？」

そうだね。そういうジェンダーによる決めつけを「性別役割分担意識」っていうんだ。

このジェンダーによる役割の決めつけ，つまり性別役割分担意識は，特に女性に対するさまざまな差別を生むんだ。主に発展途上国ではさらに顕著だ。昔の日本のように「女性には結婚の自由がない」「女性には教育は必要ない」などのジェンダーによる差別が横行している。これらは明らかに不条理だ。

そこで，SDGs（持続可能な開発目標）のひとつに「ジェンダーの平等を実現しよう」という目標が掲げられているよ。

SDGsとは？

SDGsとは「Sustainable Development Goals（持続可能な開発目標）」の略称だよ。SDGsは，2015年9月に国連の「持続可能な開発サミット」で採択された。世界を将来にわたって持続させるため，2030年までに人類が達成すべき目標のことだよ。17の目標と169のターゲットから構成されているんだ。SDGsの項目ひとつひとつは，いま世界で，そして私たちの目の前で起こっている問題そのもの。これらを解決して，「誰一人取り残さない」社会の実現に向けて，世界のあらゆる国や地域，あらゆる企業がさまざまな取り組みを行っているんだ。ひとりひとりが，ありのまま幸せに生きる社会を目指しているともいえる。つまり，SDGsの達成にも「多様性の尊重」は欠かすことができないんだよ。

「SDGsの達成のためには，まず，世界で起きているいろいろな問題を自分事として考えることが大切だということになりますね。」

そうだよ。SDGsの達成は，子孫に対する私たちひとりひとりに課せられた責務とも言えるね。

環境問題にはどのようなものがあるのか？

次にSDGsの17の目標のうち，13「気候変動に具体的な対策を」，14「海の豊かさを守ろう」，15「陸の豊かさも守ろう」に関係の深い地球環境問題を取り上げよう。

かつて人間はどれだけ森林を伐採しても，ごみを海や山などに捨てても，自然が簡単に壊れることはないと考えていたんだ。さまざまな生物がすむ地球で，人間だけが自然界にはないものを生産し続けてきた。その結果，どんなことが起こっただろうか？

「自然環境の破壊が進んでいるだけでなく，人間自身の体にも被害をおよぼす公害が問題となっています。」

そのとおり。地球規模の環境問題として，**オゾン層の破壊**や**地球温暖化**，**森林（熱帯雨林）の減少**や**砂漠化**，**放射能汚染**や**有害物質による汚染**などがあるね。これらは近年大きく取り上げられ，人類が今後も地球で暮らしていけるかどうかにかかわる重大な問題であることが幅広く認識されるようになった。

オゾン層は，地表からだいたい10～50 kmの高さにあるオゾンという気体が多く集まっている層だよ。オゾン層には，太陽から放出される人体に有害な紫外線を防ぐ重要な役割があるんだ。

「オゾン層は，有害な紫外線から人間を守ってくれるカーテンのようなものなんですね。」

うん。ところが近年オゾン層が非常にうすいところが出てきたんだ。このようなところをオゾンホールというんだ。

「もし，有害な紫外線がオゾン層で防がれることなく，地上に届くようになるとどうなってしまうんですか？」

動物や植物が育つのを妨げるなどして，生態系に大きなダメージを与えることになる。人間は皮膚がんになったり，白内障という目の病気にかかるリスクが高くなるよ。

「とてもこわいです。オゾン層の破壊は人類の滅亡につながる可能性もあるんですね…。」

そうなんだ。

オゾン層の破壊は，かつて冷蔵庫やエアコン，スプレー缶などに使われていた**フロンガス**が原因だよ。そこで，1985 年にはオゾン層の保護のためのウィーン条約が結ばれた。さらに 1987 年にはモントリオール議定書が採択され，日本を含む先進国は 1996 年までにフロンなどのオゾン層を破壊する原因となるものを絶対に使わないようにすることを決めたんだ。

「なるほど。しかし，発展途上国ではどうなんですか？」

その後もフロンなどが使用されていたよ。

「えっ～。それでは意味がないじゃないですか !!」

確かに。そこで 1989 年にはヘルシンキ宣言が採択され，発展途上国も 20 世紀のうちに完全に使用をやめることが決まったんだ。さらに，これまでのフロンにかわってエアコンなどに使われている代替フロンという物質の生産も制限していくことが決まっている。しかし，放出されたフロンが上空のオゾン層に達して影響を与えるのは 20 年後といわれているよ。

「これはまだ安心できませんね。すでに放出されたフロンがオゾン層

にどんな影響を与えているか，これからも見守っていく必要がありそうです。」

そのとおり。

次は，放射能汚染や有害物質による汚染について考えてみよう。

これも１つの国で解決できる問題ではないね。ある国が生産活動などを行う中で有害な物質を排出してしまうと，それが他の国までやってきて被害を与えることがある。

「**PM2.5** もそのひとつですか？ 中国などから日本まで PM2.5 が飛んできているというニュースを見たことがあります。アナウンサーが注意を呼びかけてました。」

よく知っているね。PM2.5 は，大きさが 2.5 マイクロメートル以下の粒子状の物質で，工場や自動車から排出されるガスなどから発生するんだ。人間が PM2.5 を吸い込むと，ぜんそくや肺がんなどの病気にかかってしまう恐れがある。大気汚染のひとつといえるね。

ほかにも，**酸性雨**って聞いたことがないかな？

「理科で出てきた酸性，アルカリ性の酸性ですか？」

そう。酸性雨は，その名のとおり酸性が非常に強い雨のことだよ。自動車や工場などから排出されるガスに含まれる硫黄酸化物や窒素酸化物という物質が雨に取り込まれ，酸性雨となって地上に降ってくる。酸性雨は森林を枯らしたり，銅像などの文化財を溶かしたり，魚介類を死滅させたりして，大きな被害を出すんだ。酸性雨の影響でヨーロッパ州の森林が一時期大きな被害を受けていたよ。現在はだいぶ回復してきているけど…。

「PM2.5 も酸性雨の問題もやはり一国だけで解決できる問題ではありませんね。世界の国々が協力する必要があります。」

さて，有害物質による汚染の中でも特に危険なのは**放射性廃棄物**による**放射能汚染**だね。放射性廃棄物には放射能があるんだ。

「放射能っていったいどんなものなのですか？」

放射線を出す力，あるいは放射線を出す性質のことを放射能というんだ。

「放射能は人間に悪影響を及ぼしますよね？」

そのとおり。原子力発電によって発生する放射性廃棄物の中でも放射能レベルが高い放射性廃棄物は，ガラスと混ぜて固められる。こうしてできたものをガラス固化体というよ。ガラスと混ぜて固めることで，放射性物質を安定して長期間閉じ込めることができるんだ。そして，ガラス固化体は地下深くに保存される。

「なぜ，すぐに捨てずに保存する必要があるんでしょうか？」

放射能レベルが高い放射性廃棄物をそのままどこかに捨ててしまうと，とても危険なんだ。人間や動物に大きな被害が出てしまう。そこで，放射能が低下するまで地下深くで保存することになっているんだ。しかし，原子力発電の燃料となるウラン鉱石と同じくらいの放射能の強さになるまでには10万年というとてつもない年月がかかる。放射性廃棄物の処理に問題があることを覚えておいてね。

続いて，**地球温暖化**について説明しよう。

産業革命以降，二酸化炭素などの温室効果ガスが大量に排出されるようになってしまった。いっぽうで，熱帯雨林などの大規模な伐採による**森林の減少**も問題となっている。森林は光合成によって，二酸化炭素を吸収するよね？ 森林が減少すると吸収される二酸化炭素の量が減ってしまう。結果的に，大気中の二酸化炭素などの温室効果ガスが急増したんだ。これはとても大きな問題だよ。

地球はこれまでに気温が高くなって暖かい時期や，気温が低くなって寒い時期があった。しかし，近年は今までになかった勢いで気温が上昇しているんだ。

このまま地球温暖化が進むと大規模な気候変動が起こり，洪水や干ばつ，熱波が発生する。砂漠化も進み，水不足が深刻な問題となる。これらの原因は，地球温暖化だけではないよ。先ほど話した大量伐採による森林の減少など，行きすぎた開発も原因となっているんだ。

「それだけの気候変動が起こって，砂漠化なども進むと，人間は地球で農業ができなくなってしまうでしょう。」

「そうなると，食べるものがなくなりますね…。困ります。」

そのとおり。深刻な食糧危機となるだろうね。また，多くの生物が急激な気候変動に対応できず，絶滅してしまうかもしれない。

また，地球の気温が上昇すると，海面が膨張したり南極などの氷がとけたりする。そうすると，海水面が上がる。地球上には海沿いに多くの大都市があるから，いつかは大都市が海に沈んでしまうかもしれないんだ。海水面の上昇によって，水没の危機に直面している国もあるよ。

「それはどんな国ですか？」

例えば，太平洋に浮かぶオセアニア州の島国ツバルがそうだね。海抜が低いため，大潮のときには海水が畑などまであふれ，塩害で農作物がだめになる地域も出てきているよ。また，海水がツバルの国土をどんどん削っている状態なんだ。

「世界中の国がいつかはツバルのような危機を迎えるかもしれません。」

「地球温暖化はさまざまな影響を及ぼすんですね。」

そのとおり。ここまで見てきたことからわかると思うけど，環境問題はどれもひとつの国だけの問題ではないということだね。

「確かにひとつの国だけで解決できることではありませんね。」

そのとおり。環境問題は自国だけでなく，世界の国々が集まって話し合い対策を決め，協力して解決していかなくてはいけない。

そこで国際連合を中心に取り組みが行われているんだ。1972 年，**国連人間環境会議**がスウェーデンの**ストックホルム**で開かれた。**「かけがえのない地球」**をどう守るかがテーマだった。「かけがえのない」とはいったいどういう意味だろうか？

「それにかわるものはないぐらいとても重要であるということだと思います。地球がダメになってしまうと私たちは住むところがありませんからね…。」

そうだよね…。この会議では，「かけがえのない地球」を守るために，国連環境計画（UNEP）の設立などが決まり，国連を中心に世界の国々が協力して環境問題に取り組んでいくことが決められた。しかし，世界の国々の環境問題に対する意識は高まったものの，国連人間環境会議で定められた行動計画はあまり実現できなかったんだ。

「それは残念です。なぜでしょうか？」

どんな手段をとるか，必要なお金をどうするかなどの具体的な取り決めが不十分だったからだよ。また環境保護を優先すると，工業の発展はどうなるだろうか？

「工業を発展させずに，生産活動をひかえれば，公害などは起きにくいし，環境への負担も少ないですよね。ただ，環境保護を優先すると，工業は発展せずに衰えてしまうかもしれません。」

そのとおり。工業が衰えてしまうと，工業製品を販売する商業も衰える。また，環境保護に力を入れると，企業はその分の設備を整えることなどにお金をかけなくてはいけなくなるから，もうけが少なくなるね。

「つまり，環境保護を優先すると，国の経済にとってはよくないことも多いわけですね。」

そうなんだ。環境保護は経済成長を妨げる面もあるといえるね。当然，環境保護を進めるか，経済成長を優先して工業を発展させるかで対立が生まれることになる。これから工業を発展させて経済成長をとげたい発展途上国は，すでに工業が発展している先進国に比べて，環境保護を優先することで不利益が大きいといえるだろうね。それにより工業の発展が大きく妨げられるわけだから。

「国が発展する芽をつまれてしまうわけですものね。」

そう。発展途上国は，「ここまで環境問題が大きくなったのは，先進国が工業の発展を優先させてきたからで自分たちに責任はない。先進国がなんとかするべきだ。」と主張する。先進国と発展途上国の主張の対立も環境問題を解決するうえで，大きな課題なんだ。当然どの国も環境保護より自国の経済的な発展を優先させたい気持ちはあるだろうからね。

「悩ましいところですが，環境保護を優先するべきでは…。」

実際に各国の中でも自国の工業・経済の発展を優先させるか，環境保護を優先させるかで意見の対立がある。そうこうしている間にも，地球環境の破壊はどんどん進んでしまっているんだ。

「早く何か手を打たないとマズイですよね。このままでは本当に人類が滅亡してしまいます。」

そうだね。そこで1992年には，ブラジルの**リオデジャネイロ**で**国連環境開発会議（地球サミット）**が開かれ，世界の172か国の政府代表や非政府組織（NGO）などが参加して，話し合いがもたれた。この会議では地球環境を守り，持続可能な開発（社会）を進めていくためにはどうすればよいかがテーマだったんだ。

「国連人間環境会議との違いは何だったのでしょうか？」

このまま開発を進めると，人類は滅亡してしまうことが確実になってきたため，地球サミットではより具体的な環境保護の取り組みを進めることになった。例えば，地球温暖化を食い止めるために温室効果ガスの濃度を安定させようと**「気候変動枠組条約（地球温暖化防止条約）」**が結ばれている。また，地球上の貴重な生物やその生息地を大切にし，生物資源を持続的に利用して，利益を公平に分配することなどを定めた**「生物多様性条約（生物の多様性に関する条約）」**も結ばれた。さらには，21世紀に向けて，各国政府などが進めるべき地球環境保護のための具体的な行動計画をとりまとめた**「アジェンダ21」**が採択されたんだ。

「アジェンダって何ですか？」

議題とか，課題などの意味があるよ。日本でも地球サミットで決まったことを受けて，1993年に**環境基本法**が制定された。

では，地球サミット以降，人類は環境保護のためにどんな行動をとってきたのだろうか。まず，「気候変動枠組条約」について話そう。

「地球温暖化を食い止めることを目指した条約でしたよね。」

そう。気候変動枠組条約にもとづき，1995年から毎年，気候変動枠組条約締約国会議（COP）が開かれている。1997年に，京都で気候変動枠組条約第3回締約国会議（COP3）が開かれているよ。**地球温暖化防止京都会議**ともいうんだ。この会議は特に画期的だった。

「どんなところが画期的だったんでしょうか？」

地球温暖化防止京都会議では，温室効果ガスの排出量の削減目標を，先進国に対して具体的な数字で義務づけた**京都議定書**が採択され，2005年に発効した。2008～12年の間に，先進国全体で温室効果ガスを1990年に比べて約5％削減することが求められたんだ。日本も温室効果ガスを6％削減することが義務づけられた。しかし，なかなかうまくいかなかったんだ。

「えっ～!! それはなぜですか？」

次のグラフを見てみよう。

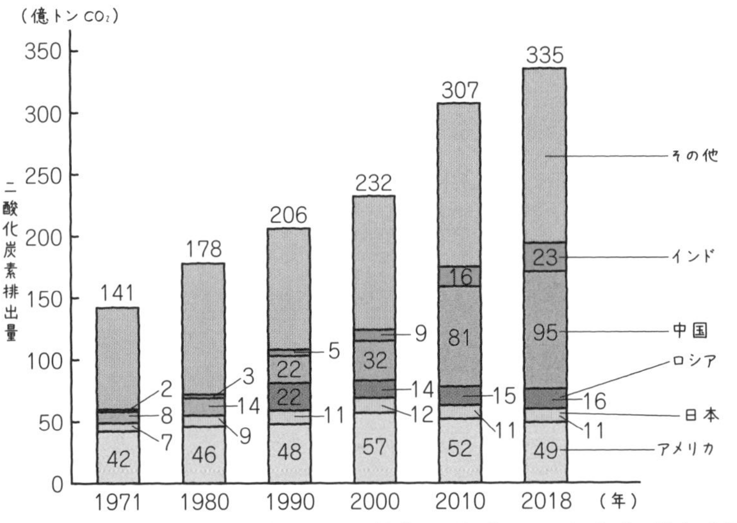

（注）ロシアについては1990年以降の排出量を記載。1990年以前については，その他の国として集計

（一財）日本エネルギー経済研究所「エネルギー・経済統計要覧2021」より作成

▲世界の二酸化炭素（CO_2）の排出量の移り変わり

「2018年において，二酸化炭素の排出量がもっとも多いのは中国，次いでアメリカ合衆国，インドですね。あれ？ 2005年に京都議定書が発効したあとも二酸化炭素の総排出量は増えるいっぽうじゃ

ないですか。」

1971 年と 2018 年を比べて，二酸化炭素の排出量が特に増えている国はどこかな？

「中国とインドが激増していることがわかりますね。日本やアメリカ合衆国はグラフを見た感じ，大きく変化していないといえるでしょうか…。」

「中国は 8 億トン CO_2 から 95 億トン CO_2，インドは 2 億トン CO_2 から 23 億トン CO_2 に増えています。どちらも 10 倍以上になったわけですね。」

なぜ，国によってここまで違うのだろうか？ 二酸化炭素は石油や石炭などの化石燃料を燃やしたときに排出されるよね。

「つまり，発展途上国だった中国やインドは，化石燃料をたくさん燃やすようになって二酸化炭素の排出量が増えたわけですよね。それだけ化石燃料を燃やしたってことは，工業の発展に力を入れたのでしょう…。」

「なるほど。それに対して，先進国の日本やアメリカ合衆国などはすでに工業がかなり発達していました。だから，石油や石炭などを燃やす量は以前とあまり変わらず，二酸化炭素の排出量も大きく変化していないわけですね。」

そのとおり。

「先進国と発展途上国では事情が違うわけですね。」

そういうことだね。先進国は，地球温暖化を食い止めるために二酸化炭素などの温室効果ガスの排出量を全ての国々が協力して削減（さくげん）していくべきだと主張する。しかし，発展途上国にとって，温室効果ガスの排出量の削減を義務づけられることは，石油や石炭などの化石燃料を燃やすことが制限され，工業の発展が期待できないことを意味する。発展途上国はそれでは困るよね。

「ここでも**先進国と発展途上国で意見の対立**があるわけですね。」

うん。京都議定書においても，温室効果ガスの排出量の削減について，先進国だけに数値目標が義務づけられ，発展途上国に対しては数値目標がなかったんだ。

「中国やインドには，削減の数値目標がなかったのですか？」

中国やインドは発展途上国として扱（あつか）われ，削減の数値目標はなかった。この**先進国と発展途上国の利害の対立**が，京都議定書がうまくいかなかった根本的な原因といえるだろうね。さらに，アメリカ合衆国は 2001 年に京都議定書からの離脱（りだつ）を表明したんだ。

「それはなぜですか？」

地球温暖化を食い止めるよりも，自国の産業や経済の発展を優先したからといえるね。先ほども話したけど，温室効果ガスの排出量を削減するには，石油や石炭などの化石燃料を燃やすことをひかえなくてはいけないから，どうしても産業の衰（おとろ）えが不安視（ふあんし）される。自国の利益を考えた場合，やはり温室効果ガスの削減を義務づけられるのはマイナスな部分が多いといえるね。

「これ以上地球温暖化が進むと，本当に地球で暮らすことができなくなってしまうのかもしれないのに…。」

そのとおり。しかし，自国の利益を優先させるか，地球全体の環境保護を優先させるかは想像以上に難しい問題で，環境問題を考えるうえで大きな課題となっているよ。

「二酸化炭素の排出量がもっとも多い中国と，３番目に多いインドに削減の数値目標がなく，２番目に多いアメリカ合衆国が離脱したなら，京都議定書は地球温暖化の防止にあまり効果がないかもしれません。」

「確かに温室効果ガスの排出量の削減に取り組む国があるいっぽうで，中国やインド，アメリカ合衆国などが二酸化炭素をどんどん排出してしまっては，地球全体の温室効果ガスが減るわけはありませんよね。」

そうだね。京都議定書は2013年以降も延長されたけど，日本やロシア連邦，カナダは参加しなかったんだ。京都議定書の延長に参加したのは，EUの国々が中心だった。多くの大国が参加しなかったわけだね。

「このままでは多くの国々が本当に水没してしまいます。」

うん。そこで世界の国々は京都議定書にかわる新たな地球温暖化対策のしくみをつくろうと話し合いを重ねたんだ。2015年12月，フランスのパリで気候変動枠組条約第21回締約国会議（COP21）が開かれ，**パリ協定**が採択された。パリ協定は，2016年11月に発効しているよ。この内容はさらに画期的なものなんだ。

「どんなところがさらに画期的なんですか？」

まず，先進国だけでなく，中国やインド，発展途上国も含めた190以上の国と地域が参加していることだね。

「京都議定書から早々に脱退したアメリカ合衆国や，削減の数値目標を義務づけられなかった中国やインドも，パリ協定で決めたことを守らなくてはいけないわけですね。パリ協定は具体的にどんな内容なんですか？」

パリ協定の目標は，「①地球の平均気温の上昇を産業革命前と比べて２度未満，できれば1.5度未満に抑えること」，「②21世紀後半には，世界全体の二酸化炭素などの温室効果ガスの排出量を，実質ゼロにすること」などだよ。

「②は，人間が生活したり，生産・経済活動を行ったりする中での温室効果ガスの排出量を実質０にすることを目指しているわけですね。」

そういうことだね。

「立派な目標ですが，具体的な進め方は決まってるんでしょうか。」

パリ協定に参加している国は温室効果ガスの排出量の削減目標を立てて，５年ごとにそれを見直し，報告しなくてはいけない。そして，５年ごとの目標提出時に，参加国は原則としてそれまでの目標よりも高い目標を立てることが求められているんだ。

「けっこう厳しい内容ですね。」

「そうでもしなければ，手遅れになってしまうからでしょう。」

そういうこと。気候変動に関する政府間パネル（IPCC）の議長を務めていたパチャウリ氏は，「地球温暖化を食い止める技術は，もう人類の手の中にある。欠けているのはやる気だけだ。」と主張した。地球温暖化を食い止めることは技術的に可能なはずなんだ。

パリ協定ではほかにも，気候変動の影響で損失と被害が発生してしまった国々を救済するための国際的なしくみを整備すること，支援を必要としている発展途上国に対して，原則は先進国が先導しながらも，発展途上国の間でも資金支援を自主的に行っていくことなどが決められているよ。

「実際に決まったことが実現されているかどうかの検証は行われているんですか？」

もちろん。パリ協定に参加している国々が温室効果ガスの排出量の削減目標を達成するためにどんな取り組みをしているかということと，発展途上国などへの支援について，定期的に計測して報告し，なおかつ国際的な検証を行うためのしくみも設けられた。

私たちはさまざまな面で努力し協力して，二酸化炭素などの排出量が少ない社会を目指していかなくてはいけないね。

Point さまざまな地球環境問題

- **オゾン層の破壊**…**フロンガス**などが原因。有害な紫外線が被害をおよぼす。⇒フロンガスの使用を禁止するなどの対策。
- 有害物質による汚染…**PM2.5**や**酸性雨**などの問題。
- **放射能汚染**…原子力発電によって発生する**放射性廃棄物**の処理などが課題。
- **地球温暖化**…**二酸化炭素**やメタンなどの**温室効果ガス**の排出量の増加が主（おも）な原因。**森林（熱帯雨林）の減少**も一因。⇒大規模な気候変動により，**砂漠化**や**水不足**が問題に。**食糧危機**や**生物の多様性が失われる可能性**も。南極などの氷がとけて，水没する国が出てくる。
- 地球温暖化への取り組み…**国連人間環境会議**や**国連環境開発会議（地球サミット）**が開かれる。**京都議定書**や**パリ協定**が採択される。

貧困をどうするか？

1日1ドル90セント（約200円）という国際貧困ライン未満で暮らす人々は，世界で7億8,300万人に上る。また，この問題は先進国と途上国との格差をどうするかという一面があるんだ。南半球には発展途上国が多く，北半球には先進国が多いことから**南北問題**と言われるよ。そして目覚ましい経済成長をとげ，もはや途上国とはいえないBRICS（ブリックス）（ブラジル，ロシア，インド，中国，南アフリカ）や**新興工業経済地域**（**NIES**（ニーズ）：シンガポール，香港，台湾，韓国など1960年代から工業化し経済成長した国や地域をさす）などと，経済的に苦しいままの国との格差の問題（**南南問題**）が生じている。どうしたら良いかな。

「『平和への道』のところで学習したように**ODA**などで経済援助や技術支援，インフラの整備，教育支援をすべきだと思います。」

そうだね。また**フェアトレード**，つまり発展途上国の原料や製品を適正な価格で継続的に購入することにより，立場の弱い途上国の生産者や労働者の生活改善と自立を目指す貿易のあり方を採用すべきだ。ところで，貧困問題は途上国だけの話ではないよ。実は先進国にもあるんだ。

「どこの国ですか？」

たとえば，私たちが住んでいる日本にもあるよ。

「エ～～!!」

日本には相対的貧困に陥っている人が多くいるんだ。相対的貧困とは，その国の文化水準，生活水準と比較して困窮した状態を指す。日本ではたとえば３人家族の場合，年収 212 万円以下で暮らすことだよ。日本の相対的貧困率は主要先進国（G7：フランス，アメリカ，イギリス，ドイツ，日本，イタリア，カナダ）中，第２位なんだ（2017 年）。では，どうすればいいかな？

「社会保障を充実させればよいと思います。」

「でも，これからは少子高齢社会がますます進みますよね？ 社会保障を受ける高齢者が増えて，社会保障を支える若い働き手が少なくなりますよ。大丈夫でしょうか？」

難しい問題だね。

飢餓をゼロに

さて，特にSDGsの目標の2「飢餓をゼロに」にも関係するけど，余る食料の問題もある。先進国では大量の食料が余っていてゴミとして捨てられているけど，発展途上国の中には飢餓に苦しんでいる国があるという問題だよ。

「つまり，食料が適切に配分されていないということですね。」

そう。これについて，国，企業，市民がどのように取り組んでいるかを見ていこう。まず，全世界的な取り組みとして，国連食糧農業機関（FAO）は10月16日を世界食料デーとした。この日は食料問題を考える日で，人間の安全保障を実現する意味でも大切な日だよ。

「なるほど。それじゃあ，日本はどのような取り組みをしているんですか？」

食品の再生利用に役立つ，食品リサイクル法を制定しているよ。さて，今度は私から質問しよう。企業は食料を余らせないためにどんな取り組みができる？

「販売する食品を余らせないために，お客が求める量を考えながら商品を仕入れることができますよね。」

「余りそうなら，捨てないで，値下げして売ることもできると思います。」

そうだね。さて，最後に市民の取り組みだけど，たとえば，食品の持ち帰り用のケース，これはドギーバッグと呼ばれているものだけど，その普及を目指しているNPOがあるよ。次の写真を見てね。レストランで，食事を残すときなどはドギーバッグに入れて持ち帰れば，食料が捨てられなくてすむ。

アフロ

▲ドギーバッグ

「なるほど。すばらしいアイデアですね。私たち一人一人も食料を有効活用する工夫をしないといけないですね。」

Point　私たちの課題

- 自分と異質なものへの理解
- SDGsの達成
- 環境問題の解決
- 貧困の解決
- 食糧の確保

CHECK 13

つまずき度 !!!!!

➡ 解答は別冊 p.13

次の文の(　　)に当てはまる語句か数字を答えなさい。

(1) (　　)((　　))は，世界の平和と安全を維持するために強い権限を持つ国際連合の中心機関である。(　　)，フランス，(　　)，(　　)，イギリスの5か国からなる常任理事国と，(　　)か国からなる非常任理事国で構成されている。常任理事国は(　　)権を持つ。

(2) (　　)((　　))は国際連合の専門機関のひとつで，教育や科学，文化の面で国際的な交流を進め，世界の平和と安全をはかることを目的に活動している。世界遺産の登録などを行っている。

(3) 自動車や工場などから排出されるガスに含まれる硫黄酸化物や窒素酸化物という物質は雨に取り込まれ，(　　)雨となって地上に降る。

(4) 1992年，ブラジルの（　　）で国連環境開発会議((　　))が開かれた。地球環境を守り，（　　）な開発（社会）を進めていくためにはどうすればよいかがテーマだった。

(5) 2015年12月，フランスの（　　）で気候変動枠組条約第21回締約国会議（COP21）が開かれ，（　　）が採択された。アメリカ合衆国を含めた先進国だけでなく，中国やインド，さらに発展途上国も含めた190以上の国と地域が参加している。

さくいん

さ

し

す

せ

そ

に

ね

の

は

ひ

ふ

へ

ほ

ま

◆ ブックデザイン　野崎二郎（Studio Give）
◆ キャラクターイラスト　徳永明子
◆ 図版・イラスト　有限会社　熊アート
◆ 編集・校正協力　KEN 編集工房（高橋賢），野口光伸，佐藤玲子，長谷川健勇，
黒川悠輔，佐野秀好，中屋雄太郎，笹原謙一，余島編集事務所，
高木直子，留森桃子，三宅真音
◆ シリーズ企画　宮﨑純
◆ 企画・編集　中原由紀子，延谷朋実，細川順子，髙栁惠行
◆ 写真提供　写真そばに記載
◆ データ作成　株式会社　四国写研

やさしい中学公民

掲載問題集

→

この冊子はとりはずせます。
矢印の方向にゆっくり引っぱってください

1章 現代の日本社会

☑CHECK 1

つまずき度 !!!

➡ 解答は p.12

次の文の（　　）に当てはまる語句を答えなさい。

(1) 世界が一つになっていく動きを（　　　　　）化という。

(2) 情報の価値が高まる社会を（　　　）社会という。

(3) 子どもの割合が低くなり，高齢者の割合が高くなることを（　　　　　）という。

2章 現代社会をとらえる

☑CHECK 2

つまずき度 !!!

➡ 解答は p.12

次の文の（　　）に当てはまる語句を答えなさい。

(1) 対立を合意に導くためには（　　）と（　　）（手続き，機会，結果という3つの観点がある）という視点が大切である。

(2) きまりは（　　）を未然に防ぐために存在する。

3章 世界の歴史と憲法

☑CHECK 3

つまずき度 !!!

➡ 解答は p.12

次の文の(　　)に当てはまる語句か数字を答えなさい。

(1) 次の文は日本国憲法の第97条である。
「この憲法が日本国民に保障する基本的人権は，人類の多年にわたる(　　)獲得の努力の成果であつて，これらの権利は，過去幾多の試錬に堪へ，現在及び将来の国民に対し，(　　)ことのできない(　　)の権利として信託されたものである。」

(2) 歴史上，人権が初登場したのはイギリスの「(　　　)・(　　　)(大憲章)」(1215年)だといわれている。

(3) 1776年のアメリカ(　　　　)が法の歴史上初めて，天賦人権思想を宣言した。

(4) (　　　　)年フランスで民衆により国王の政権が倒されるという事件が起きた。これをフランス(　　)という。フランスでは民衆が国王と戦い，さまざまな(　　)を勝ち取った。

(5) 政府の権力を弱めようという考えは，弱肉強食の世の中を生み，貧富の差が拡大して多くの弱者を生みだした。そこで，政府は弱者を助けなければならないと考えられるようになり(　　)権が必要であると考えられるようになった。その権利を，歴史上初めて保障した憲法は，(　　　　　　　)(1919年)である。

4章 日本国憲法

☑CHECK 4

つまずき度 !!!

➡ 解答は p.12

次の文の（　　）に当てはまる語句を答えなさい。

(1) 1947年に施行された日本国憲法は，国民主権，（　　　　　　），（　　　　　）の3つを基本原則としている。

(2) 日本では，原則として（　　）制民主主義を採用している。これは，正当に行われた選挙で選ばれた代表者が国会を通じて政治を行うもので，（　　）民主制ともいわれる。そして，例外として，国民が直接政治を行う（　　）民主制も取り入れられている。

(3) 社会権は20世紀に制定された（　　　　　）憲法によって初めて定められた。

(4) 日本国憲法第25条は，「すべて国民は（　　）で（　　）的な（　　　　）の生活を営む権利を有する」とする。この権利は社会権のうちの（　　）権といわれる。

(5) 日本国憲法が定める国民の三大義務として，（　　）の義務，子どもに（　　　　）を受けさせる義務，納税の義務がある。

(6) 日本は，カンボジアや東ティモールなどで行われた国連平和維持活動（（　　　））に自衛隊を派遣してきた。

5章 三権分立と国会のしくみ

☑CHECK 5

つまずき度 !!!

➡ 解答は p.12

次の文の（　　）に当てはまる語句か数字を答えなさい。

(1) 国会は，（　）議院と参議院で構成されている。この二院制がとられている理由は，審議を（　　）に行うためである。

(2) 国会は罷免の訴追を受けた裁判官を裁判するため，両議院の議員で組織する（　　　　）所を設ける。

(3) 参議院議員の任期は（　）年であり，（　）年ごとに（　　）が改選される。

(4) （　）議院では，小選挙区制と比例代表制を組み合わせた選挙制度（小選挙区比例代表（　　）制）をとっている。

(5) （　）選挙区制において，選挙区で当選できるのは1人である。

6章 内閣

☑CHECK 6

つまずき度 !!!

➡ 解答は p.12

次の文の（　　）に当てはまる語句を答えなさい。

(1) （　　　　　）の任命する国務大臣の（　　　）は，国会議員の中から選ばなければならない。

(2) 内閣は，外国と交渉して（　　）を締結する。

(3) 内閣は，（　　）裁判所長官を（　　）する。そしてその他の裁判官を（　　）する。

(4) 内閣は，天皇の（　　）行為に対して（　　）と承認をする。

(5) （　　　　　）とは，内閣が（　　）の信任にもとづいて成立し，国会に対して連帯して（　　）を負うしくみである。

7章 裁判所

☑CHECK 7

つまずき度 !!!!

➡ 解答は p.12

次の文の（　　）に当てはまる語句か数字を答えなさい。

(1) 司法（裁判）とは憲法や法律にもとづいて争いごとを裁いて解決したり有罪か無罪かを決めたりすることである。この権力は（　　　　）が持つ。

(2) （　　）裁判は，強盗や殺人などの犯罪行為があった事件について，（　　　　）が有罪か無罪か，有罪の場合はどれくらいの刑罰を科すのかを決める裁判である。罪を犯した疑いがある被疑者を警察官が捜査して逮捕し，取り調べを行う。そして送致（送検）し，（　　　　）（（　　　　））は被疑者を裁判所に起訴するかどうかを決める。

(3) 日本国憲法は，裁判官が国会や内閣などほかの権力からの圧力などに影響されることなく，憲法や法律だけに従って，判決を出すように定めている。これを（　　　　）（（　　　　））の独立という。

(4) すべての裁判所は国会がつくった（　　）が，国の最高法規である日本国憲法に適合するかしないかを判断する権限を持っている。これを（　　　　　　　）権という。

(5) （　　　　）制度では，国民が重大な事件（殺人など）の（　　）裁判の第（　）審に（　　　　）として参加して，裁判官とともに被告人が有罪か無罪か，有罪の場合は刑の内容を決める。そのうえで，裁判官が法にもとづいて判決を言いわたす。

8章 地方自治

☑CHECK 8

つまずき度 !!!!

➡ 解答は p.12

次の文の(　　)に当てはまる語句を答えなさい。

(1) 地方自治は，住民が直接政治に参加して，政治を学べるということで，「(　　　　)の(　　)」と呼ばれている。

(2) 地方公共団体は，(　　)の範囲内で，地方議会によって制定され，地方公共団体だけに適用される決まりである(　　)を制定できる。

(3) 住民には条例の制定や改廃，都道府県知事や市(区)町村長の解職及び地方議会の解散などを求める権利である(　　　　)が認められている。

(4) 直接請求権のひとつとして，住民には議会の解散を求める権利が与えられている。これは有権者の3分の1以上の署名を集め，(　　　　　　)に請求する。

(5) (　　　　)は国が使いみちを限定して地方公共団体に交付する支出金である。

9章 経済の三主体

CHECK 9　つまずき度 !!!!!

➡ 解答は p.12

次の文の（　　）に当てはまる語句を答えなさい。

(1) 商品が生産者から卸売業者，小売業者をへて，消費者に届くまでの流れを（　　）という。

(2) 毎日の生活を送る中で必要な財（もの）やサービスをつくり出すことを広い意味で（　　）という。この担い手となっているのが，主に（　　）である。

(3) 家計は企業に（　　）を提供して，その分企業から給料（賃金）をもらう。

(4) 政府や地方公共団体は公共サービスのほかに，道路や港湾，橋や公園，病院や図書館などの（　　）の整備に税金を使う。

(5) 家計，企業，政府を合わせて（　　）という。

10章 企業

☑CHECK 10

つまずき度 !!!

➡ 解答は p.12

次の文の（　　）に当てはまる語句を答えなさい。

(1) 企業はできるだけ多くの（　　）（（　　））を得ようと生産活動を行っている。

(2) 企業は大きく2つに分けられ，民間が経営する（　）企業と，政府や地方公共団体が経営する（　）企業がある。

(3) 中小企業の中には独自の発想や技術をいかして生まれた（　　　　）企業が多くあり，新たな産業や雇用を生み出し，日本の経済を活性化させてくれるのではないかと期待が集まっている。

(4) 株式会社は，小さな額面を単位とする（　　）を発行して，多くの出資者を集め，会社の運営に必要な資金を集める。証券会社などを通じてそれを買い，出資した人を（　　）という。

(5) 株主や取締役が参加し，会社の基本的な経営方針や配当を決定したり，取締役を任命，解任したりする最高の議決機関を（　　　）という。

11章 家計

☑CHECK 11

つまずき度 !!!!

➡ 解答は p.12

次の文の（　　）に当てはまる語句を答えなさい。

(1) 労働時間や休日・休暇，賃金などの労働条件の最低基準を定めているのは（　　　　）法である。

(2) 働く人が仕事と仕事以外の生活をバランスよく両立できるように，職場環境や社会のしくみを整備することを（　　　）・（　　　）・（　　　　）という。企業はこれをさらに意識することが求められている。

(3) 需要量が供給量を上回ると，価格は（　　）する。供給量が需要量を上回ると，価格は（　　）する。

(4) 不公正な取り引きや市場の独占を禁止あるいは制限し，企業どうしの自由競争を確保して，消費者の利益を守る法律は（　　　　）法である。この運用を担当しているのが（　　　　　　　）である。

(5) 訪問販売や電話を使った勧誘販売などでは，商品を購入したあと，一定期間内は，消費者がその契約を無条件で解約することができる（　　　　　　　）制度が設けられている。

12章 景気と政府の役割

☑CHECK 12

つまずき度 !!!!!

➡ 解答は p.13

次の文の（　　）に当てはまる語句を答えなさい。

(1) 価格（物価）が上がり，お金の価値が下がることを（　　　　　　）（（　　　　））という。

(2) 一般の銀行はお金に余裕がある企業や家計からお金を預かり，お金が足りずにお金を必要としている企業や家計にお金を貸しつけている。これを（　　）金融という。

(3) 日本銀行が一般の銀行と国債などを売り買いすることで，市場に出回るお金の量を調整して，景気の安定を目指すことを（　　　　　）（（　　　　　　　　　　　　））という。このように，日本銀行が行う政策を金融政策という。

(4) 政府が景気の安定を目指して行う政策を（　　）政策という。

(5) 日本の歳出で最も多いのは（　　　　　）費である。続いて，（　　）費，（　　　　　　　　）となっている。

(6) 所得税は，所得が多ければ多いほど税率も高くなる（　　　　）制度がとられている。

13章 私たちと国際社会の課題

☑CHECK 13

つまずき度 !!!!

➡ 解答は p.13

次の文の（　　）に当てはまる語句か数字を答えなさい。

(1) （　　）（（　　））は，世界の平和と安全を維持するために強い権限を持つ国際連合の中心機関である。（　　），フランス，（　　），（　　），イギリスの5か国からなる常任理事国と，（　　）か国からなる非常任理事国で構成されている。常任理事国は（　　）権を持つ。

(2) （　　）（（　　））は国際連合の専門機関のひとつで，教育や科学，文化の面で国際的な交流を進め，世界の平和と安全をはかることを目的に活動している。世界遺産の登録などを行っている。

(3) 自動車や工場などから排出されるガスに含まれる硫黄酸化物や窒素酸化物という物質は雨に取り込まれ，（　　）雨となって地上に降る。

(4) 1992年，ブラジルの（　　）で国連環境開発会議（（　　））が開かれた。地球環境を守り，（　　）な開発（社会）を進めていくためにはどうすればよいかがテーマだった。

(5) 2015年12月，フランスの（　　）で気候変動枠組条約第21回締約国会議（COP21）が開かれ，（　　）が採択された。アメリカ合衆国を含めた先進国だけでなく，中国やインド，さらに発展途上国も含めた190以上の国と地域が参加している。

― 解答 ―

CHECK 1

(1) グローバル
(2) 情報
(3) 少子高齢化

CHECK 2

(1) 効率 公正
(2) 対立

CHECK 3

(1) 自由 侵す 永久
(2) マグナ カルタ
(3) 独立宣言
(4) 1789 革命 権利
(5) 社会 ワイマール憲法

CHECK 4

(1) 基本的人権の尊重 平和主義（順不同）
(2) 議会 間接 直接
(3) ワイマール
(4) 健康 文化 最低限度 生存
(5) 勤労 普通教育
(6) PKO

CHECK 5

(1) 衆 慎重
(2) 弾劾裁判
(3) 6 3 半数
(4) 衆 並立
(5) 小

CHECK 6

(1) 内閣総理大臣 過半数
(2) 条約
(3) 最高 指名 任命
(4) 国事 助言
(5) 議院内閣制 国会 責任

CHECK 7

(1) 裁判所
(2) 刑事 被告人
検察官 検事（順不同）
(3) 司法権 裁判官（順不同）
(4) 法律 違憲立法審査
(5) 裁判員 刑事 一 裁判員

CHECK 8

(1) 民主主義 学校
(2) 法律 条例
(3) 直接請求権
(4) 選挙管理委員会
(5) 国庫支出金

CHECK 9

(1) 流通
(2) 生産 企業
(3) 労働力
(4) 社会資本
(5) 経済の三主体

CHECK 10

(1) 利潤 利益（順不同）
(2) 私 公
(3) ベンチャー
(4) 株式 株主
(5) 株主総会

CHECK 11

(1) 労働基準
(2) ワーク ライフ バランス
(3) 上昇 下落
(4) 独占禁止 公正取引委員会
(5) クーリング・オフ

CHECK 12

(1) インフレーション　インフレ（順不同）
(2) 間接
(3) 公開市場操作　オープンマーケットオペレーション（順不同）
(4) 財政
(5) 社会保障関係　国債
地方交付税交付金
(6) 累進課税

CHECK 13

(1) 安全保障理事会　安保理（順不同）
アメリカ　ロシア　中国（順不同）
10
拒否
(2) UNESCO　国連教育科学文化機関（順不同）
(3) 酸性
(4) リオデジャネイロ　地球サミット
持続可能
(5) パリ　パリ協定

①